KB260560

金星旭 編著

九宮秘訣

明文堂

머 리 말

역(易)과 병법(兵法)을 창출한 전설의 제왕인 황제(黃帝)로부터 삼국 시대의 제갈공명(諸葛孔明)에 이르러 진가가 발휘된 천지(天地)의 둔환법칙(遁換法則)을 장악한 학문이 바로 기문둔갑(奇門遁甲)이라는 술법이다. 우주에는 어떤 기운이 작용하고 있는데, 그 기운의 법칙을 운용하는 이론을 역학이론(易學理論)이라고 할 수 있다.

우리나라 통일신라 시대의 김암(金巖) 선생을 위시하여 조선 시대의 화담(花潭)·토정(土亭) 양 선생으로부터 전하여진 이 기문법(奇門法)은 중국기문(中國奇門)의 제격식(諸格式)에 홍국수리(洪局數理)를 가용(加用)함으로써 홍연국(洪煙局)이라 일컫는바, 인명(人命)의 제반사를 추론함에 있어선 단연 최고의 역리(易理)라고 생각하며, 그 운용면에 있어서 다소 난해하고 복잡하다 하겠으나 반복하여 정독하게 되면 홍연(洪煙)의 복합적 원리를 자연히 깨치게 되어 궁통(窮通)의 도(道)를 얻을 수 있으리라 생각한다.

아마도 동양의 역학(易學) 중에서 기문학(奇門學)만큼 신비하고 난해하며 그 진위(眞僞)가 분명치 않은 분야도 드물 것이다. 기문학의 역사는 장구하다 하나 지금 이 시대에 와서 그 진가를 유감없이 발휘할 자가 어디에 있겠는가.

과거 역사를 통하여 무서운 사실로 입증되어 온 기문학에는 신비한 묘산법(妙算法)이 들어 있어 위정자들에 의하여 제왕학

(帝王學)이라고 일컬어져 왔던바, 일반인들에게는 금서(禁書)로 되어 있었다. 그리하여 오직 구전(口傳)으로만 전승되어 왔기 때문에 그 이론이 분분하지 않을 수 없었던 것이다.

필자는 이 점에 주의를 기울여 진결(眞訣)을 밝히고자 노력한 결과 이 책을 쓰게 되었으며, 기문(奇門)이나 홍연(洪煙)이나 모두 구궁(九宮) 안에서 이루어지는 역학이론(易學理論)이므로 책명을 《구궁비결(九宮秘訣)》이라고 붙이게 되었다.

이 책은 방위술(方位術)보다는 운명판단(運命判斷)에 주력하여 썼고, 전문인은 물론 일반인들도 쉽게 대할 수 있도록 한글을 위주로 했다.

본 구궁비결은 평생국(平生局)·신수국(身數局)·월국(月局)·일국(日局)·시국(時局) 등 오국(五局)으로 나누어지는데, 평생국으로는 일생의 길흉화복을 점단(占斷)하고, 신수국으로는 일년 동안에 발생하는 모든 일과 그 길흉을 알 수 있고, 월국으로는 매달의 운수를 보고, 일국으로는 매일 발생되는 문제와 이해득실을 상세하게 살펴볼 수 있으며, 시국으로는 매시간의 길흉을 살피고 길방(吉方)을 선택하여 용사(用事)할 수 있는 것이니 정독하여 숙달하게 되면 신비스러운 묘결(妙訣)임을 깨닫게 될 것이다. 한치 앞도 내다볼 수 없는 인생사(人生事)에 있어 항해하는 배의 나침반과 같은 길잡이 역할을 해 줄 것이라고 믿어 의심치 않는다.

인생살이에서 인간이 알아야 할 중요한 것들이 많이 있으나 그 중에서도 물러나고 나아가는 때를 잘 아는 것이 가장 중요한 것이다. 즉, 진퇴의 시기를 누가 더 잘 판단하여 처신하느냐에 따라 인생의 승패가 달려 있다고 해도 과언이 아닐 것이다. 그러므로 자신의 운명을 정확하게 알아서 분수를 지키고, 흉운(凶運)일 때에는 물러나서 기존의 것을 고수하며 앞으로의 도약을 위한 자세를 가다듬는 데 힘쓰고, 길운(吉運)일 때에는 활발하게 움직여 발전을 꾀하는 것이야말로 현명하게 살아가는 인생의 지름길이 될 것이며, 이 책이 바로 그러한 역할을 해 줄 수 있을 것이라 생각한다.

미물인 개미도 비가 올 것을 미리 예측하여 피신을 하는데, 하물며 만물의 영장인 인간이 천기(天氣)를 모른다고 해서야 되겠는가. 울고 웃는 운명에 끌려다니지 않으려면 먼저 자신을 냉철하게 볼 줄 알아야 하고 본래 타고난 자신의 운명을 알아야 할 것이다. 그러나 무엇이든지 지나치거나 모자라면 해로운 것이니 운명학에 대한 무조건적인 맹신은 어리석음이요, 미신시(迷信視)함은 정론(正論)에 대한 모독이라 할 수 있는 것이므로 경계해야 할 것이다.

아무쪼록 독자들에게 복을 불러들이고 흉을 피하며 선을 취하고 악을 멀리하는 데 이 책이 조금이라도 도움이 된다면 저자로서는 더 이상 바랄 것이 없겠다. 앞으로 더욱더 연구 정진할 것을 약속드리며, 출간을 허락해 주신 명문당 김동구 사장님과 이추림 주간님께 깊은 감사를 드린다.

1993. 10. 30.

酉大 金星旭 謹著

□ 이 책을 읽기 전에

구궁비결은 홍국과 연국의 두 부분으로 구성되어 있는데, 연국은 방위술의 한 분야이고 홍국은 운명학의 한 분야라 할 수 있다.

이 책은 홍국을 위주로 서술하였고 연국의 격국 설명과 판단 방법을 간략하게 서술하였다. 독자는 이 점을 참작하여 연국의 작성에 필요한 육의삼기·초신접기·시가팔문·직부팔장을 제하더라도 인명의 판단이 가능하므로 굳이 연국의 작성에 매달려서 애로를 겪지 않기를 바라는 바이다.

단, 방위학(미문둔갑)을 연구하고자 하는 독자라면 연국의 작성법을 등한시해서는 안 될 것이다.

차 례

제3편 구궁신살론(九宮神殺論)

제 4 편 통변(通變)의 원리(原理)

제 2 장 중궁론(中宮論) ———————————— 157

제 5 편 육친론(六親論)

제 1 장 육친정론(六親定論) ———————————— 169

제 2 장 육친의 판단 ———————————— 172

제6편 기문격국론(奇門格局論)

제7편 기문사주국(奇門四柱局)

제 8 편 일년신수국(一年身數局)

제 1 편

역(易)의 원리(原理)

제1장
오행(五行)의 작용

1. 음양론(陰陽論)

우주만물은 음(陰)과 양(陽)으로 이루어져 있지 않은 것이 없으며, 상생상극(相生相剋)의 법칙이 음양의 원리 속에 있으므로 이 음양의 원리는 모든 사물의 기초가 된다.

밝고[明] 위[上]에서 존재하는 것은 양(陽)으로 하늘[天]이 되었고, 어둡고 아래[下]에서 존재하는 것은 음(陰)으로 땅이 되어 천지는 음양을 대표하는 표상이 된다.

양은 양끼리, 음은 음끼리 상응하여 생성할 수 없는 것이니 여자와 여자, 남자와 남자가 서로 결혼하여 살 수 없는 이치와 같은 것이다. 그러므로 양과 음이 상응하여야만 비로소 천지만물을 생성하게 되는 것이다.

주역(周易)의 사상팔괘(四象八卦)와 64괘(六十四卦)는 음양

陽	天(하늘)	日(해)	晝(낮)
	暑(더움)	男(남자)	凸(볼록)
	善(착함)	上(위)	動(움직임)
陰	地(땅)	月(달)	夜(밤)
	寒(추움)	女(여자)	凹(오목)
	惡(악함)	下(아래)	靜(고요함)

의 생성진화의 원리를 잘 설명하고 있는 이론이다.

음과 양은 서로 상대성을 가지고 있으며 서로 상응하여 만물을 생성하고 있는데, 음과 양의 상대적인 면을 구체적으로 살펴보면 앞의 표와 같이 구분되어진다.

2. 오행상극론(五行相尅論)

음과 양을 구성하고 있는 요소는 木·火·土·金·水 오행으로서 하늘과 땅 사이에서 유동(流動)하고 있는 유별(有別)하고도 무별(無別)한 것이다. 오행의 상태와 본질을 간단히 살펴보면 火는 위[上]로 향하여 타오르며, 水는 아래[下]에서 흐르고, 木은 땅에 뿌리를 박아 위[上]로 자라며, 金은 단단하여 생기가 없고, 土는 정지된 상태로 木·火·金·水의 바탕이 된다.

이상의 다섯 가지 요소인 오행이 상생(相生)하고 상극(相尅)함으로써 만물이 생성되고 소멸되는 것이다. 이 중에서 오행의 상생 원리를 설명하면 다음과 같다.

木은 자신의 몸을 태워서 火를 생해 주고, 火는 재를 남겨 土를 윤택하게 해주며, 土는 모든 오행을 포용하고 저장하여 그 속에서 金을 생한다. 그리고 金은 견고함 속에서 水를 생하고, 水는 생명체에 수분을 공급하여 木을 생한다(木生火 火生土 土生金 金生水 水生木).

오행의 상극(相尅) 원리를 설명하면 다음과 같다.

극(尅)함은 생(生)함의 반대로, 파괴하여 소멸시키는 것이다. 우주만물은 상생으로만 존재하는 것이 아니고, 상생과 상극이 상교(相交)함으로써 생하고 멸하며 끊임없이 생사를 반복하는 것이다. 그러므로 극(尅)함은 생존의 도리와 같은 것이다.

五行相生圖

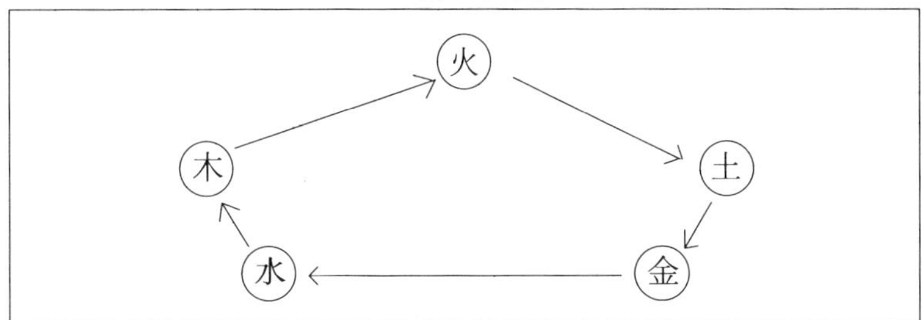

五行相尅圖

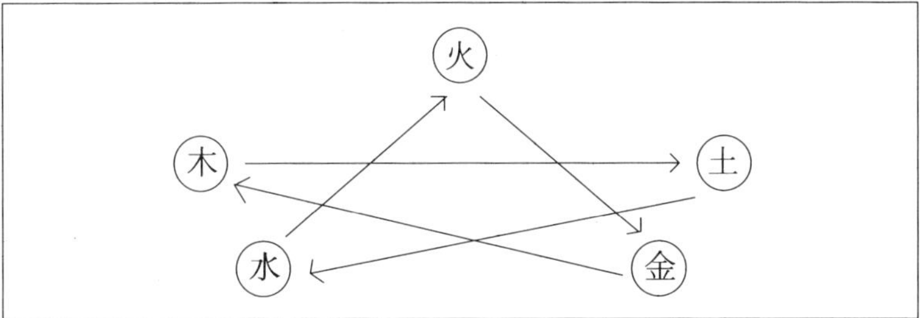

　木은 땅에 뿌리를 박아 土를 극하고, 土는 물의 유동을 막으므로 水를 극하고, 水는 타오르는 불을 꺼뜨리므로 火를 극하고, 火는 쇠를 녹이므로 金을 극하고, 金은 나무를 잘라 재목을 만드므로 木을 극한다(木尅土 土尅水 水尅火 火尅金 金尅木).

　열과 빛이 물에 임하여 생명체를 탄생시키고(水尅火), 불〔火〕이 쇠〔金〕와 만나서 물건을 만들고(火尅金), 흙〔土〕은 물〔水〕을 흡수하여 생물을 자라게 하고(土尅水), 나무〔木〕는 흙〔土〕에 뿌리를 박아 자라나고(木尅土), 칼〔金〕로 나무〔木〕를 다듬어 재목을 만드는 것(金尅木)이니 어찌 극(尅)이라 하여 끝까지 극(尅)하는 것이라고 볼 수 있으며, 생이라 하여 끝까지 생한다고 볼 수 있겠는가. 또한 극이 생이 되고 생이 극됨이니 유별하고도 무별한 것이다.

3. 수리오행(數理五行)

오행에는 숫자가 있는데, 선천수(先天數)와 후천수(後天數)가
있고, 그 중에 양수와 음수가 있다. 천간(天干)과 지지(地支)에
정해져 있는 선·후천수(先後天數)는 다음과 같다.

先天數

甲己子午(9), 乙庚丑未(8), 丙辛寅申(7), 丁壬卯酉(6), 巳亥(4)

後天數

天 干	甲	乙	丙	丁	戊	己	庚	辛	壬	癸		
後天數	三	八	七	二	五	十	九	四	一	六		
地 支	子	丑	寅	卯	辰	巳	午	未	申	酉	戌	亥
後天數	一	十	三	八	五	二	七	十	九	四	五	六

陽·陰數

五 行	水	火	木	金	土
陽 數	一	二	三	四	五
陰 數	六	七	八	九	十

홍국기문(洪局奇門)은 육십갑자 오행을 숫자로 바꾸어 구궁
(九宮) 안에 포국(布局)하는 것으로, 구궁 안에 들어간 숫자는
후천수(後天數)로 본다.

제2장
구궁론(九宮論)

하늘에 구궁(九宮)이 있고 땅에도 구궁이 있으니, 이는 곧 우주천체(宇宙天體)의 도식과도 같은 것이다. 그러므로 모든 기운의 교통이 구궁에서 일어나고 만물 또한 이곳에서 생성되고 사멸되는 것이다.

사각형을 9등분한 도판(圖板)을 구궁도(九宮圖)라 하는데, 9궁에는 각 궁마다 정해진 명칭·수리(數理)·오행(五行)·방위(方位)·절기(節氣)·십이지(十二支) 등이 있다. 구궁도(九宮圖)는 후천낙서(後天洛書)·후천팔괘(後天八卦)에 준한다.

정북방(正北方)을 감1궁(坎一宮)이라 하고, 오행은 水(子)이며 11월에 속한다.

정남방(正南方)을 이9궁(离九宮)이라 하고, 오행은 火(午)이며 5월에 속한다.

정동방(正東方)을 진3궁(震三宮)이라 하고, 오행은 木(卯)이며 2월에 속한다.

정서방(正西方)을 태7궁(兌七宮)이라 하고, 오행은 金(酉)이며 8월에 속한다.

북동방(北東方)은 간8궁(艮八宮)이라 하고, 오행은 土(丑寅)이며 12, 1월에 속한다.

남동방(南東方)은 손4궁(巽四宮)이라 하고, 오행은 木(辰巳)이며 3, 4월에 속한다.

남서방(南西方)은 곤2궁(坤二宮)이라 하고, 오행은 土(未申)이며 6, 7월에 속한다.

북서방(北西方)은 건6궁(乾六宮)이라 하고, 오행은 金(戌亥)이며 9, 10월에 속한다.

이상의 내용을 구분하여 도판에 나타내면 다음과 같다.

九宮方位圖

南東	正南	南西
正東	中央	正西
北東	正北	北西

九宮數理圖

四	九	二
三	五	七
八	一	六

九宮月別圖

3·4月	5月	6·7月
2月	(陰曆)	8月
12·1月	11月	9·10月

九宮十二支定位圖

辰·巳	午	未·申
卯		酉
寅·丑	子	亥·戌

九宮名稱圖

巽宮	离宮	坤宮
震宮	中宮	兌宮
艮宮	坎宮	乾宮

九星圖

四綠	九紫	二黑
三碧	五黃	七赤
八白	一白	六白

제 3 장
하도낙서(河圖洛書)와
선후천팔괘도(先後天八卦圖)

1. 하도론(河圖論)

河　　圖

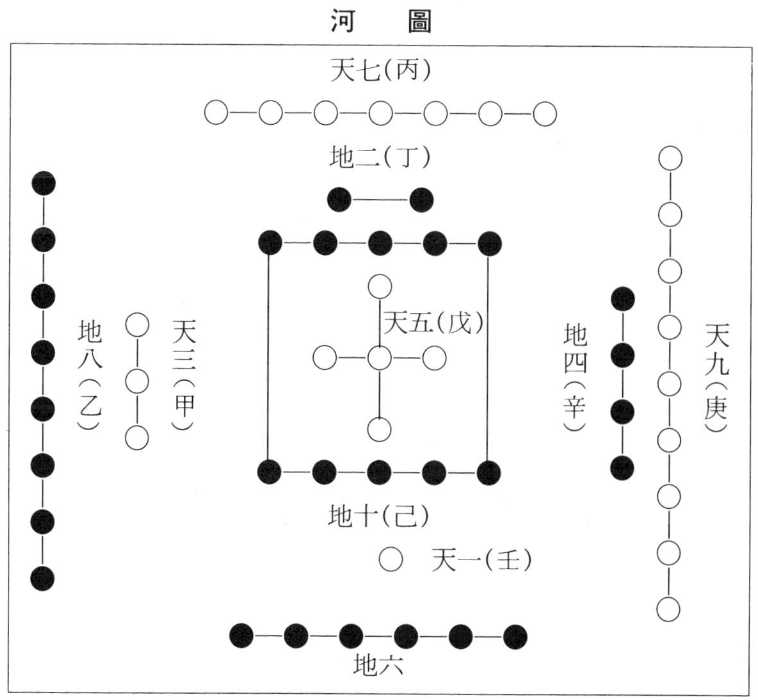

복희씨(伏羲氏)가 용마(龍馬)를 보고 만들었다는 이 하도(河
圖)는 천간오행(天干五行)의 상생원리(相生原理)인 동시에 우주
창조의 과정을 나타낸 선천(先天)의 체(體)로서 양수(陽數 ○)
인 1·3·5·7·9는 하늘[天]을 이루고, 음수(陰數 ●)인 2·4·6·8
·10은 땅[地]을 나타내고 있다. 이 천지음양(天地陰陽)이 변환
해 가는 모습을 태극(太極)이라 하는데, 다음의 그림과 같다.

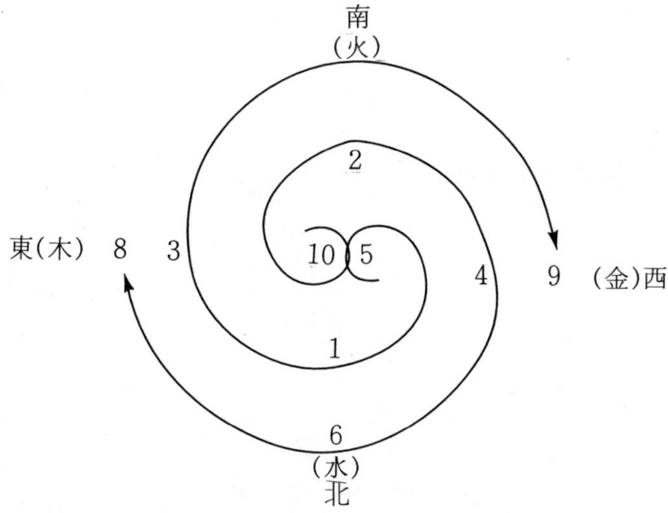

하도(河圖)의 천지수(天地數)는 전체를 주(主)로 하므로 10
에서 수(數)가 다하였으니 천지만물의 상징이 된다.
1·6(水)은 북방(北方)에 있고, 2·7(火)은 남방(南方)에 있
으며, 3·8(木)은 동방(東方)에 있고, 4·9(金)는 서방(西方)에
있고, 5·10(土)은 중앙에 거(居)하니 양수인 홀수는 모자라고
음수인 짝수는 남게 되어 좌편(左便)으로 돌아 상생(相生)하여
낳는 것이 하도(河圖)의 원리이다.
이 중에서 5·10(土)은 태극(太極)의 중앙에 위치하여 사방에
작용하므로 생성의 근본수(根本數)라고 할 수 있다.
양수를 합하면 25수(數)가 나오는데, 그 본체(本體)인 1을

빼면 24가 되니 24절후(節候)와 같은 것이다. 또 음수를 합하면 30수(數)가 나오는데, 달[月]의 일수(日數)와 같은 것이다.

하도(河圖)의 천지음양수(天地陰陽數)를 모두 합하면(地數 25＋天數 30) 55가 나오는데, 이 55를 선천수(先天數)라고 하며 55를 나누면 5와 5가 되고, 이를 다시 합하면 10(5＋5)이 되니 5(土)는 양(陽)의 본수(本數)이고 10(土)은 음(陰)의 본수(本數)라 할 수 있다. 복희씨(伏羲氏)는 이 하도(河圖)의 원리에서 팔괘(八卦)를 만들어 내었다.

선천팔괘(先天八卦)를 설명하면 다음과 같다.

위[上]에 있는 남방(南方)의 건괘(乾卦)는 金氣로서 하늘[天]이며, 아래[下]에 있는 북방(北方)의 곤괘(坤卦)는 土氣로서 땅[地]을 이루어 천지가 위와 아래에서 상응하고, 북서방(北西方)의 간괘(艮卦)는 土氣로서 산(山)이며, 남동방(南東方)의 태괘(兌卦)는 金氣로서 연못[澤]이니 산과 연못이 서로 응하여 기운을 통하고, 북동방(北東方)의 진괘(震卦)는 木氣로서

先天八卦圖

兌二(澤)	乾一(天)	巽五(風)
⚎	☰	☴
南東	南	南西
离三(火)		坎六(水)
☲		☵
東		西
震四(雷)	坤八(地)	艮七(山)
☳	☷	☶
北東	北	北西

우레〔雷〕며, 남서방(南西方)의 손괘(巽卦)는 木氣로서 바람〔風〕을 뜻하니 바람과 우레가 상응하고, 서방(西方)의 감괘(坎卦)는 水氣로서 물〔水〕이며, 동방(東方)의 이괘(离卦)는 火氣로서 물과 불이 극(尅)하지 않고 서로 응한다.

이로써 선천팔괘도(先天八卦圖)와 하도(河圖)는 土生金, 金生水, 水生木, 木生火, 火生土 등의 상생(相生)의 원리, 즉 우주만물의 기본 법칙을 설명하는 것이다.

2. 낙서론(洛書論)

하도(河圖)가 나온 후에 우(禹)임금이 신구낙서(新龜洛書)를 창출하였다.

하도수(河圖數)가 천지자연의 상징인 체(體)가 될 때, 낙서(洛書)는 변화하는 용(用)이 되어 마치 사람이 집을 지어 놓고 그 집에 기거하며 활동하는 모습에서 부동(不動)한 상태의 집을 하도(河圖)의 원리로 보고, 기거하며 활동하는 사람을 낙서(洛書)의 원리로 볼 수 있다.

하도(河圖)의 수(數)는 전체를 주(土)로 했으니 10에서 끝나고, 낙서(洛書)의 수는 주로 용사(用事)하고 극(尅)하므로 9에서 끝남으로써 하도(河圖)는 천지자연의 홍범(洪範)이요, 낙서(洛書)는 생존의 이치인 것이다.

낙서(洛書)의 구성을 살펴보면, 9는 위〔上〕의 남방(南方)에 있고, 1은 아래〔下〕의 북방(北方)에 있으며, 3은 왼쪽〔左〕의 동방(東方)에 있고, 7은 오른쪽〔右〕의 서방(西方)에 있으며, 2와 4는 어깨〔肩〕에 해당하고, 6과 8은 발〔足〕에 해당하며, 5는 중앙(中央)에 위치하여 팔방(八方)을 관할하니 오른쪽으로 돌아 이기는(尅) 것이 낙서(洛書)의 수(數)이다. 즉, 변화하는 수(數)라 할 수 있다.

洛　書

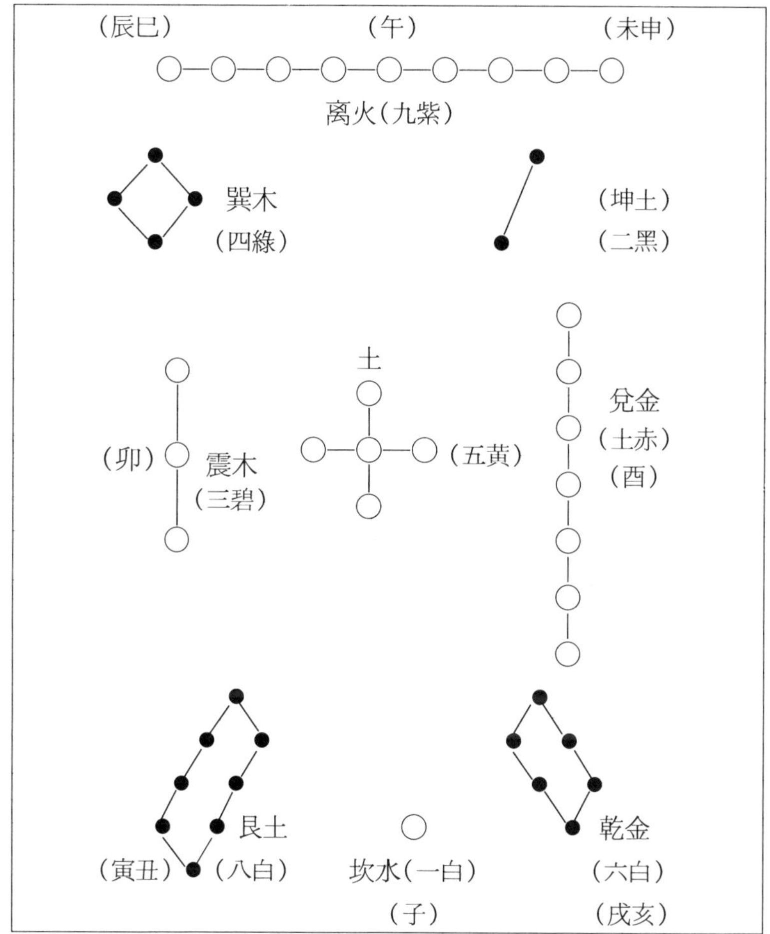

중앙오토(中央五土)가 土尅水하여 1(水)을 생하고, 水尅火하여 7(火)을 생하고, 火尅金하여 9(金)를 생하고 金尅木하여 3(木)을 생하고, 木尅土하여 중앙(中央)의 5(土)를 생하니 그 사이〔間方〕에서 2·4·6·8의 수가 나온다. 구성(九星)의 방위(方位)와 지지(地支)가 모두 이 낙서도(洛書圖)에서 나온 것이

다.

가로, 세로, 대각선 어느 곳에서 더해도 똑같이 15가 나오는데, 15는 천도변화(天道變化) 24절후(節候)의 한 마디인 15일을 뜻하는 것이다. 낙서(洛書)의 수(數)는 모두 합하여 45가 되는데, 이는 8괘(八卦) 중에서 한 괘(一卦)에 해당되는 수이다(1년 360일 = 八卦×45일 洛書合數).

하도수(河圖數) 55와 낙서수(洛書數) 45를 합하면 체(體)와 용(用)을 합한 완수(完數)인 100이 나온다.

※ 마방진(魔方陣) : 방진(方陣)이라고도 하며, 자연수를 구궁(九宮) 안에 1~9까지 배열하여 가로, 세로, 대각선 어느 곳에서든지 그 합한 수가 똑같이 나오는 것을 말한다. 그러므로 낙서(洛書)의 수는 마방진(魔方陣)과 같이 배열된 것이다.

九宮圖

巽四綠	离九紫	坤二黑
震三碧	中五黃	兌七赤
艮八白	坎一白	乾六白

陽數는 正宮數에 3을 곱한다(홀수이므로).

坎1×3=震3×3=离9×3=27(7)

兌7×3=21(1)坎1이 되고, 陰數는 間宮數에 2를 곱한다(짝수이므로).

乾6×2=12(2)坤2×2=巽4×2=艮8×2=16(6) 乾6이 된다.

九宮 내에는 9 이상의 수가 존재하지 않으므로 9 이상의 수는 單數를 취한다.

3은 양수(陽數)를 대표하고 양(陽)은 태양을 상징하므로 태양이 떠오르는 동방(東方)에 3을 놓고 한 궁〔一宮〕씩 건너뛰어 3을 곱하니 이궁(离宮)에 9, 태궁(兌宮)에 7, 감궁(坎宮)에 1을 더함으로써 양수가 정해진다(왼쪽으로 순회한다).

  2는 음수(陰數)를 대표하고 음(陰)은 어둠이므로 해가 지기 시작하는 곤궁(坤宮) 남서방(南西方)에 2수를 놓고 오른쪽으로 역회(逆回)하므로 손궁(巽宮)에 4, 간궁(艮宮)에 8, 건궁(乾宮)에 6을 더함으로써 음수가 정해진다.

  주(周)나라의 문왕(文王)이 만들었다는 후천팔괘(後天八卦)는 낙서(洛書)와 더불어 용(用)으로 쓰인다.

後天八卦圖

巽四(風)	离九(火)	坤二(地)
☴	☲	☷
南東	南	南西
震三(雷)	中五(土)	兌七(澤)
☳		☱
東		西
艮八(山)	坎一(水)	乾六(天)
☶	☵	☰
北東	北	北西

제2편

구궁포국법(九宮布局法)

제1장

사주팔자(四柱八字) 세우는 법

사주(四柱)란 태어난 年, 月, 日, 時 네 개의 기둥을 말하는 것으로 한 개의 기둥에 천간(天干)과 지지(地支) 두 자가 있어 모두 합해서 여덟 글자이므로 사주팔자(四柱八字)라 하는 것이다.

사주(四柱)를 구성하고 있는 요소는 십간(十干)과 십이지(十二支)로서, 십간(十干)은 甲, 乙, 丙, 丁, 戊, 己, 庚, 辛, 壬, 癸 열 개이고, 십이지(十二支)는 子, 丑, 寅, 卯, 辰, 巳, 午, 未, 申, 酉, 戌, 亥 열두 개인데, 양간(陽干)과 양지(陽支), 음간(陰干)과 음지(陰支)가 서로 짝을 지어 육십갑자(六十甲子)를 이루게 된다.

사주는 홍연국(洪烟局)을 포국(布局)하는 데 있어서 반드시 필요한 기초 작업으로, 보고자 하는 年, 月, 日, 時의 사주를 자유자재로 세울 수 있어야 편리하며, 또한 홍연국(洪烟局)은 사주를 근간으로 작국(作局)하고 해석하기 때문에 최소한 사주학의 기초 지식 정도는 습득하고 있어야 유리하다.

여기서는 간단히 사주를 세우는 방법에 대해서만 논하기로 한다.

사주는 연주(年柱), 월주(月柱), 일주(日柱), 시주(時柱)로 구성하는데, 먼저 연주(年柱)를 찾고 그 다음에 월주(月柱), 일주(日柱), 시주(時柱) 순으로 찾는다.

四柱構成圖

年柱	月柱	日柱	時柱
年 干	月 干	日 干	時 干
年 支	月 支	日 支	時 支

1. 연주(年柱) 정하는 법

만세력에 보면 서기 연도(西紀年度)와 함께 나와 있는 그 해의 간지(干支)를 연주로 쓰는데, 그 해의 입춘절기(立春節氣)가 지나야지만 해당 연도의 간지를 쓸 수 있고, 비록 새해가 되었더라도 입춘 전이라면 전년도의 간지를 써야 한다. 일반적으로 새해는 1월 1일로 보지만 사주학상으로는 입춘 절기일을 기준으로 새해를 본다.

예를 들면, 1992년도의 간지는 壬申으로 입춘 절기는 음력 1월 1일 해정시(亥正時 : 오후 10시~11시 전)에 들어 있다. 그러므로 1992년 음력 1월 1일 해시(亥時) 이전이면 전년도 간지인 辛未를 쓰고, 이후면 그 해의 간지인 壬申을 연주(年柱)로 쓴다.

만약에 1992년 음력 1월 1일 인시생(寅時生)이라면 입춘 절기가 드는 시간 전에 태어났으므로 시간 미달이므로 전년도 간지인 辛未를 연주(年柱)로 정한다. 또한 생일이 입춘일에 해당되면 시간을 고려해야 한다. 예를 들어 양력 1992년 7월 20일 오후 6시의 사주를 세운다면 연주는 다음과 같이 정해진다. 양력 7월이면 입춘이 훨씬 지난 때이므로 1992년도의 간지인 壬申을 그대로 연주로 쓰면 된다.

年柱	月柱	日柱	時柱
壬 申			

2. 월주(月柱) 정하는 법

연주(年柱)를 정한 다음에 월주를 정하는데, 월주는 태어난 달의 절기(節氣)에 따라 정해진다. 역학상으로 매월을 십이지 (十二支)로 대용하고 있는데, 주의할 점은 십이지 중에서 처음 시작되는 자(子)를 1월로 쓰지 않고 인(寅)이 1월로 시작된다 는 것이다. 그러므로 1월은 인월(寅月), 2월은 묘월(卯月), 3월

十二支 節氣表

陰曆月	月支	十二節氣
一月	寅	立春(입춘)
二月	卯	驚蟄(경칩)
三月	辰	淸明(청명)
四月	巳	立夏(입하)
五月	午	芒種(망종)
六月	未	小署(소서)
七月	申	立秋(입추)
八月	酉	白露(백로)
九月	戌	寒露(한로)
十月	亥	立冬(입동)
十一月	子	大雪(대설)
十二月	丑	小寒(소한)

※ 월주(月柱) 중에서 월지(月支)는 위의 도표에 의해 정해진 다.

은 진월(辰月), 4월은 사월(巳月), 5월은 오월(午月), 6월은 미월(未月), 7월은 신월(申月), 8월은 유월(酉月), 9월은 술월(戌月), 10월은 해월(亥月), 11월은 자월(子月), 12월은 축월(丑月)로 쓰는 것이다.

그리고 사주를 세울 때에는 도표와 같이 24절기 중에서 12절기만 사용한다.

생월 일시가

입춘일로부터 경칩 전날에 속해 있으면 월지는 寅으로 쓴다.
경칩일로부터 청명 전날에 속해 있으면 월지는 卯를 쓴다.
청명일로부터 입하 전날에 속해 있으면 월지는 辰으로 쓴다.
입하일로부터 망종 전날에 속해 있으면 월지는 巳를 쓴다.
망종일로부터 소서 전날에 속해 있으면 월지는 午를 쓴다.
소서일로부터 입추 전날에 속해 있으면 월지는 未를 쓴다.
입추일로부터 백로 전날에 속해 있으면 월지는 申을 쓴다.
백로일로부터 한로 전날에 속해 있으면 월지는 酉를 쓴다.
한로일로부터 입동 전날에 속해 있으면 월지는 戌을 쓴다.
입동일로부터 대설 전날에 속해 있으면 월지는 亥를 쓴다.
대설일로부터 소한 전날에 속해 있으면 월지는 子를 쓴다.
소한일로부터 다음해 입춘 전날에 속해 있으면 월지는 丑을 쓴다.

이상의 법칙에 준하여 월지가 정해지는데, 예를 들어 양력 1992년 7월 7일 오전 2시생의 사주 중에서 월지를 찾아보자. 만세력에 보면 7월 7일 卯時初에 소서 절기가 들어 있다. 그러므로 생시(生時)는 소서 절기가 들어오기 3시간 전이 되므로 소서월지(小暑月支)인 未를 쓰지 못하고 전 절기인 망종월지(芒種月支)인 午가 월지로 된다. 생일과 절입일(節入日)이 일치할 경우에는 시간을 고려해 보아야 한다.

월지를 정한 다음에는 월간(月干)을 써야 하는데, 월간 정하

는 법칙이 있으니 월건법(月建法) 또는 연두법(年頭法)이라고
한다.

〔**年頭法**〕
　甲己之年 丙寅頭　　乙庚之年 戊寅頭　　丙辛之年 庚寅頭
　丁壬之年 壬寅頭　　戊癸之年 甲寅頭

이것을 알기 쉽게 조견표로 나타내면 다음과 같다.

月建早見表

月 / 年干	一月 寅	二月 卯	三月 辰	四月 巳	五月 午	六月 未	七月 申	八月 酉	九月 戌	十月 亥	十一月 子	十二月 丑
甲己年	丙寅	丁卯	戊辰	己巳	庚午	辛未	壬申	癸酉	甲戌	乙亥	丙子	丁丑
乙庚年	戊寅	己卯	庚辰	辛巳	壬午	癸未	甲申	乙酉	丙戌	丁亥	戊子	己丑
丙辛年	庚寅	辛卯	壬辰	癸巳	甲午	乙未	丙申	丁酉	戊戌	己亥	庚子	辛丑
丁壬年	壬寅	癸卯	甲辰	乙巳	丙午	丁未	戊申	己酉	庚戌	辛亥	壬子	癸丑
戊癸年	甲寅	乙卯	丙辰	丁巳	戊午	己未	庚申	辛酉	壬戌	癸亥	甲子	乙丑

　예를 들어 양력 1992년 7월 20일 오후 6시생의 사주를 세운
다면 월주는 다음과 같이 정해진다. 먼저 7월 20일이 어느 절
기에 해당되는지를 살펴보면 소서 절기에 속하므로 월지는 미
(未)가 된다. 월건조견표(月建早見表)에서 1992년의 연간(年
干)인 임(壬)과 월지인 미(未)가 만나는 지점에 있는 정미(丁
未)가 월주가 된다.

군이 이와 같은 방법으로 월주를 구하지 않아도 만세력을 보면 매월 간지(干支 : 月柱)가 기재되어 있으므로 생일이 어느 절기에 해당되는지만 알면 쉽게 월주를 찾을 수 있다.

年柱	月柱	日柱	時柱
壬 申	丁 未		

3. 일주(日柱) 정하는 법

월주(月柱)를 정한 다음에 일주(日柱)를 정하는데, 생일에 해당되는 일진(日辰)을 일주로 쓰면 된다.

만세력을 보면 날짜 밑에 매일매일의 일진(日辰 : 干支)이 기재되어 있으므로 쉽게 찾아 쓸 수 있다. 예를 들어 양력 1992년 7월 20일 오후 6시생의 일주를 정한다면, 만세력에 20일의 간지(干支 : 日辰)인 정유(丁酉)가 날짜 밑에 기재되어 있다. 그러므로 일주는 정유(丁酉)가 된다.

年柱	月柱	日柱	時柱
壬 申	丁 未	丁 酉	

4. 시주(時柱) 정하는 법

일주(日柱)를 정하고 난 뒤에 시주를 정하는데, 시주는 태어난 시간을 말하는 것으로 십이지(十二支)에 의한 시간을 사용한다.

十二支時間表

正子時(새벽 0시～1시 전)	未時(오후 1시～3시 전)
丑時(새벽 1시～3시 전)	申時(오후 3시～5시 전)
寅時(새벽 3시～5시 전)	酉時(오후 5시～7시 전)
卯時(새벽 5시～7시 전)	戌時(오후 7시～9시 전)
辰時(오전 7시～9시 전)	亥時(오후 9시～11시 전
巳時(오전 9시～11시 전)	夜子時(오후 11시～0시 전)
午時(오전 11시～오후 1시 전)	

時間早見表

時間＼日干	子時	丑時	寅時	卯時	辰時	巳時	午時	未時	申時	酉時	戌時	亥時
甲己日	甲子	乙丑	丙寅	丁卯	戊辰	己巳	庚午	辛未	壬申	癸酉	甲戌	乙亥
乙庚日	丙子	丁丑	戊寅	己卯	庚辰	辛巳	壬午	癸未	甲申	乙酉	丙戌	丁亥
丙辛日	戊子	己丑	庚寅	辛卯	壬辰	癸巳	甲午	乙未	丙申	丁酉	戊戌	己亥
丁壬日	庚子	辛丑	壬寅	癸卯	甲辰	乙巳	丙午	丁未	戊申	己酉	庚戌	辛亥
戊癸日	壬子	癸丑	甲寅	乙卯	丙辰	丁巳	戊午	己未	庚申	辛酉	壬戌	癸亥

시주 중에서 시지(時支)는 십이지시간표(十二支時間表)에 의해 정해지지만 시간(時干)은 일간(日干)을 기준으로 한 시두법(時頭法)에 따라 정해지므로 시두법을 암기해야 한다.

시간조견표를 참고하면 쉽게 시주를 정할 수 있다.

예를 들어 양력 1992년 7월 20일 오후 6시생의 시주를 정한다면, 오후 6시는 유시(酉時)가 되므로 시지(時支)는 酉가 되고 시간(時干)은 조견표에서 일간(日干) 丁과 시지(時支)인 酉

가 만나는 지점에 있는 己酉를 시주로 정한다.

年柱	月柱	日柱	時柱
壬申	丁未	丁酉	己酉

제 2 장
홍국천지반포국(洪局天地盤布局)

천기(天氣)를 상징하는 십간(十干)과 지기(地氣)를 상징하는 십이지(十二支)가 양간(陽干)과 양지(陽支), 음간(陰干)과 음지(陰支)끼리 배합하여 놓은 것을 육십갑자(六十甲子)라 하는데, 이것은 천지의 비밀을 간직한 암호 문자로 역(易)의 관건이 되고 있다.

천간(天干)은 甲字에서 숫자가 시작되고 지지(地支)는 子字에서 숫자가 시작된다. 그러므로 다음과 같은 순서가 정해진다.

順序	1	2	3	4	5	6	7	8	9	10	11	12
天干	甲	乙	丙	丁	戊	己	庚	辛	壬	癸		
地支	子	丑	寅	卯	辰	巳	午	未	申	酉	戌	亥

위의 간지수(干支數)는 홍국기문(洪局奇門)을 포국(布局)하는 데 필요한 수일 뿐이지 오행을 대신하는 숫자는 아니다. 다만 보고자 하는 연(年)·월(月)·일(日)·시(時)의 사주를 세운 뒤 사주천간(四柱天干)과 지지(地支)에 이 숫자를 응용하여 천반(天盤)과 지반수(地盤數)를 뽑을 때 쓰이는 숫자이다.

〔**천지반포국법**(天地盤布局法)〕
기문둔갑(奇門遁甲)은 낙서(洛書)의 구궁도(九宮圖)를 근본으로 포국(布局)한다.

보고자 하는 연(年)·월(月)·일(日)·시(時)의 사주를 자평식(子平式)으로 세운 뒤, 사주천간(四柱天干)을 각각 더하여 9로 나눈 다음 그 나머지를 천반(天盤)이라 하여 중궁천반(中宮天盤)에 넣는다. 사주지지(四柱地支)를 각각 더하여 9로 나눈 다음 그 나머지를 지반(地盤)이라 하여 중궁지반(中宮地盤)에 넣는다. 9로 나누어서 나머지가 영(0)이 되었을 때에는 나눈 수 9를 쓰고, 9로 나눌 수 없는 경우(합한 숫자가 9 미만일 경우)에는 합(合)해서 나온 숫자를 그대로 쓴다.

천지반포국(天地盤布局)은 예를 들어 보면 다음과 같다.

1968년 3월 14일 미시(음력)

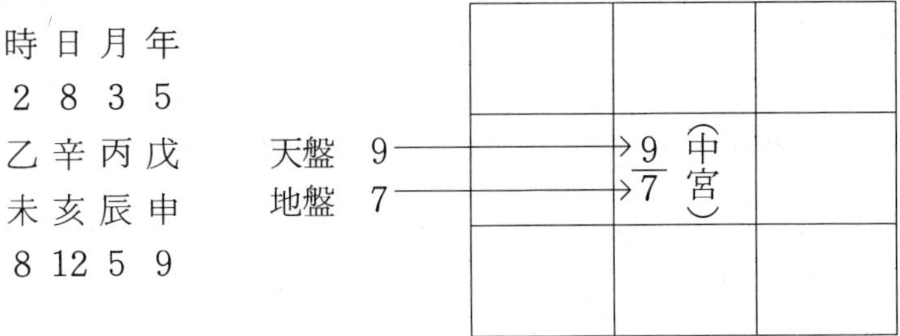

사주천간(四柱天干)을 각각 더하면(2＋8＋3＋5) 18이 된다. 이것을 9로 나누면 나머지가 0이 되므로 나눈 수 9를 그대로 천반수(天盤數)로 쓴다.

사주지지(四柱地支)를 각각 더하면(8＋12＋5＋9) 34가 된다. 이것을 9로 나누면 나머지가 7이 되므로 지반수(地盤數)는 7이다.

1. 지반포국법(地盤布局法)

지반(地盤)은 언제나 중궁(中宮)에서 감궁(坎宮)으로 나온다

(陰陽遁은 논하지 않는다).

감궁(坎宮)에서 곤궁(坤宮)→진궁(震宮)→손궁(巽宮)→중궁(中宮, 숫자는 기입하지 않는다. 즉 遁數된 것임)→건궁(乾宮)→태궁(兌宮)→간궁(艮宮)→이궁(离宮) 순으로 포국(布局)한다. 즉, 지반정위도(地盤定位圖)에 따라 순포(順布)시킨다.

地盤定位圖

4	9	2
3	⑤↓	7
8	1	6

布局例

1	6 9/7 ↓ 8	9
10		4
5		3

2. 천반포국법(天盤布局法)

중궁천반(中宮天盤)은 언제나 이궁(离宮)으로 나간다(지반과 반대로 역포시킴).

이궁(离宮)에서 간궁(艮宮)→태궁(兌宮)→건궁(乾宮)→중궁(中宮, 숫자는 기입하지 않고 遁數된 것임)→손궁(巽宮)→진궁(震宮)→곤궁(坤宮)→감궁(坎宮) 순으로 역포(逆布)한다.

天盤定位圖

6	1 ↑	8
7	⑤	3
2	9	4

布局例

5/1	10/6 ↑	7/9
6/10	9/7	2/4
1/5	8/8 ↓	3/3

이상과 같은 방법으로 천지반포국(天地盤布局)이 완성된다.

3. 지반변화도(地盤變化圖)

중궁지반수(中宮地盤數)에 따라 아홉 개의 지반도판(地盤圖板)이 있게 된다.

5	10	3
4	①	8
9	2	7

6	1	4
5	②	9
10	3	8

7	2	5
6	③	10
1	4	9

8	3	6
7	④	1
2	5	10

9	4	7
8	⑤	2
3	6	1

10	5	8
9	⑥	3
4	7	2

1	6	9
10	⑦	4
5	8	3

2	7	10
1	⑧	5
6	9	4

3	8	1
2	⑨	6
7	10	5

4. 천반변화도(天盤變化圖)

중궁천반수(中宮天盤數)에 따라 아홉 개의 지반도판(地盤圖板)이 있게 된다.

7	2	9
8	①	4
3	10	5

8	3	10
9	②	5
4	1	6

9	4	1
10	③	6
5	2	7

10	5	2
1	④	7
6	3	8

1	6	3
2	⑤	8
7	4	9

2	7	4
3	⑥	9
8	5	10

3	8	5
4	⑦	10
9	6	1

4	9	6
5	⑧	1
10	7	2

5	10	7
6	⑨	2
1	8	3

5. 천지반(天地盤) 포국(布局)의 예

1977년 2월 3일 축시(음력)

時 日 月 年
10 5 10 4
癸 戊 癸 丁 → 天盤 2
丑 寅 卯 巳 → 地盤 6
　2 3 4 6

巽 $\frac{8}{10}$	离 $\frac{3}{5}$	坤 $\frac{10}{8}$
震 $\frac{9}{9}$	中 $\frac{2}{6}$	兌 $\frac{5}{3}$
艮 $\frac{4}{4}$	坎 $\frac{1}{7}$	乾 $\frac{6}{2}$

사주천간(四柱天干)을 각각 더하면(10＋5＋10＋4＝29) 29가 된다. 이것을 9로 나누면 나머지 2가 남는다. 그러므로 천반수 (天盤數)는 2이다.

사주지지(四柱地支)를 각각 더하면(2＋3＋4＋6＝15) 15가 된다. 이것을 9로 나누면 나머지 6이 남는다. 그러므로 지반수 (地盤數)는 6이다.

지반(地盤)은 언제나 중궁(中宮)에서 감궁(坎宮)으로 나와 순포(順布)하니 구궁순서(九宮順序)에 의한다. 즉, 감궁(坎宮) 에 7, 곤궁(坤宮)에 8, 진궁(震宮)에 9, 손궁(巽宮)에 10, 중궁

(中宮)에서는 둔수(遁數)되고, 건궁(乾宮)에 2, 태궁(兌宮)에 3, 간궁(艮宮)에 4, 이궁(离宮)에 5로서 지반수리포국(地盤數理布局)이 완료된다(地盤數는 항상 坎宮에서 시작하여 离宮에서 끝나게 된다).

천반(天盤)은 항상 중궁(中宮)에서 이궁(离宮)으로 나가서 지반(地盤)과 반대로 역포(逆布)한다. 천반(天盤) 2가 중궁(中宮)에서 나와 이궁(离宮)에 3, 간궁(艮宮)에 4, 태궁(兌宮)에 5, 건궁(乾宮)에 6, 중궁(中宮)에 7이 둔수(遁數)되고, 손궁(巽宮)에 8, 진궁(震宮)에 9, 곤궁(坤宮)에 10, 감궁(坎宮)에 1로서 천반수리포국(天盤數理布局)이 완료된다(天盤은 항상 离宮에서 시작하여 坎宮에서 끝나게 된다).

제3장
초신접기론(超神接氣論)

초신접기(超神接氣)란 초신(超神)과 접기(接氣)를 말하는 것으로, 초신(超神)은 해당 절기가 돌아오기 전에 삼원부두(三元符頭)가 먼저 돌아오는 것을 말하며, 10일을 넘지 못한다. 또, 접기(接氣)는 삼원부두(三元符頭)가 돌아오기 전에 해당 절기가 먼저 돌아와 있는 것을 말하며, 5일을 넘지 못한다. 삼원부두(三元符頭)는 上元으로 시작되는 日辰으로 甲子, 甲午, 己卯, 己酉(甲己·子午·卯酉) 日辰을 말하는 것이다.

해당 절기와 삼원부두(三元符頭)가 일치하고 있으면 정수기(正授奇)라 하여 상원(上元)의 원국(元局：定局)이 된다. 이와 같이 절기와 삼원부두(三元符頭)가 동일하게 일치하고 있으면 굳이 초신(超神)이니 접기(接氣)니 하는 것을 논할 필요가 없으나, 음력에는 큰달〔大月〕·작은달〔小月〕과 윤달(閏月)이 있는 까닭에 해마다 매월의 절입일(節入日)과 삼원부두(三元符頭) 사이에 차이가 생기게 된다. 그러므로 이 차이를 줄이기 위하여 초신접기법(超神接氣法)에 의한 윤국(閏局)을 두는 것이다.

윤국(閏局)은 한 절기를 다시 취하여 쓰는데, 망종과 대설의 두 절기에만 둘 수가 있고 이외의 절기에는 초신(超神) 10일, 접기(接氣) 5일이 초과하더라도 윤국을 두지 못한다.

초신접기(超神接氣) 외에 절국보국(折局補局)이 있는데, 절국(折局)이란 뺀다는 것이고 보국(補局)이란 보태어 준다는 것으로, 절기는 먼저 당도했으나 삼원부두(三元符頭)가 아직 당도하고 있지 않은 경우에 절기가 드는 날은 해당 절기를 취용(取用)하므로 그로 인해 모자란 시간을 보충해 주는 것이다. 그리고 절국보국(折局補局)은 접기(接氣)의 경우에만 쓴다.

〔절국보국(折局補局)의 예〕

1910년 庚戌의 입춘은 전년도 12월 26일 辛丑日(子正三刻十分)에 들어 있고, 辛丑 일진의 부두(符頭)는 己亥(中元符頭)가 된다. 그러므로 전년도 대한중원 9국(大寒中元九局)에 속한다. 하지만 절기가 먼저 이르고, 입춘상원부두(立春上元符頭)는 8일 후에 들어 있으므로 접기(接氣)라 한다. 그러므로 지난 절기인 대한중원(大寒中元)을 무시하고 해당 절기인 입춘을 취용(取用)하니 입춘중원 5국(立春中元五局)이 되는 것이다.

1909년 12월 26일 辛丑(子正)에서 28일 癸卯까지 입춘중원(立春中元), 12월 29일 甲辰(子正)에서 1910년 1월 3일 戊申까지 입춘하원(立春下元 : 甲辰은 下元符頭에 속함), 1월 4일 己酉에서 8일 癸丑까지 입춘상원(立春上元 : 己酉는 上元符頭임), 1월 9일 甲寅에서 10일 乙卯(戌時)까지 입춘중원(立春中元 : 乙卯는 甲寅旬中에 있으므로 하원)이 된다.

〔대설절윤국(大雪節閏局)의 예〕

1967년 丁未의 입춘은 전년도 12월 25일 己亥(亥初時)에 들어 있다. 그리고 입춘부두(立春符頭)인 甲午는 5일 전인 12월 20일에 있어 입춘보다 먼저 당도해 있다. 그러나 각 절기(節氣:24節候)를 거쳐 가는 동안 대설에 와서 12일이 초과되었다. 그러므로 초신(超神) 9일 이상이 되므로 대설절정국(大雪節定局)이 끝나면 다시 대설윤국(大雪閏局)을 두어야 한다.

대설이 11월 7일 丙午(寅正時)에 들어왔는데 대설 상원부두(上元符頭)인 甲午는 전달 10월 25일(巳初時)에 먼저 당도해 있다. 그러므로 10월 15일 甲午(巳初時)에서 29일 무술(戊戌)까지가 대설상원(大雪上元), 30일 己亥에서 11월 4일 癸卯까지가 대설중원(大雪中元), 5일 甲辰에서 9일 戊申까지가 대설하원(大雪下元)으로 대설의 상중하원정국(上中下元定局)이 끝나면 다시 11월 10일 己酉에서 대설윤국상원(大雪閏局上元)을 시작하여 24일 癸亥에서 대설윤국(大雪閏局)의 상중하원(上中下元)이 끝나게 된다.

각 절후를 살펴보아 정수기(正授奇)인 곳이나 절후와 부두(符頭)가 하루 이틀 정도의 차이로 근접해 있는 곳을 찾아서 그 곳에서부터 24절후를 차례로 계산해 나가다 보면 절후와 부두(符頭) 사이에 차이가 나는 것을 알 수 있다.

접기(接氣)는 윤월(閏月)이 있는 전년도에 있게 되고, 초신(超神)은 윤월이 있는 후년도에 있게 되는데, 1·2·3·4월에 윤월이 있으면 후년대설절(後年大雪節)에 윤국(閏局)을 두게 되고, 5·6·7·8·9월에 윤월이 있으면 후년망종절(後年芒種節)에 윤국(閏局)을 두게 된다.

초신접기법(超神接氣法)은 기문둔갑(奇門遁甲) 구성의 선결요건으로 기문학(奇門學)의 핵심이면서 기초적인 이론이다.

三元表

(上元)甲己子午卯酉					(中元)甲己寅申巳亥					(下元)甲己辰戌丑未				
甲子	乙丑	丙寅	丁卯	戊辰	己巳	庚午	辛未	壬申	癸酉	甲戌	乙亥	丙子	丁丑	戊寅
甲午	乙未	丙申	丁酉	戊戌	己亥	庚子	辛丑	壬寅	癸卯	甲辰	乙巳	丙午	丁未	戊申
己卯	庚辰	辛巳	壬午	癸未	甲申	乙酉	丙戌	丁亥	戊子	己丑	庚寅	辛卯	壬辰	癸巳
己酉	庚戌	辛亥	壬子	癸丑	甲寅	乙卯	丙辰	丁巳	戊午	己未	庚申	辛酉	壬戌	癸亥

상원(上元)으로 시작되는 일진은 甲己·子午卯酉(甲子·甲午·己卯·己酉) 4일이고(上元符頭), 중원(中元)으로 시작되는 일진은 甲己·寅申巳亥(甲寅·甲申·己巳·己亥) 4일이고(中元符頭), 하원(下元)으로 시작되는 일진은 甲己·辰戌丑未(甲辰·甲戌·己丑·己未) 4일이다(下元符頭).

절기삼원(節氣三元)은 해당 절기 상중하원(上中下元)의 구국수(九局數)로서, 예를 들어서 입춘상원(立春上元)은 8국이 되고, 중원(中元)은 5국, 하원(下元)은 2국으로 보는 것이다.

節氣三元表

芒種	六	三	九	大暑	七	一	四	白露	九	三	六
小滿	五	二	八	小暑	八	二	五	處暑	一	四	七
立夏	④	一	七	夏至	⑨	三	六	立秋	②	五	八
穀雨	五	二	八					霜降	五	八	二
清明	四	一	七					寒露	六	九	三
春分	三	九	六					秋分	⑦	一	四
驚蟄	一	七	四	大寒	三	九	六	大雪	四	七	一
雨水	九	六	三	小寒	二	八	五	小雪	五	八	二
立春	⑧	五	二	冬至	①	七	四	立冬	⑥	九	三

九宮圖

巽 四	离 九	坤 二
震 三	中 五	兌 七
艮 八	坎 一	乾 六

제 4 장

홍국(洪局)의 팔문신장(八門神將)

팔문신장(八門神將)은 홍국기문법(洪局奇門法)의 구조상 팔괘생기(八卦生氣), 직부팔장(直符八將)과 더불어 가장 중요한 요소 중의 하나로서 구궁도판(九宮圖板)에서 중궁(中宮)을 제외한 팔방위(八方位)에 배치되는 것이다.

홍국기문법(洪局奇門法)에만 쓰이는 이 팔문신장(八門神將)은 오행의 변용으로 팔방(八方)에 소재하고 있으면서 팔괘생기(八卦生氣), 직부팔장(直符八將)과 함께 사진(四辰)과 해당 육친(六親)에 영향을 끼치므로 각 육친(六親)의 길흉, 그리고 격국(格局)의 길함과 흉함을 결정짓는 데 상당히 큰 작용을 한다.

1. 홍국팔문신장포국법(洪局八門神將布局法)

팔문신장(八門神將)을 포국(布局)하는 방법은 양둔(陽遁)과 음둔(陰遁) 모두 각 궁(宮)에서 일진(日辰)이 3일씩 지내게 되는데, 간궁(艮宮)에서 3일(甲子·乙丑·丙寅)을 지내고, 양둔(陽遁)과 음둔(陰遁)의 포국 순서에 따라 그 다음 궁(宮)으로 가서 역시 3일(丁卯·戊辰·己巳)을 지내게 된다. 양둔(陽遁)은 동지(冬至)로부터 하지(夏至) 전날까지이고, 음둔(陰遁)은 하지(夏至)로부터 동지(冬至) 전날까지가 된다.

먼저 양둔(陽遁)인지 음둔(陰遁)인지를 구분한 뒤, 일진(日

辰：생일 또는 보고자 하는 날의 일진)이 있는 궁(宮)을 찾아 일
진이 있는 궁(宮)에서 생문(生門)을 시작하여 화살표(아래 도
판) 방향으로 그 다음 궁(宮)에 상문(傷門), 두문(杜門), 경문
(景門), 사문(死門), 경문(驚門), 개문(開門), 휴문(休門)과 같
은 순서로 팔방(八方)에 붙여 나간다.

팔문(八門)	生門	傷門	杜門	景門	死門	驚門	開門	休門
五行	土	木	木	火	土	金	金	水
吉凶	大吉	凶	凶	吉	凶	凶	大吉	大吉

2. 양둔팔문신장포국법(陽遁八門神將布局法)

팔문(八門)이 곤2궁(坤二宮)에서 끝나면 다시 간8궁(艮八宮)

冬至～夏至 前

庚午 辛未 壬申 甲午 乙未 丙申 戊午 己未 庚申 ㊪(巽)	癸酉 甲戌 乙亥 丁酉 戊戌 己亥 辛酉 壬戌 癸亥 ㊪(离)	乙酉 丙戌 丁亥 己酉 庚戌 辛亥 ㊪(坤)
壬午 癸未 甲申 丙午 丁未 戊申 ㊪(震)		丁卯 戊辰 己巳 辛卯 壬辰 癸巳 乙卯 丙辰 丁巳 ㊪(兌)
甲子 乙丑 丙寅 戊子 己丑 庚寅 壬子 癸丑 甲寅 ㊪(艮)	丙子 丁丑 戊寅 庚子 辛丑 壬寅 ㊪(坎)	己卯 庚辰 辛巳 癸卯 甲辰 乙巳 ㊪(乾)

으로 와서 순서대로 포국(布局)시킨다.

※ 양둔팔문신장(陽遁八門神將) 순서 : 간궁(艮宮)→태궁(兌宮)
→손궁(巽宮)→이궁(离宮)→감궁(坎宮)→건궁(乾宮)→진궁(震
宮)→(坤宮)

3. 음둔팔문신장포국법(陰遁八門神將布局法)

夏至~冬至 前

壬午 癸未 甲申 丙午 丁未 戊申 ㉯巽	己卯 庚辰 辛巳 癸卯 甲辰 乙巳 ㉯离	丁卯 戊辰 己巳 辛卯 壬辰 癸巳 乙卯 丙辰 丁巳 ㉯坤
庚午 辛未 壬申 甲午 乙未 丙申 戊午 己未 庚申 ㉯震		乙酉 丙戌 丁亥 己酉 庚戌 辛亥 ㉯兌
甲子 乙丑 丙寅 戊子 己丑 庚寅 壬子 癸丑 甲寅 ㉯艮	丙子 丁丑 戊寅 庚子 辛丑 壬寅 ㉯坎	癸酉 甲戌 乙亥 丁酉 戊戌 己亥 辛酉 壬戌 癸亥 ㉯乾

팔문(八門)이 태7궁(兌七宮)에서 끝나면 다시 간8궁(艮八宮)
으로 와서 순서대로 포국(布局)시킨다.

※ 음둔팔문신장(陰遁八門神將) 순서 : 간궁(艮宮)→곤궁(坤
宮)→진궁(震宮)→건궁(乾宮)→감궁(坎宮)→이궁(离宮)→손궁
(巽宮)→태궁(兌宮)

각 궁(宮)에 3일씩 머무는 일진소재궁(日辰所在宮)에 의해

정해지는 생문(生門)에 따라 여덟 개의 도판(圖板)이 만들어진다(陽遁八門圖板이 여덟 개, 陰遁八門圖板이 여덟 개로 합하여 열여섯 개의 八門神將圖板이 있게 된다).

4. 양음둔팔문조견도판(陽陰遁八門早見圖板)

먼저 음양둔(陰陽遁)을 구분하고 일진(日辰)이 어디에 있는지를 찾아 해당 도판(圖板)에 나와 있는 팔문신장(八門神將)을 그대로 옮겨 쓰면 된다.

일진(日辰)이 甲子·乙丑·丙寅·戊子·己丑·庚寅·壬子·癸丑·甲寅일 경우는 다음과 같다.

<table>
<tr><td colspan="3" align="center">陽遁</td><td colspan="3" align="center">陰遁</td></tr>
<tr><td>杜門</td><td>景門</td><td>休門</td><td>開門</td><td>驚門</td><td>傷門</td></tr>
<tr><td>開門</td><td></td><td>傷門</td><td>杜門</td><td></td><td>休門</td></tr>
<tr><td>生門</td><td>死門</td><td>驚門</td><td>生門</td><td>死門</td><td>景門</td></tr>
</table>

일진(日辰)이 丁卯·戊辰·己巳·辛卯·壬辰·癸巳·乙卯·丙辰·丁巳일 경우는 다음과 같다.

<table>
<tr><td colspan="3" align="center">陽遁</td><td colspan="3" align="center">陰遁</td></tr>
<tr><td>傷門</td><td>杜門</td><td>開門</td><td>驚門</td><td>死門</td><td>生門</td></tr>
<tr><td>驚門</td><td></td><td>生門</td><td>傷門</td><td></td><td>開門</td></tr>
<tr><td>休門</td><td>景門</td><td>死門</td><td>休門</td><td>景門</td><td>杜門</td></tr>
</table>

일진(日辰)이　庚午·辛未·壬申·甲午·乙未·丙申·戊午·己未·庚申일 경우는 다음과 같다.

陽遁

生門	傷門	驚門
死門		休門
開門	杜門	景門

陰遁

死門	景門	休門
生門		驚門
開門	杜門	傷門

일진(日辰)이　癸酉·甲戌·乙亥·丁酉·戊戌·己亥·辛酉·壬戌·癸亥일 경우는 다음과 같다.

陽遁

休門	生門	死門
景門		開門
驚門	傷門	杜門

陰遁

景門	杜門	開門
休門		死門
驚門	傷門	生門

일진(日辰)이　丙子·丁丑·戊寅·庚子·辛丑·壬寅일 경우는 다음과 같다.

陽遁

開門	休門	景門
杜門		驚門
死門	生門	傷門

陰遁

杜門	傷門	驚門
開門		景門
死門	生門	休門

일진(日辰)이 己卯·庚辰·辛巳·癸卯·甲辰·乙巳일 경우는 다
음과 같다.

陽遁

驚門	開門	杜門
傷門		死門
景門	休門	生門

陰遁

傷門	生門	死門
驚門		杜門
景門	休門	開門

일진(日辰)이 壬午·癸未·甲申·丙午·丁未·戊申일 경우는 다
음과 같다.

陽遁

死門	驚門	傷門
生門		景門
杜門	開門	休門

陰遁

生門	休門	景門
死門		傷門
杜門	開門	驚門

일진(日辰)이 乙酉·丙戌·丁亥·己酉·庚戌·辛亥일 경우는 다
음과 같다.

陽遁

景門	死門	生門
休門		杜門
傷門	驚門	開門

陰遁

杜門	開門	杜門
景門		生門
傷門	驚門	死門

제5장
팔괘생기법(八卦生氣法)

1. 팔괘생기(八卦生氣) 배치법

팔괘생기(八卦生氣 : 八卦)는 홍국기문법(洪局奇門法)의 구성요소 중 하나로서, 중궁(中宮)에 들어가 있는 지반수(地盤數)를 중심으로 음양둔(陰陽遁)을 막론하고 각 팔방위(八方位)에 배치한다. 팔괘 중에서 길괘(吉卦)가 팔문(八門)의 길문(吉門)과 배합되어 있으면 대길하고, 흉문(凶門)과 흉괘(凶卦)가 배합되어 있으면 대흉하다.

八卦正位圖

歸魂 (巽)	福德 (离)	天醫 (坤)
絶體 (震)	五中央	遊魂 (兌)
絶命 (艮)	生氣 (坎)	禍害 (乾)

八卦吉凶表

八卦	一上 生氣	二中 天醫	三下 絶體	四中 遊魂	五上 禍害	六中 福德	七下 絶命	八中 歸魂
吉凶	吉	吉	平	平	凶	吉	凶	平

地盤 ①

생기	절체	절명
복덕	①	화해
천의	귀론	유혼

地盤 ②

천의	유혼	귀혼
화해	②	복덕
생기	절명	절체

地盤 ③

절체	생기	화해
귀혼	③	절명
유혼	복덕	천의

地盤 ④⑤

귀혼	복덕	천의
절체	④⑤	유혼
절명	생기	화해

地盤 ⑥

화해	절명	절체
천의	⑥	생기
복덕	유혼	귀혼

地盤 ⑦

유혼	천의	복덕
절명	⑦	귀혼
절명	화해	생기

地盤 ⑧

절명	화해	생기
유혼	⑧	절체
귀혼	천의	복덕

地盤 ⑨

복덕	귀혼	유혼
생기	⑨	천의
화해	절체	절명

※ 팔괘생기(八卦生氣)는 홍국수리오행(洪局數理五行)에 응하고, 팔문신장(八門神將)은 연국기의(煙局奇儀)에 응한다.

2. 팔괘생기론(八卦生氣論)

(1) 생 기(生氣)

생기(生氣)는 팔문신장(八門神將) 중에서 생문(生門)과 같은 의미를 지닌 기운(氣運)으로, 자신감이 생겨 박력과 용기를 갖고 사회로 진출하려는 의욕과 생명력이 왕성한 길괘(吉卦)이다.

팔문 중 생문(生門)과 휴문(休門)이 동궁(同宮)하면 가장 길하고, 두문(杜門)이 사문(死門)과 동궁(同宮)하면 가장 흉하다. 그리고 손궁(巽宮)이나 곤궁(坤宮)에 생기(生氣)가 임해도 불리하다. 감궁(坎宮)과 태궁(兌宮)에 생기(生氣)가 임해 있으면 길하다.

⑵ 천 의(天醫)

천의(天醫)는 팔문 중 개문(開門)과 비슷한 의미를 지닌 괘(卦)로, 어느 한 곳에 치우치지 않고 중화를 지키며 의술과 질병 치료, 의약업 등의 활인사업(活人事業)에 관계하는 길괘(吉卦)에 속한다.

⑶ 절 체(絶體)

움직이고 활동하려 하지만 장애물이 있어 좌절하고 도중에 모든 일이 끊긴다는 흉괘(凶卦)로서, 정지·실패·비애·결정·결단·단절 등을 의미한다. 모든 일을 마무리짓고 결정짓는 단계로, 이별하고 상처를 입는 등의 우여곡절이 속출하는 괘(卦)이다. 팔문(八門)의 경문(驚門)과 동궁(同宮)하고 있으면 더욱 흉하다. 어느 육친(六親)에 해당하든지 흉하다고 본다.

⑷ 유 혼(遊魂)

즉흥적인 발상과 갑작스런 의욕이 생겨 분주하게 움직이지만 신중하지 못해 실리를 얻지 못하고 변화만 많을 뿐인 흉괘(凶卦)이다. 항상 경거망동하고 출입이 빈번한 유동하는 기운으로, 팔문(八門)의 경문(驚門)과 동궁(同宮)하고 있으면 흉의(凶意)는 더욱 크게 작용한다.

유혼(遊魂)은 역마(驛馬)·지살(地殺)과 비슷한 것으로 일진궁(日辰宮)에 있으면 평생 이동, 변화가 심하다. 그러나 길격

(吉格)이면 오히려 활동함으로써 대발(大發)한다.

(5) 화 해(禍害)

움직여서 활동하면 재앙이 뒤따르게 되는 대흉괘(＋凶卦)로서, 질병·사고 등의 각종 재난을 암시한다. 특히, 관재구설(官災口舌)과 횡액(橫厄)을 주장한다. 팔문(八門)의 상문(傷門)과 동궁(同宮)하고 있으면 그 화는 더욱 크게 나타난다.

(6) 복 덕(福德)

활동적이고 사교적이어서 대인 관계가 원만하고, 사회적으로 인기가 높고 인덕이 있는 길괘(吉卦)이다.

잔치하고 오락하며 즐기는 화기애애한 분위기를 유도하는 괘(卦)로서, 행운을 얻고 기쁜 일이 속출하며 만사가 순조롭게 진행된다. 팔문(八門)의 경문(景門)과 동궁(同宮)하면 화길(化吉)하다.

(7) 절 명(絶命)

팔문(八門)의 사문(死門)과 비슷한 것으로, 목숨이 끊어진다는 죽음의 대흉괘(大凶卦)이다. 모든 일이 막히어 절망하고 좌절하며 희망과 의욕을 상실하는 퇴색한 기운(氣運)이다. 사문(死門)과 동궁(同宮)하면 더욱 흉한 배합이 된다.

(8) 귀 혼(歸魂)

길을 가던 자가 집으로 되돌아오고, 일을 하던 자가 손을 놓고, 활동하다가 정지되는 등 본래의 상태로 후퇴하는 흉괘(凶卦)이다. 현재의 생활에서 탈피하여 숨어 지내는 은둔의 괘(卦)이기도 하다. 팔문(八門)의 두문(杜門)과 동궁(同宮)하면 이런 의미는 더욱 크게 작용한다. 특히, 관성궁(官星宮)에 두문

(杜門)과 귀혼(歸魂)이 있으면 직업, 관직에 있어 항상 불안정하여 흉하다. 일진궁(日辰宮)에 있으면 성격이 내성적이고 소극적이며 홀로 고독하게 지내기를 좋아한다.

제 6 장
육의삼기론(六儀三奇論)

육의(六儀)와 삼기(三奇)는 기문둔갑(奇門遁甲)의 구조 격식에서 가장 기초가 되는 중요한 골격이다.

육의(六儀)는 戊·己·庚·申·壬·癸 여섯 개의 천간(天干)이고, 삼기(三奇)는 乙·丙·丁 세 개의 천간의 명칭이다.

육의(六儀)는 육십갑자(六十甲子)를 대표하는 우두머리로, 육의 안에는 육십갑자가 포함되어 있다.

甲子旬中(甲子~癸酉)은 무부두(戊符頭)

甲戌旬中(甲戌~癸未)은 기부두(己符頭)

甲申旬中(甲申~癸巳)은 경부두(庚符頭)

甲午旬中(甲午~癸卯)은 신부두(辛符頭)

甲辰旬中(甲辰~癸丑)은 임부두(壬符頭)

甲寅旬中(甲寅~癸亥)은 계부두(癸符頭)

그러므로 丙寅·丁卯·戊辰·己巳 등은 무부두(戊符頭) 속에 숨어들었다고 보는 것이다.

기의(奇儀:六儀三奇)를 포국(布局)하는 방법은, 보고자 하는 연(年)·월(月)·일(日)·시(時)의 해당 절기의 삼원국(三元局 : 上·中·下元)에 따라 해당 국에서 甲子戊를 시작하여 양둔(陽遁)은 순포(順布)하고 음둔(陰遁)은 역포(逆布)하는데, 癸에서 육의(六儀)가 끝나면 음·양둔(陰·陽遁)을 막론하고 丁·丙·乙을 붙이되 순행(順行)한다.

이로써 지반기의(地盤奇儀)가 완성되면 천반기의(天盤奇儀)를 포국(布局)하는데, 천반기의(天盤奇儀)는 지반기의(地盤奇儀) 중에서 시간(時干)이 있는 궁(宮)에 시부두(時符頭)를 붙여 음·양둔(陰·陽遁)을 논하지 않고 순회(順回)한다.

육갑시(六甲時 : 甲子·甲戌·甲申·甲午·甲辰·甲寅時를 말함)일 경우에는 복음(伏吟)이라 하여 천반기의(天盤奇儀)를 지반기의(地盤奇儀)와 동간(同干)으로 붙이는 것인데, 즉 육의삼기(六儀三奇)가 다른 궁(宮)으로 옮겨 가지 않고 제자리에 붙이는 것으로 만약 지반(地盤)이 庚이면 천반(天盤)에도 庚을 붙이고, 己이면 己를 붙이게 되는 것을 말한다.

감궁(坎宮)은 1국(一局)　　곤궁(坤宮)은 2국(二局)
진궁(震宮)은 3국(三局)　　손궁(巽宮)은 4국(四局)
중궁(中宮)은 5국(五局)　　건궁(乾宮)은 6국(六局)
태궁(兌宮)은 7국(七局)　　간궁(艮宮)은 8국(八局)
이궁(离宮)은 9국(九局)

만약에 입춘 상원(上元) 3국(三局)이라면 진궁(震宮)에서 무갑자(戊甲子)를 시작하게 된다.

다음은 기의 18국(奇儀十八局) 기본도이다.

1. 양둔기의(陽遁奇儀, 冬至～夏至 前)

陽遁 1局

辛	乙	己
庚	壬	丁
丙	ⓨ戊	癸

陽遁 2局

庚	丙	ⓨ戊
己	辛	癸
丁	乙	壬

陽遁 3局

己	丁	乙
ⓨ戊	庚	壬
癸	丙	辛

陽遁 4局

㉞戊	癸	丙
乙	己	辛
壬	丁	庚

陽遁 5局

乙	壬	丁
丙	㉞戊	庚
辛	癸	己

陽遁 6局

丙	辛	癸
丁	乙	己
庚	壬	㉞戊

陽遁 7局

丁	庚	壬
癸	丙	㉞戊
己	辛	乙

陽遁 8局

癸	己	辛
壬	丁	乙
㉞戊	庚	丙

陽遁 9局

壬	㉞戊	庚
辛	癸	丙
乙	己	丁

2. 음둔기의(陰遁奇儀, 夏至~冬至 前)

陰遁 1局

丁	己	乙
丙	癸	辛
庚	㉞戊	壬

陰遁 2局

丙	庚	㉞戊
乙	丁	壬
辛	己	癸

陰遁 3局

乙	辛	己
㉞戊	丙	癸
壬	庚	丁

陰遁 4局

㉞戊	壬	庚
己	乙	丁
癸	辛	丙

陰遁 5局

己	癸	辛
庚	㉞戊	丙
丁	壬	乙

陰遁 6局

庚	丁	壬
辛	己	乙
丙	癸	㉞戊

陰遁 7局

辛	丙	癸
壬	庚	㉞戊
乙	丁	己

陰遁 8局

壬	乙	丁
癸	辛	己
㉞戊	丙	庚

陰遁 9局

癸	㉞戊	丙
丁	壬	庚
己	乙	辛

이로써 陰陽遁 18局이 된다.

3. 육의삼기포국(六儀三奇布局)의 예

1991년 12월 17일 묘시(양력)

時日月年
辛辛庚辛
卯酉子未
陰遁大雪下元一局

辛　巽 丁	壬　离 己	戊　坤 乙
乙　震 丙	癸　中	庚　兌 辛
己　艮 庚	丁　坎 戊	丙　乾 壬

　시주(時柱)인 辛卯는 甲申旬中에 들어 있으므로 시부두(時符頭)는 庚이고 시간(時干)은 辛이다. 음둔 1국(陰遁一局)이니, 감1궁(坎一宮)에서 甲子戊를 시작하여 역포(逆布)한다. 그러므로 감궁(坎宮)에 戊를 붙이기 시작하여 이궁(离宮)에 己, 간궁(艮宮)에 庚, 태궁(兌宮)에 辛, 건궁(乾宮)에 壬, 중궁(中宮)에 癸, 손궁(巽宮)에 丁, 진궁(震宮)에 丙, 곤궁(坤宮)에 乙을 붙임으로써 지반기의포국(地盤奇儀布局)은 끝난다.

　천반기의포국(天盤奇儀布局)은 지반기의(地盤奇儀) 중 시간(時干) 辛이 있는 궁(宮)에 시부두(時符頭)인 庚을 옮겨 붙인 다음 음양둔(陰陽遁)을 막론하고 순회(順回)한다. 그러므로 시간(時干) 辛이 태궁(兌宮)에 있으므로, 태궁(兌宮) 辛上에 간궁(艮宮)에 있는 시부두(時符頭) 庚을 옮겨 붙이고, 그 다음 궁인 건궁(乾宮) 壬上에다 진궁(震宮)의 丙을 옮겨 붙이고, 감궁(坎宮) 戊上에 손궁(巽宮)의 丁을 옮겨 붙이고, 간궁(艮宮) 庚上에 이궁(离宮)의 己를 옮겨 붙이고, 진궁(震宮) 丙上에 곤궁(坤宮)

의 乙을 옮겨 붙이고, 손궁(巽宮) 丁上에 태궁(兌宮)의 辛을 옮겨 붙이고, 이궁(离宮) 己上에 건궁(乾宮)의 壬을 옮겨 붙이고, 곤궁(坤宮) 乙上에 감궁(坎宮)의 戊를 옮겨 붙임으로써 천지반기의포국(天地盤奇儀布局)이 모두 끝난다.

앞의 예에서 천반기의(天盤奇儀)를 옮겨 붙이는 순서를 그림으로 나타내면 다음과 같다.

㉛ 辛 / 丁	㉜ 壬 / 己	㉝ 戊 / 乙
㉜ 乙 / 丙	癸	㉜ 庚 / 辛　(日干)
(時符頭) ㉜ 己 / 庚	㉜ 丁 / 戊	㉜ 丙 / 壬

1991년 12월 17일 진시(양력)

時日月年
壬辛庚辛
辰酉子未
시간(時干) : 壬
시부두(時符頭) : 庚, 甲申旬中
陰遁大雪下元一局

乙 / 丁	辛 / 己	壬 / 乙
己 / 丙	癸	戊 / 辛
丁 / 庚	丙 / 戊	庚 / 壬

1국(一局)이므로 감1궁(坎一宮)에서 戊를 시작하여 음둔(陰遁)이므로 역포(逆布)시킨다(그러므로 坎一宮에서 离宮으로 나간다).

천반기의(天盤奇儀)는 일간(日干)에다 시부두(時符頭)를 옮겨 붙여 순회(順回)한다. 즉, 시부두(時符頭)인 경(庚)을 시간상(時干上) 임(壬) 위에 붙이는 것이다. 만약 중궁(中宮)에 일간(日干)이 들어 있으면 곤궁(坤宮)으로 이동하여 곤궁상(坤宮上)에 일간(日干)을 놓고 기의(奇儀)를 포국(布局)한다.

육갑시(六甲時)말고도 복음국(伏吟局)이 되는 시간(時間)이 있는데, 시주(時柱)가 다음과 같으면 육갑시(六甲時)와 마찬가지로 복음국(伏吟局)이 된다.

戊辰時·己卯時·庚寅時·辛丑時·壬子時·癸亥時, 즉 부두(符頭)와 시간(時干)이 같은 경우이다.

〔時符頭와 時干이 同干으로 되어 있으면서 時符頭가 中宮에 들어가 있을 경우의 奇儀布局法〕
1991년 2월 6일 축시(양력)

時日月年
辛丁庚辛
丑未寅未

시간(時干) : 辛(同干이므로 伏吟局)

시부두(時符頭) : 辛, 甲午旬中

陽遁立春下元二局

2국(二局)이므로 곤궁(坤宮)에서 戊를 시작하여 양둔순포(陽遁順布)한다.

중궁(中宮)의 시간(時干) 및 시부두(時符頭)는 중궁(中宮)에서 곤궁(坤宮)으로 나가게 되니 곤궁(坤宮)에 시간·부두(時干·符頭)를 놓고 순회(順回)하는데, 동간(同干)이므로 천반기의(天盤奇儀)는 지반기의(地盤奇儀)와 같은 동간(同干)을 쓴다.

庚 庚	丙 丙	戊 戊 →辛
己 己	辛	癸 癸
丁 丁	乙 乙	壬 壬

〔時干이 中宮에 있을 경우의 奇儀布局法〕

양둔7국(陽遁七局)   甲午日 丙寅時

시부두(時符頭)는 甲子旬中의 戊

시간(時干)은 丙

庚 丁	壬 庚	戊 壬 →丙
丁 癸	丙	乙 戊
癸 己	己 辛	辛 乙

중궁(中宮)에 있는 시간(時干) 丙이 곤궁(坤宮)으로 나가니 (出坤), 곤궁(坤宮)이 시간소재궁(時干所在宮)이 되었다. 그러므로 시부두(時符頭)인 戊를 곤궁(坤宮) 丙上에 옮겨 붙이고 그 다음 건궁(乾宮)의 乙을 태궁(兌宮) 戊上에 옮겨 붙이는 방법으로 순회(順回)하면 된다.

〔時符頭가 中宮에 있을 경우의 奇儀布局法〕

음둔5국(陰遁五局) 甲子日 乙丑時

시부두(時符頭)는 甲子旬中의 戊, 시간(時干)은 乙

丁 己	庚 癸	己 辛 戊
壬 庚	ⓔ戊	癸 丙
乙 丁	丙 壬	戊 乙

중궁(中宮)에 있는 시부두(時符頭) 戊가 곤궁(坤宮)으로 나가므로(出坤) 시간(時干) 乙 위에 곤궁(坤宮)으로 나온 시부두(時符頭)인 戊를 옮겨 붙이고 壬 위에 곤궁(坤宮) 다음 궁(宮)의 丙을 옮겨 붙이는(移符) 방법으로 순회(順回)시키면 된다.

제 7 장

시가팔문포국법(時家八門布局法)

시가팔문(時家八門)은 지반기의(地盤奇儀) 중에서 시부두(時符頭)가 있는 궁(宮)의 정위문(定位門 또는 直吏라고 함)을 해당 국수(局數 : 三元宮)에서 甲子를 시작으로 양둔(陽遁)은 순포(順布)하고, 음둔(陰遁)은 역포(逆布)하여 시간(時間 : 時柱)이 당도하는 궁(宮)에 이르러 직리(直吏)를 옮겨 붙이고 음·양둔(陰陽遁)을 막론하고 생문(生門), 상문(傷門), 두문(杜門), 경문(景門), 사문(死門), 경문(驚門), 개문(開門), 휴문(休門) 순서로 순행(順行)시킨다.

예를 들어서 양둔3국(陽遁三局) 乙未時라면, 시부두(時符頭)는 辛이 된다. 그러므로 지반기의(地盤奇儀) 중에서 辛이 있는 궁(宮)의 정위성(定位星 : 直吏)을 시간(時間) 닿는 궁(宮)에 옮겨 붙이는 것이니 시부두궁(時符頭宮)에 甲午, 태궁(兌宮)에 乙未가 되므로 태궁(兌宮)에 직리(直吏)를 붙인다.

시부두(時符頭)인 庚이 간궁(艮宮)에 있고 간궁(艮宮)의 정위문(定位門)은 생문(生門)이니 직리(直吏)라 한다. 음둔(陰遁)이므로 시부두소재궁(時符頭所在宮)인 간궁(艮宮)에서 甲申(시부두가 甲申旬中에 속해 있으므로), 태궁(兌宮)에 乙酉, 건궁(乾宮)에 丙戌, 중궁(中宮)에 丁亥, 손궁(巽宮)에 戊子, 진궁(震宮)에 己丑, 곤궁(坤宮)에 庚寅, 감궁(坎宮)에 辛卯, 이궁(离宮)에 壬辰 시간이 떨어진다.

〔시가팔문포국(時家八門布局)의 예〕
1991년 12월 17일 진시(양력)

時日月年
壬辛庚辛
辰酉子未
시부두(時符頭) : 庚, 甲申旬中
陰遁大雪下元一局

巽 　 休門	离 　 生門	坤 　 傷門
丁	己	乙
震 　 開門	中	兌 　 杜門
丙	癸	辛
艮 　 驚門	坎 　 死門	乾 　 景門
庚	戊	壬

　그러므로 이궁(离宮)에 직리(直吏)인 생문(生門)을 옮겨 붙이고 순행(順行)시키니 곤궁(坤宮)에 생문(生門) 다음의 상문(傷門)을 붙이고, 태궁(兌宮)에 두문(杜門), 건궁(乾宮)에 경문(景門), 감궁(坎宮)에 사문(死門), 간궁(艮宮)에 경문(驚門), 진궁(震宮)에 개문(開門), 손궁(巽宮)에 휴문(休門)을 붙인다.

제 8 장

팔문신장론(八門神將論)

八門神將定位圖

杜門 巽	景門 离	死門 坤
傷門 震		驚門 兌
生門 艮	休門 坎	開門 乾

본래의 이 정위(定位)에서 시간의 흐름에 따라 이동, 변화하게 되는데 두 시간마다 자리를 옮겨 간다.

생문(生門)의 대충방(大沖方)에는 사문(死門)이 있고, 두문(杜門)의 대충방에는 개문(開門)이 있고, 경문(景門)의 대충방에는 휴문(休門)이 있고, 상문(傷門)의 대충방에는 경문(驚門) 등이 있어 서로 상반된 의미로 존재하는데, 태어나면 죽게 되고, 활동하고 나면 쉬게 되는 이치와 같다.

팔문오행(八門五行)이 궁(宮)을 극(尅)하면 흉한 것은 더욱 흉하고 길한 것은 반감된다. 팔문오행(八門五行)과 궁(宮)이 서로 상생하면 길한 것은 더욱 길하고 흉한 것은 더욱 흉하게 작용한다. 팔문(八門)·팔괘(八卦)·해당 궁(宮)의 지반수(地盤數)가 모두 흉하게 되어 있으면 대흉하다 하고, 모두 길하게 되어 있으면 대길하다고 본다.

팔문(八門)과 팔괘(八卦)가 흉하고 해당 궁(宮)의 지반수(地盤數)가 왕생(旺生)하면 먼저 길하고 나중에 흉하다. 팔문(八門)과 팔괘(八卦)가 길하고 해당 궁(宮)의 지반수(地盤數)가 쇠약하면 먼저 흉하고 나중에 길하다.

그러나 지반궁수(地盤宮數)가 겸왕(兼旺)·거왕(居旺)·수생(受生)·승왕(乘旺)하여 있으면 비록 흉문괘(凶門卦)가 있어도 흉하게 보지 않는다.

그러므로 각각의 팔문(八門)이 가진 특성·길흉만 가지고 판단을 내리면 오판하기 쉽다. 따라서 천지반수(天地盤數)·팔문(八門)·팔괘(八卦)·사진(四辰)·각 궁(宮) 등과의 생극(生尅)의 연관 관계를 종합적으로 살펴보아야만 정확한 판단을 내릴 수 있는 것이다.

1. 생 문(生門)

생문(生門)은 오행상(五行上) 土에 속하며, 간궁축인방(艮宮丑寅方)에 위치한 길문(吉門)이다. 계절로는 정월(正月)로서 겨울이 끝나고 봄이 도래하는 상태이므로, 나이 어린 남자아이와 같이 희망에 부풀어 활동하려는 의욕이 증대되는 기운(氣運)이다.

생문(生門)이란, 말 그대로 태어나서 생동하기 시작한다는 뜻으로 암울함 속에서 깨어나 다시 기운(氣運)을 얻어 의욕적으로 활약하려는 것이므로, 주로 생활력·활동·발전 등을 의미한다.

팔괘(八卦)의 생기(生氣)와 동궁(同宮)하고 있으면 더욱 길한데, 특히 의식주에 관계되는 일과 건강에 좋은 기운(氣運)이다. 절명(絶命)과 동궁(同宮)하고 있으면 생문(生門)이 승(勝)하므로 화길(化吉)하다.

형제궁(兄弟宮)에 생문이 있고 수생(受生)되어 있으면 형제 간에 우애가 있고 상조(相助)하여 화합하게 된다.

부모궁(父母宮)에 생문이 있으면 그 부모가 부귀하고 명예가 높으며 생활력이 왕성한데, 부모궁수(父母宮數)가 왕생(旺生)하고 길격(吉格)이 되어 있을 경우에 한한다.

관성궁(官星宮)에 생문이 있으면 직업이 좋고, 관직에 나가서 승진하며 명예가 높다. 그러나 관성궁수(官星宮數)가 왕생(旺生)하고 일진궁(日辰宮)이 왕생(旺生)함을 필요로 한다.

관귀궁(官鬼宮)에 생문이 있으면 건강하고 질병에 잘 걸리지 않으며 질병에 걸려도 잘 낫게 된다. 그러나 일진궁(日辰宮)이 왕생(旺生)함을 필요로 한다.

자손궁(子孫宮)에 생문이 있으면 자식에게 효도를 받고 자손이 활동적이며 자식 간에 우애가 좋다. 그러나 자손궁수(子孫宮數)가 왕생(旺生)함을 필요로 한다.

2. 상 문(傷門)

상문(傷門)은 오행상 木에 속하며, 진궁묘방(震宮卯方)에 위치한 흉문(凶門)이다. 계절상으로는 2월(卯月)이고, 봄이 도래하여 만물이 약동하는 시기이니 장남궁(長男宮)이라 하여 이제 막 사회 활동을 시작하는 때이므로 상처받기 쉽고 좌절하기 쉬운 기운(氣運)이다.

즉, 활동중에 상심하고 신체를 손상하게 되어 투쟁 시비가 끊이지 않는다. 상문(傷門)은 주로 질병·사고·도적·재난 등을 내포하고 있는 불길한 문(門)이다.

팔괘(八卦)의 화해(禍害)와 동궁(同宮)하고 있으면 재난을 당하고 상처를 입는 등의 흉한 의미가 가중된다. 복덕(福德)과 동궁(同宮)하고 있으면 생문(生門)의 흉조가 약화되므로 화길(化吉)하다. 생기(生氣)와 동궁(同宮)하면 생기(生氣)의 작용력이 꺾이어 화흉(化凶)하다.

자손궁(子孫宮)에 상문이 있고 흉격(凶格)으로 되어 있으면 자식이 불효하고 이별하기 쉽고 자식을 많이 상하게 된다.

부모궁(父母宮)에 상문이 있고 흉격(凶格)이 되어 있으며 수극(受剋)되어 있으면 그 부모가 험난한 일생을 보내며 재난을 많이 당한다.

형제궁(兄弟宮)에 상문이 있으면 형제간에 불화하고 우애가 없고 시비가 중중(重重)하다. 그러나 형제궁(兄弟宮)이 수생(受生)되어 있고 일진궁(日辰宮)이 왕생(旺生)하면 흉하게 보지 않는다.

관성궁(官星宮)에 상문이 있고 수생(受生)되어 길격(吉格)을 이루고 있으면 관직과 권위가 높고 활약이 눈부시지만 장구하지는 못하다. 만약 관성궁(官星宮)이 수극(受剋)되어 흉격(凶格)이면 평생 직업의 안정을 얻기 어렵다.

관귀궁(官鬼宮)에 상문이 있으면 특히 화병(火病)으로 고생하고 신체상에 부상을 입기 쉬우며 골절상을 잘 입는다.

재성궁(財星宮)에 상문이 있으면 집안이 항상 불안하고 시비가 많으며, 부부간에 불화하여 노력은 하지만 성공을 거두기 어렵다. 그러나 재성궁(財星宮)이 왕생(旺生)하고 일진궁(日辰宮)도 왕생(旺生)하면 부부간에 비록 불화는 있을지라도 부귀하게 된다.

3. 두 문(杜門)

두문(杜門)은 오행상 木에 속하며 손궁진사방(巽宮辰巳方)에 위치한 반흉반길(半凶半吉)한 문(門)이다. 계절상으로 3·4월이므로 봄에서 여름이 시작되는 시기의 따뜻함과 서늘함을 겸유(兼有)하고 있다. 여성적인 성격을 띤 정적인 장녀궁(長女宮)으로 이중성을 띠고 있다. 두문(杜門)의 특성은 담을 쌓고 은둔하여 활동하지 않는 기운(氣運)으로 환경이 막혀서 대인 관계가 단절되어 숨어 지내는 것이다.

팔괘(八卦)의 유혼(遊魂)이 동궁(同宮)하면 다시 일어나서 활동을 재개하게 된다. 생기(生氣)와 동궁(同宮)하면 생기(生氣)가 극파(尅破)되므로 화흉(化凶)하다. 귀혼(歸魂)과 동궁(同宮)하면 두문(杜門) 본래의 의미가 가중되므로 속세를 떠나 숨어 지내는 데에는 길하나 사회 활동을 함에는 매사가 막히니 흉하다.

형제궁(兄弟宮)에 두문(杜門)이 있으면 형제간에 의견 충돌이 심하고 실행력이 부족하다.

부모궁(父母宮)에 두문(杜門)이 있으면 그 부모가 활동적이지 못하다.

자손궁(子孫宮)에 두문(杜門)이 있으면 자식을 두기 어렵고 기르기도 어렵다.

관성궁(官星宮)에 두문(杜門)이 있으면 좋은 직업을 얻기 힘들고 성공하기 어려우나 길격(吉格)이면 흉하지 않다.

재성궁(財星宮)에 두문(杜門)이 있으면 성품이 게을러 재물을 모으기 어렵고 실속 없는 일을 잘 벌인다. 그러나 일진궁(日辰宮)이 왕생(旺生)하여 길격(吉格)이면 인덕이 있어 부귀해진다.

관귀궁(官鬼宮)에 두문(杜門)이 있으면 재난은 크지 않으나 관직운이 없는데, 일진궁(日辰宮)이 쇠약하고 관귀궁(官鬼宮)이 왕생(旺生)하면 크게 흉하다.

4. 경 문(景門)

경문(景門)은 오행상 火에 속하며 이궁오방(离宮午方)에 위치하고 있는 평길(平吉)한 문(門)이다. 계절상으로는 5월이므로 한여름이 되고, 화기의 뜨거운 열정과 화락한 즐거운 분위기를 유도하니 인상(人象)으로는 활동적이고 외향적인 여인을 의미한다. 경문(景門)은 문장(文章)·오락·화합·열정·잔치 등을 주장하는 사교적이고 인기적인 문(門)으로 두문(杜門)과 반대되는 특성을 내포하고 있다.

팔괘(八卦)의 복덕(福德)과 함께 있으면 재물과 주식(酒食)이 풍부하고, 활동적이어서 인기가 증대되는 매우 길한 배합이다. 생기(生氣)와 동궁(同宮)하면 길함이 감소된다. 경문(景門)이 감궁(坎宮)에 거하고 있으면 화흉(化凶)하다.

부모궁(父母宮)에 경문이 있으면 그 부모가 형식에 치우쳐서 실속이 없는 사람이다.

자손궁(子孫宮)에 경문이 있으면 자식의 성격이 활발하거나 급하고 여러 사람들에게 인기가 좋다.

형제궁(兄弟宮)에 경문이 있으면 형제간에 의리는 있으나 시기와 질투가 심하다.

재성궁(財星宮)에 경문이 있으면 처(妻)가 활동적이고 똑똑하지만 성격이 급하여 충돌이 있게 된다. 그리고 겉으로는 부자처럼 보이나 실은 빈곤하게 산다. 그러나 격국(格局)이 길하면 흉하게 보지 않는다.

관성궁(官星宮)에 경문이 있으면 초년에 출세하나 자중할 줄을 몰라 대성하기 어렵다. 그러나 격국(格局)이 길하면 대성한다.

관귀궁(官鬼宮)에 경문이 있으면 심장병·화병(火病)·소장 질환 등으로 고생하거나 중풍에 걸리기 쉽다.

5. 사 문(死門)

사문(死門)은 오행상 土에 속하며, 곤궁미신방(坤宮未申方)에 위치한 흉문(凶門)이다. 계절상으로는 6·7월로 여름에서 가을이 시작되려는 시기이므로 화기(火氣)와 금기(金氣)가 상교(相交)하여 왕성하던 만물이 극벌(尅伐) 당하려는 찰나에 놓여 있으니, 변화가 있고 또는 활동하다가 정지하는 것이므로 인상(人象)으로는 활동력을 잃고 죽음을 기다리는 노파를 의미한다. 사문(死門)은 실패·좌절·상사(喪死)·전통 고수·보수적 기질·죽음 등을 주장하니 만물이 죽음에 이르러 생기와 의욕이 저하되는 사망의 문(門)이다.

사문(死門)이 팔괘(八卦)의 절명(絶命)과 동궁(同宮)하면 대흉한 배합이다(해당 六親에게 특히 흉한 것이다). 사문(死門)이 감궁(坎宮)에 있으면 화흉(化凶)하다.

재성궁(財星宮)에 사문(死門)이 있으면 부부간에 상처(傷妻)하게 되니 백년해로하기 힘들고 허황한 마음으로 인하여 재물을 모으기 어렵다.

자손궁(子孫宮)에 사문(死門)이 있으면 자식과 인연이 박하고 무능력한 자식을 두게 된다.

관귀궁(官鬼宮)에 사문(死門)이 있으면 일단 병을 앓기 시작하면 중병으로 발병하여 치료가 불가하며 병고가 심하다.

관성궁(官星宮)에 사문(死門)이 있으면 관직에 들어가거나 명예를 구하기 어렵고 천한 직업에 종사하게 되나 길격(吉格)이면 그렇지 않다.

형제궁(兄弟宮)에 사문(死門)이 있으면 형제간에 인연이 박하여 서로 뿔뿔이 헤어지거나 관재(官災)를 입는다.

부모궁(父母宮)에 사문(死門)이 있으면 그 부모가 항상 질병으로 고생하고 평생 곤란을 많이 겪으며 조실부모한다. 그러나 부모궁(父母宮)이 겸왕(兼旺)·거왕(居旺)·수생(受生)되어 있으면 장수한다.

6. 경　문(驚門)

경문(驚門)은 오행상 金에 속하며, 태궁유방(兌宮酉方)에 위치하고 있는 흉문(凶門)으로 계절상으로 8월 한가을로 숙살(肅殺)의 기운인 금기(金氣)가 왕성하게 작용한다. 경문(驚門)은 경거망동·놀람·공포·성급·독기·자신만만·허황한 의견 등을 주장하므로 갑작스럽게 앞뒤를 돌보지 않고 행동하여 실패가 많은데, 인상(人象)으로 소녀라 한다. 마치 어린 여자아이와 같이 항상 바쁘게 움직이나 허황한 마음을 종잡지 못해 두서가 없어 실속이 없고 불안한 것이다.

팔괘(八卦)의 유혼(遊魂)과 동궁(同宮)하면 경문(驚門)의 의미가 가중된다. 절체(絶體)와 동궁(同宮)하면 가흉(加凶)하다. 생기(生氣)와 동궁(同宮)하면 경문(驚門)이 승(勝)하므로 화흉(化凶)하다. 경문(驚門)이 이궁(离宮)에 있으면 흉하다.

관귀궁(官鬼宮)에 경문(驚門)이 있으면 갑작스럽게 질병에 걸려서 신음하게 되고, 불안 심리로 정신병에 걸리기 쉽다.

관성궁(官星宮)에 경문(驚門)이 있으면 평생 동안 직업의 변동이 심하고 한 가지 일을 꾸준하게 밀어붙이지 못하게 된다. 그러나 길격(吉格)이면 그렇지 않다.

재성궁(財星宮)에 경문(驚門)이 있으면 거짓말을 잘하고 허풍이 심해서 구설 시비가 분분하며, 부부간에 불화(不和)한다. 저축심이 부족하여 재물의 출입이 잦다. 그러나 길격(吉格)이면 치부(致富)한다.

부모궁(父母宮)에 경문(驚門)이 있으면 육친(六親)과 불화하여 집안이 항상 불안하고 원망이 자자하다.

형제궁(兄弟宮)에 경문(驚門)이 있으면 잔꾀를 잘 부리고 남을 이용하여 이익을 취하려는 기질이 있고 사기 치기를 좋아한다.

자손궁(子孫宮)에 경문(驚門)이 있으면 자식이 재주와 꾀는 많으나 거만하고 신용이 없다.

7. 개 문(開門)

개문(開門)은 오행상 金에 속하며, 건궁술해방(乾宮戌亥方)에 위치하고 있는 길문(吉門)이다. 계절상으로는 가을에서 겨울이 시작되는 9·10월인데, 결실을 거두고 새로운 출발을 기하여 의욕적이고 활발하게 움직이는 개척·정진·발전 등을 의미하는 문으로, 인생의 고배를 마시고 난 뒤 신중한 자세로 확실한 계획을 가지고 일을 추진하는 노련한 노부(老父)와 같은 의미를 내포한다.

팔괘(八卦)의 천의(天醫)와 동궁(同宮)하면 주식(酒食) 등에 길한 배합이다. 귀혼(歸魂)과 동궁(同宮)하면 화길(化吉)하다.

관귀궁(官鬼宮)에 개문(開門)이 있으면 군자는 유리하고 소인은 소흉(小凶)하다.

관성궁(官星宮)에 개문(開門)이 있으면 명예와 관직이 높다(吉格일 경우).

재성궁(財星宮)에 개문(開門)이 있으면 재물이 풍부하나 돈의 낭비가 있다(吉格일 경우). 부부간에 정직하고 현모양처·부(賢母良妻夫)를 얻어 화합한다.

자손궁(子孫宮)에 개문(開門)이 있으면 자식이 재주가 있고 총명하며 인덕이 있다.

형제궁(兄弟宮)에 개문(開門)이 있으면 형제간에 불화하나 성공한다.

부모궁(父母宮)에 개문(開門)이 있으면 윗사람의 도움을 받아 발전하니 길하다.

8. 휴 문(休門)

휴문(休門)은 오행상 水에 속하며, 감궁자방(坎宮子方)에 위치하고 있는 길문이다. 계절상으로는 11월로 한겨울의 양수(陽水)이므로 물의 특질인 차분함·지혜·계획성·변화 등과 만물이 겨울을 맞아 그동안 힘써 활동하다가 휴식하고 곧 도래할 봄을 준비하는 시기가 된다. 그러므로 평안하고 안락한 기운(氣運)이다. 활동하고 진출하는 데에는 불리하나, 현상을 유지하고 계획하고 준비하며 휴식하는 데에는 길(吉)하다.

팔괘(八卦)의 귀혼(歸魂)이 동궁(同宮)하고 있으면 평온한 배합으로 화길(化吉)하다. 휴문(休門)이 곤궁(坤宮)·이궁(离宮)에 있으면 불리하다.

재성궁(財星宮)에 휴문(休門)이 있으면 재물이 풍부하고 집안이 화목하니 부부금실이 좋다.

관귀궁(官鬼宮)에 휴문(休門)이 있으면 평생 큰 병치레를 하지 않는다.

관성궁(官星宮)에 휴문(休門)이 있으면 명예가 높고 관직에 들어가서 쉽게 출세한다(吉格일 경우).

자손궁(子孫宮)에 휴문(休門)이 있으면 자식을 두기 어려우나 자손궁이 왕생(旺生)하면 길하다.

형제궁(兄弟宮)에 휴문(休門)이 있으면 형제간에 우애가 좋다.

부모궁(父母宮)에 휴문(休門)이 있으면 부모와 자식간에 상조(相助)하고 상애(相愛)하여 집안이 화목하다.

제 9 장

직부팔장포국법(直符八將布局法)

1. 직부성(直符星)을 붙이는 방법

직부성(直符星)을 붙이는 방법은 천반기의(天盤奇儀) 중에서 시부두순장(時符頭旬將)이 있는 곳에 직부(直符)를 놓고, 양둔(陽遁)은 순행(順行)하고 음둔(陰遁)은 역포(逆布)한다.

〔**양둔직부**(陽遁直符) **순서**〕
직부(直符), 등사(螣蛇), 태음(太陰), 육합(六合), 백호(白虎), 현무(玄武), 구지(九地), 구천(九天)의 순서로 순회(順回)한다.

〔**음둔직부**(陰遁直符) **순서**〕
직부(直符), 등사(螣蛇), 태음(太陰), 육합(六合), 백호(白虎), 현무(玄武), 구지(九地), 구천(九天)의 순서로 역회(逆回)한다.

직부(直符)는 대길(大吉)하고, 태음(太陰)·육합(六合)·구지(九地)·구천(九天)은 평길(平吉)하며, 등사(螣蛇)·현무(玄武)·백호(白虎)는 대흉(大凶)하다.

2. 직부팔장포국(直符八將布局)의 예

1991년 12월 17일 진시(양력)

時日月年
壬辛庚辛
辰酉子未
시간(時干) : 壬
부두(符頭) : 庚, 甲申旬中
陰遁大雪下元一局

巽　玄武 乙 丁	离　六合 辛 己	坤　太陰 壬 己
震　白虎 己 丙	中 癸	兌　騰蛇 戊 辛
艮　九地 丁 庚	坎　九天 丙 戊	乾　直符 㪍 壬　(시부두)

　시부두(時符頭)인 庚이 건궁(乾宮) 천반(天盤)에 있으므로
건궁상(乾宮上)에 직부(直符)를 놓고, 음둔국(陰遁局)이므로 역
회(逆回)시킨다. 그러므로 태궁(兌宮)에 등사(騰蛇), 곤궁(坤
宮)에 태음(太陰), 이궁(离宮)에 육합(六合), 손궁(巽宮)에 현
무(玄武), 진궁(震宮)에 백호(白虎), 간궁(艮宮)에 구지(九地),
감궁(坎宮)에 구천(九天)을 붙인다.

3. 직부팔장론(直符八將論)

(1) 직부성(直符星)

　육갑(六甲)에 속한 모든 신(神)의 원수(元首)이며 지극히 높
고 존귀한 청룡길신(青龍吉神)으로서 火氣에 속한다. 모든 흉액
(凶厄)을 소멸시키는 별로서 장자(長子), 귀인(貴人) 등을 상징
하고 입묘(入墓)가 되는 태백(太白) 庚(金)을 가장 꺼린다. 사

물로는 철물·금은·재백(財帛)·보물 등에 응용된다.

일간(日干)·일진(日辰)에 직부(直符)가 있으면 성품이 온화하고 중후한데, 삼기(三奇)와 삼길문(三吉門)이 회합하여 길격(吉格)을 이루고 있으면 만사형통이니 필히 부귀하게 된다. 그러나 庚干이 가임(加臨)해 있으면 반대로 흉하다. 다른 육친(六親)에 있어서도 이와 마찬가지로 본다.

(2) 등사성(螣蛇星)

손방(巽方)의 丁氣(火)로 보지만 실체는 음토(陰土)에 속하며, 겉은 부드럽고 온화하지만 실은 독선적이고 변동을 많이 갖는 흉신(凶神)이다. 주로 공포·괴이함·추잡함·요사함·영(靈)적인 일 등에 응용된다.

매사에 충동적, 우발적으로 대처하고 변화무쌍한 신(神)으로서 일간(日干)·일진(日辰)에 가임(加臨)해 있으면 불성(不誠)하고 신의가 없으며 거짓된 언행을 잘하므로 만사불성(萬事不成)하게 되는데, 재성궁(財星宮)에 있을 때에는 많은 재물을 모아 부자가 된다고 본다. 또한 육친궁(六親宮)에 임하면 재난·질병수로 본다.

(3) 태음성(太陰星)

서방(西方)의 음신(陰神)으로 첩부(妾婦)의 상이다. 은닉(隱匿)하고 암장(暗葬)을 주관하고 부부간의 은밀한 일 등에 응하며 만사가 뜻대로 즐겁게 성사된다는 길신(吉神)이다.

일간(日干)·일진(日辰)에 임한즉 길하나 재성(財星) 처궁(妻宮)에 있으면 그의 처가 음란하여 사통할 우려가 있고, 주색으로 인하여 망신당하기 쉽다. 태음(太陰)이 일진궁(日辰宮)이나 일간(日干)에 있는 자는 지모와 지략에 능하고 여성적이며 술수에 능하지만, 그로 인해 성패(成敗)를 많이 겪게 되며 유난히 이성(異性)이 많이 따른다.

(4) **육합성**(六合星)

동방(東方)의 음목(陰木)에 속하는 길신(吉神)으로 태음신(太陰神)과 비슷한 기질을 갖고 있는데, 주로 화평·혼인·교역·화합 등에 응한다.

일진(日辰)·일간(日干)에 임해 있으면 성격이 온화하고 부드러운 편이지만 내심은 편협되고 인색하고 이기적인 편이다. 즉, 표리부동한 사람이라 할 수 있다.

여명(女命)인 경우에는 음란하여 패가망신하기 쉽고, 재성궁(財星宮)에 있으면 처가 음란하여 부정한 일을 저지른다. 기타 육친궁(六親宮)에 있으면 길하고, 특히 이성 상대운에 길하다. 사물로는 주식(酒食)·연회·포목·의류·과일 등으로 본다.

(5) **백호성**(白虎星)

서방(西方)을 지배하는 庚(金) 신(神)으로 파괴의 위력을 가진 대흉신(大凶神)이다. 주로 살상·투쟁·질병·횡포·포악함 등을 주관한다.

일간(日干)·일진(日辰)에 있으면 성격이 포악하고 거칠고 무정하며 살상을 좋아하는 편이며, 또한 검란(劍乱)·살상을 당하기 쉽다.

여명(女命)의 경우에는 극부(尅符)의 명이라 한다. 다만 재성궁(財星宮)에 있으면 재물이 풍부하게 되므로 길하며, 기타 육친궁(六親宮)에 있으면 질병·살상의 화(禍)로 논한다.

(6) **현무성**(玄武星)

북방(北方)의 수신(水神)이며 북방을 지배하는 흉신(凶神)으로서 도적의 신이라고 한다. 주로 도적·음모·도망·공포 등을 주관한다.

일간(日干)·일진(日辰)에 있으면 도심(盜心)이 있고 간사하며 일생을 허송세월하기 쉽다. 관귀궁(官鬼宮)에 있으면 평생을 질병으로 고생하고, 재성궁(財星宮)에 있으면 반대로 길하며, 기타 육친궁(六親宮)에 있으면 모두 흉하다.

(7) **구지성**(九地星)

서남방(西南方)의 곤궁(坤宮)에 위치한 토신(土神)으로 팔방(八方)을 지배하는 반흉반길(半凶半吉)의 신이다. 주로 근신·침묵·여인·매장·허공 등의 일에 응하고, 극제(尅制)·입묘(入墓)됨을 가장 꺼리며, 봄과 여름엔 생조(生助)하므로 길하고, 가을과 겨울에는 살성(殺星)으로 변하므로 흉하다.

일간(日干)·일진(日辰)에 있으면 무게 있고 온후한 반면에 음모를 잘 꾸미고 재능이 뛰어나다. 이것이 지나치면 허망한 상상을 일삼는 자가 된다. 관귀궁(官鬼宮)에 임하면 상사(喪事)가 발생하고, 재성궁(財星宮)에 임하면 재물이 풍부하게 된다.

(8) **구천성**(九天星)

북서방(北西方)에 있는 건궁(乾宮)의 금신(金神)으로서 강렬하고 활동적인 길신(吉神)이다. 주로 문서·인신(印信)·화재·정직·순리·강건·권위 등에 응하는데, 삼기(三奇)와 삼길문(三吉門)이 회합하면 대길하고, 흉문기(凶門奇)가 합하면 대흉하니 문기(門奇)에 따라 길흉의 변화가 심하다. 그리고 입묘(入墓)됨을 가장 꺼린다.

일간(日干)·일진(日辰)에 있으면 성격이 강인·완강하여 재난을 스스로 초래하기 쉽다. 관성궁(官星宮)에 있으면 관직에 나가서 발전하게 되고 기타 궁(宮)에 임하면 불리하다.

제 10 장

천봉구성포국법(天蓬九星布局法)

1. 천봉구성(天蓬九星)을 포국하는 방법

천봉구성(天蓬九星)을 포국하는 방법은 지반기의(地盤奇儀) 중에서 시부두(時符頭)가 있는 궁(宮)의 정위성(定位星)을 지반기의(地盤奇儀) 중에서 시간(時干) 있는 곳에 옮겨 붙이고 음양둔(陰陽遁)을 막론하고 천봉(天蓬), 천임(天任), 천충(天冲), 천보(天輔), 천영(天英), 천예(天芮), 천주(天柱), 천심(天心)의 순서로 팔방(八方)에 순행(順行)한다(中宮에 있는 天禽은 항상 坤宮으로 나간다. 즉, 先天局에서는 八方에 있는 九星만을 布局하는 것이다).

원래 선천(先天)은 순생(順生)하고 후천(後天)은 역극(逆尅)하여 만물을 창출하게 되므로 선천적 운명국(先天的運命局)에서의 구성포국(九星布局)은 순행(順行)시킴이 정리(正理)인 것이다.

시부두(時符頭)의 해당 정위성(定位星)을 찾을 때에는 구성정위도판(九星定位圖板)을 기준으로 찾는다(先·後天을 구분해서 九星을 布局하는 것이 定例이나, 이 책에서는 平生局에서의 九星布局法에 준하여 身數局, 月局, 日局, 時局을 作成하였음).

九星五行 및 吉凶表

九星 區分	天蓬	天芮	天冲	天輔	天禽	天心	天柱	天任	天英
五行	水	火	木	木	土	金	金	土	火
吉凶	大凶	大凶	平	大吉	大吉	大吉	小凶	平	小凶
奇儀	戊(甲)	己	庚	辛	壬	癸	丁	丙	乙

※ 천보(天輔)·천금(天禽)·천심(天心)은 삼길성(三吉星)이라 하고, 천충(天冲)·천임(天任)은 평길성(平吉星)이며, 천영(天英)·천주(天柱)는 소흉성(小凶星)이고, 천봉(天蓬)·천예(千芮)는 대흉성(大凶星)이 된다.

九星定位圖

天輔 (木) 四巽	天英 (火) 九离	天芮 (土) 二坤
天冲 (木) 三震	天禽 (土) 五中	天柱 (金) 七兌
天任 (土) 八艮	天蓬 (水) 一坎	天心 (金) 六乾

2. 구성포국(九星布局)의 예

1991년 12월 17일 진시(양력)

時日月年

壬辛庚辛

辰酉子未

시간(時干) : 壬

시부두(時符頭) : 庚, 甲申旬中

<table>
<tr><th colspan="3" align="center">陰遁大雪下元一局</th></tr>
<tr><td>乙
丁</td><td>辛
己</td><td>壬
乙</td></tr>
<tr><td>乙
丙</td><td>癸</td><td>戊
辛</td></tr>
<tr><td>丁 　시부두
(庚) (천임)</td><td>丙
戊</td><td>庚 　시간
(壬) (천임)</td></tr>
</table>

<table>
<tr><th colspan="3" align="center">九星定位</th></tr>
<tr><td>天輔</td><td>天英</td><td>天芮</td></tr>
<tr><td>天冲</td><td>天禽</td><td>天柱</td></tr>
<tr><td>(天任)</td><td>天蓬</td><td>天心</td></tr>
</table>

  시부두궁(時符頭宮)의 정위성(定位星)은 천임(天任)이다. 이 천임(天任)을 시간(時干)이 있는 궁(宮)에 옮겨 붙인다. 시간(時干)은 壬으로 건6궁(乾六宮)에 있으므로 이곳에 천임(天任)을 놓고 순행(順行)한다.

  그러므로 감궁(坎宮)에 천충(天沖), 간궁(艮宮)에 천보(天輔), 진궁(震宮)에 천영(天英), 손궁(巽宮)에 천예(天芮), 이궁(离宮)에 천주(天柱), 곤궁(坤宮)에 천심(天心), 태궁(兌宮)에 천봉(天蓬)이 각각 배치된다.

3. 천봉구성론(天蓬九星論)

(1) 천봉성(天蓬星 : 六戊星)

  감궁(坎宮)에 위치한 도적의 신(神)으로서 水星이며 물과 같이 유동하여 관재구설·주색난(酒色難)·음해 등을 유발하는 혼란의 흉성(凶星)이다.

  봄과 가을에 천봉성(天蓬星)이 삼기(三奇)·삼길문(三吉門)과

합하고 있으면 울타리·담·성벽·연못 등을 수리·증축함에는 대
길하나 그 외의 용사(用事)에는 불리하다.

(2) **천예성**(天芮星 : 六己星)

곤궁(坤宮)에 위치한 병란(兵亂)과 도적의 신(神)으로 土星
이며, 교사(敎師)·친우(親友)라고도 한다. 살상·손재·구설·사
기 등의 흉사(凶事)를 유발하는 대흉성(大凶星)이다.

가을과 겨울에 선생·친우 등과 친분을 두텁게 하는 데에는
길하나 그 외는 모두 흉하다. 천예성(天芮星)이 임한 육친(六
親)은 모두 흉하게 본다.

(3) **천충성**(天沖星)

진궁(震宮)에 위치한 木星으로 평길성(平吉星)에 속한다. 무
사(武士)·조상(祖上)이라고 하며, 봄과 여름에 정벌·전투를 함
에 길하고 무관직에 진출하는 데 대길하다.

천충성(天沖星)은 왕성한 활동력과 진취적인 기상과 패기의
강력한 기운이므로 천충성(天沖星)이 가임(加臨)한 육친(六親)
에게 이러한 작용이 있게 된다.

(4) **천보성**(天輔星 : 六辛星)

손궁(巽宮)에 위치한 木星으로 민초(民草)와 오곡류의 신
(神)이며, 재능 있고 처세에 능하고 온화하며 원만함 등을 의미
하는 대길성(大吉星)이다.

봄과 여름에는 혼인·이주 및 모든 일을 행함에 있어 대길하
나 가을과 겨울에는 불리하다. 삼길성(三吉星) 중의 하나로 육
친(六親)에 닿는 대로 길하다.

(5) **천금성**(天禽星 : 六壬星)

중궁(中宮)에 위치한 土星으로 무당·법사(法師)·장인(匠人) 등을 상징하고, 외유내강·교화지도(敎化指導)·변화무쌍·지배력 등을 의미하는 길성(吉星)이다.

가을과 겨울에 제사·상고(商賈)·매장(埋葬) 등에 길하고 가을과 겨울에는 소흉(小凶)하다.

일진궁(日辰宮)이 곤궁(坤宮)에 있으면 중궁(中宮)의 천금(天禽)이 곤궁(坤宮)으로 나오게 되므로 변화가 무쌍한 사람이다.

⑹ **천심성**(天心星 : 六癸星)

건궁(乾宮)에 위치한 金星으로 명의원(名醫員)·고도(高道)·합약(合藥)·부적(符籍) 등을 의미하는 대길성(大吉星)이다.

만사에 중정(中正)을 지키고 악을 정벌하고 불굴의 정신과 노력, 그리고 정직한 품성을 지니고 있는 삼길성(三吉星) 중의 하나로 육친궁(六親宮)에 닿는 대로 길하다.

가을과 겨울에는 모든 일에 길한데, 특히 부적을 쓰고 약을 제조하고 치료하며 악을 정벌함에 좋다. 봄과 여름에는 모두 불리한데 청명한 날씨에는 상업에 대길하다.

⑺ **천주성**(天柱星 : 六丁星)

태궁(兌宮)에 위치한 金星으로 은사(隱士)·수련(修鍊)·둔장(遁藏) 등을 상징하는 음모의 흉성(凶星)이다.

겉으로는 쾌활하고 활동적인 반면에 결단력이 부족하고 매사에 성패가 많으며, 음(陰)한 성품으로 인하여 손재(損財)·질병수를 초래하기 쉽다. 그러나 제자리를 지켜 조용히 근신하고 수련 생활·음모 등의 일을 함에 길하고, 기타의 용사(用事)에는 흉하다.

⑧ **천임성**(天任星 : 六丙星)

간궁(艮宮)에 위치한 土星으로 음형여주(陰刑女主)를 상징하고 기회 포착·실천력·개혁 변동 등에 유능한 반면, 상하(上下)가 상조(相助)하지 못하는 까닭에 성패가 많은 평길성(平吉星)이다. 주로 국가나 읍을 세우고 국민을 교화시키는 일 등에 길하다.

⑨ **천영성**(天英星 : 六乙星)

이궁(离宮)에 위치한 火星으로 화롯불을 다스리는 사람(爐治人), 재난의 흔적 등을 상징하는 흉성(凶星)이다.

다욕(多慾)하고 다정하나 장구하게 지속되지 못하므로 도중에 파산하게 되는 위험을 안고 있다. 그러므로 일성일패(一成一敗)의 별이라 한다.

모든 일을 용사(用事)함에 불리한데, 특히 수조(修造)를 하게 되면 실화(失火)를 보게 된다.

응시(應試)·문서(文書) 등의 일을 추진함에는 길한데, 가을이나 겨울이라야 한다.

제 3 편

구궁신살론(九宮神殺論)

제1장
삼살론(三殺論)

1. 삼살성(三殺星)

　기문법(奇門法)으로 평생사주(平生四柱)나 일년신수(一年身數)를 볼 때, 또는 월국(月局)·일국(日局)·시국(時局) 등에서 해단(解斷) 및 용사(用事) 시에 가장 흉하여 기(忌)하는 것이 삼살(三殺)이다.

　삼살(三殺)은 가장 흉한 살성(殺星)이므로 이 별들(三殺星)이 국중(局中)에 동(動)하여 나타나 있을 때에는 매사에 신중을 기하고 주의하여 경거망동을 삼가해야만 안전하다. 그리고 이 살성(殺星)에 해당되는 육친(六親)에게도 대흉(大凶)한 것이다.

　삼살성(三殺星)에는 세 가지가 있는데, 천강살(天罡殺)·형혹성(熒惑星)·태백살(太白殺) 등이다.

　평생사주국(平生四柱局)에서 국중(局中)에 삼살성(三殺星)이 동하고 있으면 일생 동안 흉사가 많이 발생되는데 횡액을 당하여 불구자가 되거나 전신불수, 부상, 선천적 불치병, 우환 등으로 고생하는 흉명(凶命)이 된다(그러나 吉格이면 대세를 잡아 殺權을 쥐기도 한다). 일진궁(日辰宮)이 삼살(三殺)로 되어 있으면 더욱 흉하다.

⑴ **천강살**(天罡殺)

천강살(天罡殺)은 辰戌로서 쌍오(雙五)를 말하는 것인데, 국중(局中)의 천반(天盤)과 지반(地盤)이 똑같이 5(土)로 되어 양토(陽土) 상충(相冲)의 상(像)이 되므로 살성(殺星)이라 하며 질병·도적의 상이라 한다.

천강성(天罡星)이 관귀(官鬼)가 되어 중궁(中宮)이나 세궁(歲宮)·월궁(月宮)·시궁(時宮) 등지에서 동(動)하고 있을 때 가장 흉하게 작용하는데, 천강(天罡)이 비록 관귀(官鬼)로 되어 있지 않더라도 역시 흉한 것이다.

부모가 쌍오(雙五)로 되어 있으면 그 부모에게 흉한 것이고, 형제가 쌍오(雙五)로 되어 있으면 그 형제나 친구에게 흉한 것이니 다른 육친(六親)도 이와 같다.

일진궁(日辰宮)이 쌍오(雙五)로 되어 있으면 가족·친지와 불화충돌하여 가산을 탕진하고 패가(敗家)하게 되며, 만사가 불성(不成)되어 관재(官災)·질병 등으로 곤란을 많이 겪는다.

쌍오(雙五)가 동(動)하고 쌍칠(雙七)이나 단칠(單七)이 동(動)하여 쌍오를 생조(生助)하고 있으면 극흉(極凶)한데, 살성(殺星)이 살성(殺星)을 돕는 까닭이라 하겠다.

⑵ **형혹성**(熒惑星)

형혹성(熒惑星)은 오오(午午)로서 쌍칠(雙七)을 말하는데, 국중(局中)의 천반(天盤)과 지반(地盤)이 똑같이 7로 되어 양화(陽火) 상형(相刑)의 상(像)이 되어 살성(殺星)이 된다.

양화(陽火)의 불과 같이 격렬하고 급속하게 발동하는 흉살(凶殺)로 쌍칠(雙七)이 관귀(官鬼)가 되어 중궁(中宮)·세궁(歲宮)·월궁(月宮)·시궁(時宮) 등지에서 동(動)하고 있을 때 가장 흉하다.

비록 쌍칠(雙七)이 관귀(官鬼)로 되어 있지 않더라도 역시 흉한 것이다.

쌍칠형혹성(雙七熒惑星)은 천재지변의 재앙·도적·병란의 상(像)이라 한다.

일진궁(日辰宮)이 쌍칠(雙七)로 되어 있으면 길격(吉格)이 아닌 이상 흉명(凶命)으로 논(論)한다(다른 六親도 마찬가지로 雙七로 되어 있으면 흉하다고 본다).

(3) 태백성(太白星)

태백성(太白星)은 申申으로 쌍구(雙九)를 말하는데, 국중(局中)의 천반(天盤)과 지반(地盤)이 똑같이 9로 되어 양금살기(陽金殺氣)의 상(像)이 된다.

쌍구태백성(雙九太白星)은 전쟁·살생·재앙 등을 주관하는 흉살(凶殺)로 삼살(三殺) 중에서도 생기가 전무(全無)한 최악살(最惡殺)로 본다.

쌍구(雙九)가 관귀(官鬼)로 되어 중궁(中宮)·세궁(歲宮)·월궁(月宮)·시궁(時宮) 등지에서 동(動)하고 있으면 가장 흉한데, 육친(六親)에 해당되는 대로 불상사를 초래한다.

평생사주국(平生四柱局)에서 쌍구(雙九)가 동(動)하고 있으면 반신불수·불치병·검난(劍難) 등을 겪게 되는 흉명(凶命)이 된다. 그러나 길격(吉格)이면 흉사(凶死)하더라도 살권(殺權)이나 병권(兵權)을 잡기도 한다. 국중(局中)에 태백(太白)이 동(動)하여 있는데, 천강(天罡)이 동(動)하여 쌍구(雙九)를 생조(生助)하고 있으면 흉살(凶殺)의 작용이 더욱 가중되는데, 단오(單五)가 생조해도 마찬가지로 본다.

(4) 칠구살(七九殺)

7(火)과 9(金)가 국중사진(局中四辰)에서 상전(相戰)하고 있

으면 흉명(凶命)으로 보는데, 길격(吉格)이면 권세를 잡는다.

　동궁(同宮) 안의 천반(天盤)과 지반(地盤)이 7(火)과 9(金)로 되어 상극하고 있으면 역시 흉한데, 평생사주국(平生四柱局)에서 상전(相戰)하면 일생이 파란만장하다.

　7(火)과 9(金)도 삼살(三殺) 못지않게 흉한 살로 평생국(平生局)·신수국(身數局)·월국(月局)·일국(日局)·시국(時局) 등과 세궁(歲宮)·월궁(月宮)·중궁(中宮) 등과 서로 싸우고(次剋金) 있으면 흉격(凶格)이 된다.

　삼살(三殺)은 삼살(三殺)끼리 서로 극(尅)하거나 상조하면 더욱 흉하게 작용하는 것이다.

(5) 병경살(丙庚殺)

　丙은 형혹성(熒惑星)과 같고, 庚은 태백성(太白星)과 같다. 그러므로 흉살(凶殺)이 된다.

　丙(火)은 재난을 주장하고, 庚(金)은 투쟁·살상 등을 주장한다.

　丙庚이 동궁(同宮)하고 있는 육친(六親)은 모두 흉하다고 본다.

　천반(天盤)의 庚은 대흉(大凶)하고, 지반(地盤)의 庚은 소흉(小凶)하다.

　평생국(平生局)이나 신수국(身數局)에 丙庚이 동(動)하여 있으면 해당 궁(宮)의 육친(六親)에게 불리하다.

　丙庚이 세간(歲干)에 있으면 부모·군왕이 흉하고, 월간(月干)에 있으면 형제자매·친구·동료가 흉하고, 일간(日干)에 있으면 자신·가택이 흉하거나 질병수가 있고, 시간(時干)에 있으면 손아랫사람·자식이 흉하다.

　중궁(中宮)에서 동(動)하고 있으면 일년신수국(一年身數局)에서 볼 때 일년간 흉사가 분분하다고 보고, 평생국(平生局)에

서 볼 때에는 길격(吉格)이면 무방하나 흉격(凶格)이라면 대흉
(大凶)한 명조(命造)가 된다.
　연월일시지(年月日時支)에 동궁(同宮)하고 있어도 이와 같이
흉한데, 丙과 庚이 함께 동궁(同宮)하고 있으면 더욱 흉한 것이
다.

제 2 장

십이운성론(十二運星論)

1. 십이운성 배치법

십이운성(十二運星)은 천지만물(天地萬物)의 생성사멸(生成死滅)의 과정을 천간(天干)과 지지(地支)의 운행에 비추어 상생상극(相生相尅)의 작용에 따라 그 왕쇠(旺衰)를 설명한 것으로, 사람이 태어나서 자라고 활동하다가 병들어 죽음으로써 장사 지내는 과정을 비유하여 열두 가지로 나누어 놓은 것이다.

십이운성(十二運星)을 국중(局中)에 정하는 법은 양둔(陽遁)과 음둔(陰遁)으로 구분하는데, 양둔(陽遁)은 일진궁지반수(日辰宮地盤數)의 절지(絶地 : 絶한 地支定位宮)에 포(胞)를 붙여 순행(順行)하고, 음둔(陰遁)은 역행(逆行)한다.

예를 들어, 일진궁지반수(日辰宮地盤數)가 3(木)이면 양둔(陽遁)일 경우 절지(絶支)인 신궁(申宮 : 坤宮)에 포(胞)를 붙여 태궁(兌宮)에 태(胎), 건궁(乾宮)에 양(養) 등의 순으로 배치하고, 음둔(陰遁)일 경우 3·8(木)의 절지(絶支)인 태궁(兌宮 : 酉宮)에 포(胞)를 붙여 역행(逆行)하므로 곤궁(坤宮)에 태(胎)·양(養), 이궁(离宮)에 생(生) 등의 순으로 붙여 나간다. 즉, 절(絶)한 수(數)에 붙이지 않고 절(絶)된 지지정위궁(地支定位宮)에 붙여 나가는 것이다.

陽遁胞胎法(順行)

十二運 ＼ 日辰數	1·6(水) 5(土)	2·7(火) 10(土)	3·8(木)	4·9(金)
胞(絶)	巳 (손)	亥 (건)	申 (곤)	寅 (간)
胎	午 (리)	子 (감)	酉 (태)	卯 (진)
養	未 (곤)	丑 (간)	戌 (건)	辰 (손)
生	申 (곤)	寅 (간)	亥 (건)	巳 (손)
浴	酉 (태)	卯 (건)	子 (감)	午 (리)
帶	戌 (건)	辰 (손)	丑 (간)	未 (곤)
冠	亥 (건)	巳 (손)	寅 (간)	申 (곤)
旺	子 (감)	午 (리)	卯 (진)	酉 (태)
衰	丑 (간)	未 (곤)	辰 (손)	戌 (건)
病	寅 (간)	申 (곤)	巳 (손)	亥 (건)
死	卯 (진)	酉 (태)	午 (리)	子 (감)
葬	辰 (손)	戌 (건)	未 (곤)	丑 (간)

陽局順行

金(4·9)絶支　寅(艮宮)

水(1·6)絶支　巳(巽宮)

木(3·8)絶支　申(坤宮)

火(2·7)·土(5·10)絶支　亥(乾宮)

陰局逆行

金(4·9)絶支　卯(震宮)

水(1·6)絶支　午(离宮)

木(3·8)絶支　酉(兌宮)

火(2·7)·土(5·10)絶支　子(坎宮)

陰遁胞胎法(逆行)

十二運 \ 日辰數	1·6(水) 5(土)	2·7(火) 10(土)	3·8(木)	4·9(金)
胞(絶)	午 (리)	子 (감)	酉 (태)	卯 (진)
胎	巳 (손)	亥 (건)	申 (곤)	寅 (간)
養	辰 (손)	戌 (건)	未 (곤)	丑 (간)
生	卯 (진)	酉 (태)	午 (리)	子 (감)
浴	寅 (간)	申 (곤)	巳 (손)	亥 (건)
帶	丑 (간)	未 (곤)	辰 (손)	戌 (건)
冠	子 (감)	午 (리)	卯 (진)	酉 (태)
旺	亥 (건)	巳 (손)	寅 (간)	申 (곤)
衰	戌 (건)	辰 (손)	丑 (간)	未 (곤)
病	酉 (태)	卯 (진)	子 (감)	午 (리)
死	申 (곤)	寅 (간)	亥 (건)	巳 (손)
葬	未 (곤)	丑 (간)	戌 (건)	辰 (손)

⑴ **포**(胞, 絶)

만물이 사장(死藏)되었다가 다시 정기(精氣)를 모으는 시기로서 절처(絶處)에 봉생(逢生)이라 하여 끊어짐(絶)과 동시에 다시 태어남(生)을 의미한다. 즉, 생과 사의 중간 지점에 해당한다.

세·월·일진궁(歲月日辰宮)이 포·절지(胞·絶地)에 있으면 부모육친과 인연이 박하고 형제와 불화하여 일찍이 타향 객지생활을 하게 되며, 부부의 인연 또한 박한 편이며 대인 관계도 원만하지 못하니 고독하게 지낸다. 그리고 매사 막힘이 많고 좌절도 많다.

⑵ **태**(胎)

인간의 모체 내에서 태아가 형성되는 시기로 불완전하면서도 편안하게 지내는 시기를 말한다.

일진(日辰)이 태지(胎地)에 있으면 주관이 분명하지 않고 초지일관하지 못하므로 부부간에 불화하게 되며 형제간에 우애가 원만하지 못하다.

⑶ **양**(養)

입태(入胎)된 아이가 모체 내에서 성장, 발육하는 시기로 출생 이전의 상태를 말한다.

일진(日辰)이 양지(養地)에 있고 길문괘(吉門卦)가 합하여 있으면 복덕이 있으나, 흉문괘(凶門卦)가 있으면 흉액당하는 명(命)이 된다. 혹은 양자(養子)의 명(命)이라고도 한다.

⑷ **생**(生)

모체 내에서 10개월 동안 성장한 태아가 출생하는 시기를 의미한다. 즉, 만물이 소생하는 시기인 것이다.

일진(日辰)이 장생지(長生地)에 있으면 사회적으로 발전하여 명리(名利)를 얻고 부귀하게 된다. 타육친(他六親)도 마찬가지로 길하다. 격국(格局)이 좋은 자는 크게 뜻을 이뤄 대성한다.

⑸ **욕**(浴)

출생한 아이를 젖먹이고 씻겨 주고 돌보아 주는 시기를 목욕이라 한다. 그러므로 항상 불안하고 위태로운 상태인 것이다.

일진(日辰)이 목욕지(沐浴地)에 있으면 평생 주거(住居)가 부정(不定)하고 주색 문제로 인하여 부부 불화(夫婦不和)하게 되며 성격이 음란하므로 패가망신하기 십상인데, 격국(格局)이

길하고 목욕지(沐浴地)에 도화(桃花)가 유기(有氣)하면 발복
(發福)할 자(者)라고 본다.

(6) 대(帶)

인간이 장성하여 세상에 나가 직업을 얻고 결혼하는 시기로
일진(日辰)이 대지(帶地)에 있으면 초년에는 고생하지만 중년
이후에 발복(發福)하게 되며, 길격(吉格)인 자는 가정적·사회
적으로 발전하고 공명을 얻게 된다.

대개 지덕을 겸비한 자가 많으며 세인의 존경을 받는다. 그러
나 흉격자(凶格者)는 이와 같이 논(論)하지 않는다.

(7) 관(冠)

띠를 매고 모자를 쓰므로 관직에 나가 출세함이니 대(帶)와
같은 것이다. 일진(日辰)이 관지(冠地)에 있고 길격(吉格)인 자
는 권위가 높고 만인의 존경을 받으며 부귀해진다. 아울러 우두
머리로 군림한다고 한다.

(8) 왕(旺)

인생의 절정기로서 최고(最高)로 성장한 상태가 된다. 일진
(日辰)이 왕지(旺地)에 있으면 활동력이 왕성하여 진취적이며
출세하여 명성을 떨치게 된다. 아울러 조업(祖業)을 발전시키고
대성하는 자가 많다.

성품에 있어서는 무게가 있고 근엄하면서 자존심이 강하다.
여명(女命)일 경우에는 사회적으로 발전한다고 하나 가정적으
로 실패하기 쉽다.

(9) 쇠(衰)

활동하다가 나이가 들면 노쇠해지는 것이니 차면 기우는 이

치와 같은 것이다. 그러므로 매사에 소극적이고 활동성이 없으며 끝까지 밀어붙이는 힘이 부족하다.

　일진(日辰)이 쇠지(衰地)에 있으면 성품은 온순한 편이나 내성적이므로 사회 활동에 지장이 많다. 그러나 학문에 밝으며 연구 방면에 투신하면 발복(發福)하게 된다.

⑩ 병(病)

　노쇠하여 활동력이 떨어지면 시들고 병이 들어 자리에 눕게 되는 것이니 발전이 없고 상심하는 시기이다.

　일진(日辰)이 병지(病地)에 있으면 신체가 병약하거나 조실부모하게 되고 또는 객지에 나가 일찍부터 고생하게 된다.

　대개 비활동적이고 심약한 편이나 양일간(陽日干)을 가진 자는 성격이 조급한 편이다.

　흉격(凶格)인 자는 사회적인 발전을 기대하기 어렵다. 그리고 육친(六親)의 덕이 없으며 부부간에 불화하여 이별하기 쉽다.

⑪ 사(死)

　병이 들어서 생기가 소멸되어 죽게 되는 시기로 사망을 의미한다. 일진(日辰)이 사지(死地)에 있으면 이주, 타향하여 외롭고 고독하게 지낸다. 매사에 발전이 없고 처자의 덕도 없으니 고생이 심한 것이다. 어릴 때 병약한 자가 많다.

⑫ 장(葬)

　인간이 죽으면 묘에 장사를 지냄이니 땅 속에 묻히는 시기이다. 초년에는 고생을 많이 하지만 점차적으로 발전하게 된다. 재물에 대한 집착이 강하므로 저축하여 치부하는 자가 많은 반면, 수전노라는 소리를 듣기 쉽다.

　일진(日辰)이나 세지궁(歲支宮)이 장지(葬地)에 있으면 평생

노고가 많은데, 여명(女命)일 경우에는 남편을 일찍 여의게 된다.

　항상 근심이 많고 육친(六親)의 덕이 없다. 특히 세지(歲支)가 장지(葬地)에 있으면 막내라 하더라도 조상·부모의 묘를 지키는 자손이 된다.

제3장
월령론(月令論)

1. 월령의 의미

월령(月令)은 해당 절기로서 사주(四柱)의 월주(月柱)를 말하는 것이다.

월지(月支)와 일진수(日辰數)를 대조하여 일진궁(日辰宮)의 왕(旺)함과 쇠(衰)함을 살펴서 사회적 환경·활동·외부적인 제반사의 성패길흉을 추단(推斷)하는 것이다.

일진궁(日辰宮)이 월령(月令)을 득(得)하여 왕생(旺生)하면 외부 진출과 사회 발전이 대통하고, 월령(月令)을 득(得)하지 못하면 외부 활동이 막히고 환경의 제약을 받음으로써 발전하기 어렵다.

2. 월령의 판단

① 일진(日辰)이 승왕(乘旺)하거나 승생(乘生)하면 사회로 진출하여 공명을 얻게 된다. 아울러 길격(吉格)인 자는 크게 성공하며 신용이 두텁다.

승왕(乘旺)은 일진궁지반수(日辰宮地盤數)가 3·8(木)이고 월지(月支)가 甲寅月일 때를 말하는 것이고, 승생(乘生)은 월지(月支)가 일진궁지반(日辰宮地盤)을 생(生)해 주는 것을 말한다. 다른 육친(六親)이 승왕생(乘旺生)할 때에도 그 해당 육친(六親)에게 길함이 있는 것이다.

②일진(日辰)이 승쇠(乘衰)되어 있으면 예기(洩氣)를 당한 고(故)로 주관이 불분명하고 기운(氣運)이 활발하지 못해서 사회적으로 발전하기 어렵다. 승쇠(乘衰)는 일진궁지반수(日辰宮地盤數)가 월지(月支)를 생(生)해 주는 것을 말한다.

③일진(日辰)이 승수(乘囚)되어 있으면 객지에 나가서 고생을 많이 하게 되고 환경이 막히므로 좌절과 실패를 많이 겪는 불운한 명이다.

승수(乘囚)는 일진궁지반수(日辰宮地盤數)가 3·8(木)이고 출생달이 가을〔秋 : 申酉戌月〕일 때를 말하는 것이다. 즉 제철을 타고 나지 못한 것이므로 매사에 막힘이 많다고 본다.

④일진(日辰)이 승극(乘尅)되어 있으면 만사 불통하게 되므로 흉격(凶格)일 경우에는 대흉한 명(命)이 된다. 그러나 일진궁지반(日辰宮地盤)이 월지(月支)를 극(尅)하고 있으면 타인을 이용하여 성공하려 하며 지배욕이 대단하다.

제 4 장
기문신살론(奇門神殺論)

1. 역마살(驛馬殺 : 歲馬·日馬)

기문국(奇門局)에 역마(驛馬)를 정하는 방법은 사주연지(四柱年支)와 일지(日支)를 중심으로 찾는데, 연지(年支)에서 역마(驛馬)가 되면 세마(歲馬)라 칭하고, 일지(日支)에서 역마(驛馬)가 되면 일마(日馬)라고 한다. 역마(驛馬)는 삼합(三合)의 생지(生地)를 충(冲)함으로써 발동하는 것인데, 이는 곧 자극을 받으면 움직이는 원리와 같은 것이다.

사주연지(四柱年支)가 申(申子辰三合)이라면 申을 충(冲)하는 지지(地支)는 寅(3)이 된다. 그러므로 구궁(九宮) 내에 지반수(地盤數)가 3(寅)이 있는 곳에 세마(歲馬)를 붙인다(日辰宮, 歲宮, 中宮에는 天盤에도 붙임).

사주일지(四柱日支)가 巳(巳酉丑三合)이면 巳를 충(冲)하는 지지(地支)는 亥(6)이다. 그러므로 구궁(九宮) 내에 지반수(地盤數)가 6(亥)인 곳에 일마(日馬)를 붙인다(日辰宮, 歲宮, 中宮은 天盤에도 붙인다).

평생국(平生局)에서 역마(驛馬)가 일진궁(日辰宮), 세궁(歲宮), 중궁(中宮), 일간(日干) 등지에 가임(加臨)되어 있으면 주로 고향을 떠나 객지에서 생활하게 되며 국내는 물론 외국 등 사방팔방으로 분주하게 돌아다니게 된다. 고로 활동적인 사람이라 할 수 있다. 즉, 이동과 출입이 빈번한 것인데, 길격(吉格)

인 사람은 역마(驛馬)가 있음으로써 의욕적으로 활동하여 성공하고 발전하지만, 흉격(凶格)인 사람은 항상 분주하고 변화만 많을 뿐 실속이 없어 객지에 나가 고초를 많이 겪는다.

아울러 역마(驛馬)가 유혼(遊魂)·경문(驚門)과 함께 동궁(同宮)하고 있으면 이런 작용은 더욱 심하게 나타난다.

사진(四辰)에 역마(驛馬)나 유혼(遊魂)이 한 개도 동궁(同宮)하고 있지 않으면 길격(吉格)인 자는 군자라 하나 흉격(凶格)인 자는 소심하고 게으르며 실천력이 부족한 소인배라 한다.

일년신수국(一年身數局) 등 타국(他局)에서의 역마살(驛馬殺)도 그 작용이 이와 같다.

驛馬早見表

年支 日支	申子辰(水)	寅午戌(火)	巳酉丑(金)	亥卯未(木)
地盤數	3(寅)	9(申)	6(亥)	2(巳)

간궁(艮宮)에서 3(寅)이 역마(驛馬)로 되면 역마(驛馬)의 작용이 더욱 크게 발동한다. 9(申) 역마가 이궁(离宮)에 있을 때, 6(亥) 역마가 건궁(乾宮)에 있을 때, 2(巳) 역마가 손궁(巽宮)에 있을 때에도 마찬가지이다. 즉, 진역마(眞驛馬)가 되기 때문이다.

2. 충 살(冲殺)

충(冲)은 합(合)과 반대되는 작용을 하는 것으로 충돌하여 깨어지고, 이별·분리되는 성질의 흉살(凶殺)이다.

평생국(平生局)에서 일진궁(日辰宮)의 천지반(天地盤)이 상충(相冲)하고 있으면 육친(六親)과 불화하여 일찍이 고향을 등지고 객지에 나가서 고초를 많이 겪으며, 인덕이 박하고 인간

관계가 원만치 못하여 좌절당하기 쉽다. 흉격(凶格)인 자는 파가(破家), 패재(敗財)한다.

　어느 육친궁(六親宮)이든지 상충(相冲)되어 있으면 이와 같은 흉의(凶意)가 작용하게 된다.

　신수국(身數局)에서 일진궁(日辰宮), 세궁(歲宮), 중궁(中宮)의 천지반(天地盤)이 상충(相冲)되어 있으면 이동·이사·변화수가 있게 되고, 또는 가정 불화로 이별수(離別數)도 있게 된다. 그러나 길격(吉格)이면 면한다.

　일진궁지반수(日辰宮地盤數)가 관귀(官鬼)를 충(冲)하면 질병·관재·사고 등의 흉사가 발동하고, 관성궁(官星宮)을 충(冲)하면 직업 변동·실직 등의 일이 생기는데, 길흉격(吉凶格)에 따라 판이하다.

　재성궁(財星宮)을 충(冲)하면 처와 충돌하여 가정이 문란해지는데, 흉격(凶格)이면 손재(損財)·상처(傷妻)하기 쉽다.

　충살(冲殺)은 동궁(同宮) 내의 천지반수(天地盤數), 그리고 일진궁(日辰宮)과 각 육친궁(六親宮)의 지반수(地盤數)를 보고 찾는다.

　예를 들어서 일진궁천반(日辰宮天盤)이 8이고 지반(地盤)이 4이면 일진궁(日辰宮)이 상충(相冲)되었다 하고, 일진궁지반수

冲 殺 表

1(子)·7(午)　相冲

4(酉)·8(卯)　相冲

3(寅)·9(申)　相冲

2(巳)·6(亥)　相冲

5(辰)·5(戌)　相冲

10(丑)·10(未)　相冲

(日辰宮地盤數)가 3이고 관귀궁(官鬼宮)이 9가 되면 일진(日辰)이 관귀(官鬼)와 상충(相冲)하고 있다고 하는 것이다.

3. 합(合 : 六合·三合)

합(合)이란 충(冲)의 반대 작용으로 두 개의 각기 다른 오행(五行)이 합쳐서 한 가지 오행으로 변화하는 것으로 육합(六合)과 삼합(三合)이 있다.

평생국(平生局)에서 일진궁(日辰宮)의 천지반(天地盤)이 육합(六合)·삼합(三合)되어 있으면 대인 관계가 원만하고 다정다감한데, 합한 것이 기신(忌神)으로 변하면 불리하고, 용신(用神)으로 변하면 유리한 것이다(日辰宮이 旺生하고 있으면 합하여 官鬼로 변해도 무방하나 쇠약한 때는 심히 흉한 것이다).

신수국(身數局)에서 일진(日辰)의 천지반(天地盤)이 합으로 되어 있으면 대인 관계가 많아지고 자신이나 가정에 변동수(變動數) 또는 이성 문제가 발생하게 되며, 월국(月局)·일국(日局)에서 일진(日辰)이 합이 되면 친인척을 만나거나 출행(出行)·이성 교제 등의 일이 있다.

삼합(三合)과 육합(六合)은 동궁(同宮) 내의 천지반수(天地盤數)를 보고 정하는데, 타육친궁(他六親宮)과의 합도 참고한다. 합하여 길한 것이 있고, 합함으로 인하여 화흉(化凶)한 것이 있으니 잘 살펴보아야 한다.

예를 들어서 일진(日辰)이 쇠약한 중에 육합(六合)으로 된 것이 관귀(官鬼) 오행(五行)으로 변하면 화흉(化凶)하다고 본다.

〔**삼합**(三合)〕
寅(3)·午(7)·戌(5)   三合 火局(3·7合, 7·5合)
申(9)·子(1)·辰(5)   三合 水局(9·1合, 1·5合)

巳(2)·酉(4)·丑(10)   三合 金局(2·4合, 4·10合)
亥(6)·卯(8)·未(10)   三合 木局(6·8合, 8·10合)

예를 들어 지반(地盤)이 3이고 천반(天盤)이 7이면 삼합(三合)이라고 한다.

〔**육합**(六合)〕
1(子)·10(丑) 合化土
3(寅)·6(亥) 合化木
8(卯)·5(戌) 合化火
5(辰)·4(酉) 合化金
2(巳)·9(申) 合化水
7(午)·10(未) 合化火·土

예를 들어 지반(地盤)이 1이고 천반(天盤)이 10이면 육합(六合)이라 한다.

4. 원진살(怨嗔殺)

원진살(怨嗔殺)은 미워하고 원망한다는 흉살(凶殺)로, 평생국(平生局)에서 일진궁(日辰宮)의 천지반(天地盤)이 원진(怨嗔)으로 되어 있으면 질투심·시기심·의처증·의부증 등이 발동하여 부부간에 불화하고 생사이별(生死離別)하기도 한다. 사교상에도 이러한 작용으로 인해 대인 관계가 원만하지 못하며 환경이 막히고 좋은 일 하고도 욕을 얻어먹는 등의 인덕이 박하여 좌절하기 쉽다. 그러나 격국(格局)이 좋으면 무방하지만 원진살 본래의 작용은 발동한다고 본다. 다른 육친(六親)도 원진살(怨嗔殺)로 되어 있으면 이와 같이 불리한 것이다. 원진(怨嗔)은 동궁(同宮) 내의 천지반수(天地盤數)를 보고 정한다.

예를 들어 일진(日辰)의 천지반수(天地盤數)가 6과 5로 되어 있으면 일진(日辰)에 원진살(怨嗔殺)이 있다고 보는 것이다.

　　〔**원진살**(怨嗔殺)〕
　　1(子)·10(未)
　　10(丑)·7(午)
　　3(寅)·4(酉)
　　2(巳)·5(戌)
　　5(辰)·6(亥)
　　8(卯)·9(申)

5. 형　살(刑殺 : 自刑·三刑殺)

　형살(刑殺)이란 충격을 받아서 동요하는 것으로 충살(沖殺)과 비슷한 작용을 한다. 아무것도 아닌 일로 인하여 관재수(官災數)가 생기고 예측하지 못했던 불상사가 출현하는 흉살(凶殺)이다.

　형살(刑殺)은 삼형(三刑)과 자형(自刑)이 있는데, 삼형(三刑)은 주로 형액(刑厄)·횡액(橫厄)·관재(官災) 등의 외부적인 흉사를 초래하고, 자형(自刑)은 자기 스스로 화(禍)를 초래하여 가정 내의 불화·불효·가출·횡액·관형(官刑) 등의 내부적 원인에서의 불상사를 초래한다.

　평생국(平生局)에서 일진(日辰), 세궁(歲宮), 중궁(中宮) 등지의 천지반수(天地盤數)가 형살(刑殺)로 되어 있으면 길격(吉格)인 경우엔 권세를 잡기도 하지만 흉격(凶格)인 경우에는 횡액·대형 사고·질병·관재형액수(官災刑厄數) 등으로 고생한다. 주로 동궁(同宮) 내의 천지반수(天地盤數)를 보고 정한다.

　신수국(身數局)에서 일진궁(日辰宮)이 자형살(自刑殺)로 되어 있으면 형액(刑厄)이나 자살 등의 불미한 흉사가 발생한다.

그러나 길격(吉格)이면 면한다.

　어느 육친(六親)을 막론하고 형살(刑殺)로 되어 있으면 흉하다고 본다. 형살(刑殺)이 사진(四辰)에서 동하고 있으면 형살(刑殺)의 흉의(凶意)는 더욱 가중되어 나타난다.

　　〔**형살**(刑殺)〕
　　1(子)·8(卯) 相刑　　　3(寅)·2(巳) 相刑
　　2(巳)·9(申) 相刑　　　9(寅)·3(寅) 相刑
　　10(丑)·10(未) 相刑　　10(丑)·5(戌) 相刑
　　5(辰)·5(辰) 相刑　　　7(午)·7(午) 相刑
　　4(酉)·4(酉)) 相刑　　　6(亥)·6(亥) 相刑

　예를 들어 일진(日辰)의 천지반수(天地盤數)가 7과 7로 되어 있으면 형살(刑殺)이라 한다.

6. 천을귀인(天乙貴人)

　천을귀인(天乙貴人)은 천상의 태을성(太乙星)에 위치한 최고의 길신(吉神)으로 사진(四辰)에 가임(加臨)되어 있으면 모든 일이 순조롭게 진행되고 온갖 흉액이 침범하지 못하며, 위험에 처해 있을 때 하늘의 도움으로 위난으로부터 구제받게 된다는 길신이다.

　귀인이 임한 육친(六親)에게도 길한 것이다. 사진(四辰)에 귀인이 중중(重重)하고 길격(吉格)인 자는 귀인의 원조로 입신출세하여 명성을 떨치게 된다.

　천을귀인(天乙貴人)은 양둔(陽遁)과 음둔(陰遁)으로 구분하는데, 양둔은 양귀(陽貴)를 쓰고 음둔은 음귀(陰貴)를 쓴다.

　귀인을 정하는 방법은 사주(四柱)의 연간(年干)과 일간(日干)을 중심으로 국중(局中)의 지반수(地盤數)에 정한다.

중궁(中宮)과 일진궁(日辰宮)에 천을귀인(天乙貴人)이 임해 있으면 지혜롭고 총명하며 주위 사람의 도움을 많이 받는다.

귀인과 녹성(祿星)이 동궁(同宮)하고 있으면 학문을 즐기고 복록이 많다.

귀인이 세마(歲馬)·일마(日馬)와 동궁(同宮)하고 길격(吉格) 이면 위엄이 있고 지모와 지략이 뛰어나다.

연간(年干)의 귀인을 세귀(歲貴)라 하고, 일간(日干)의 귀인 을 일귀(日貴)라 한다.

天乙貴人早見表

四柱 日干	甲	戊	庚	乙	己	丙	丁	壬	癸	辛
陽貴	未 10	丑 10	丑 10	申 9	子 1	酉 4	亥 6	卯 8	巳 2	寅 3
陰貴	丑 10	未 10	未 10	子 1	申 9	亥 6	酉 4	巳 2	卯 8	午 7

예를 들어 사주일간(四柱日干)이 乙이고 음둔(陰遁)이라면 국중(局中)의 지반수(地盤數)가 1인 곳에 귀인을 붙인다. 즉, 일귀(日貴)라 한다.

연간(年干)이 戊이면 지반수(地盤數) 10에 귀인을 붙이므로 세귀(歲貴)라고 한다.

7. 녹 성(祿星)

녹성(祿星)은 관록(官祿)과 의식(衣食)의 복록(福祿)을 주장 하는 길성(吉星)으로 정록(正祿)과 암록(暗祿)으로 구분한다. 정록(正祿)이 일진(日辰)·중궁(中宮) 등지의 사진(四辰)에 가 임(加臨)되어 있으면 총명하고 재물이 풍족하며, 천을귀인(天乙

貴人)과 동궁(同宮)하고 있으면 더욱 좋은 것이다.

암록(暗祿)은 정록(正祿)과 육합(六合)이 되는 십이지(十二支)로서 의외로 귀인의 도움을 받아 재물을 얻게 되며, 일진(日辰)·중궁(中宮)에 있으면 성격이 온후하고 영리하며 재물이 풍부하다.

녹성(祿星)은 사주일간(四柱日干)을 중심으로 국중(局中)의 지반수(地盤數)에 정하는데 다음 조견표와 같다.

日干	甲	乙	丙	丁	戊	己	庚	辛	壬	癸
正祿	寅 3	卯 8	巳 2	午 7	巳 2	午 7	申 9	酉 4	亥 6	子 1
暗祿	亥 6	戌 5	申 9	未 10	申 9	未 10	巳 2	辰 5	寅 3	丑 10

예를 들어 일간(日干)이 丙이라면 지반수(地盤數) 2에 정록(正祿)이 붙고, 9에 암록(暗祿)을 붙인다.

8. 도화살(桃花殺)

도화살(桃花殺)은 주색풍류(酒色風流)를 주장하는 음란한 살성(殺星)으로 남녀간에 색정 문제를 초래하여 패가시키는 화류계의 흉신(凶神)이다.

사주국(四柱局)의 일진(日辰)과 중궁(中宮)에 도화살(桃花殺)이 있으면 호색다음(好色多淫)하게 된다.

사진중(四辰中)에 도화살(桃花殺)이 있으면 진도화(眞桃花)라 하여 도화살(桃花殺)이 크게 작용하는데, 국중(局中)에서 진도화(眞桃花)가 될 경우만을 참고하면 된다.

국중(局中)의 기의중(奇儀中)에서 乙庚이 합한 궁(宮)에 진도화(眞桃花)가 있으면 남녀간을 불문하고 호색다음(好色多淫)

하게 된다.

乙辛이 있는 궁(宮)에 진도화(眞桃花)가 있으면 남녀간을 불문하고 음란하다.

여명(女命)에서 관성(官星)·일진(日辰)·중궁(中宮)에 진도화(眞桃花)가 있으면 본인이나 그의 남편은 주색을 탐하고 음란하다.

남명(男命)에서 재성(財星)·일진(日辰)·중궁(中宮)에 진도화(眞桃花)가 있으면 본인이나 그의 처가 음탕하고 주색을 좋아한다.

桃花殺早見表

日　支	寅午戌	申子辰	巳酉丑	亥卯未
桃花殺	卯(8)	酉(4)	午(7)	子(1)
眞桃花	四辰中震宮	四辰中兌宮	四辰中离宮	四辰中坎宮

도화살(桃花殺)은 사주일지(四柱日支)를 중심으로 국중(局中)의 지반수(地盤數)에 정하는데, 예를 들어서 일지(日支)가 인(寅)이면 지반수(地盤數) 8에 도화살(桃花殺)을 정한다. 그리고 8이 사진중(四辰中)에 속하고 진궁(震宮)에 있으면 진도화(眞桃花)라 한다. 다른 것도 이와 마찬가지로 보면 된다.

9. 함지살(咸池殺)과 홍염살(紅艶殺)

함지(咸池)는 일명 목욕살(沐浴殺)이라고도 하는데, 이 살(殺)은 도화(桃花)와 비슷한 흉신(凶神)으로 색정을 참지 못하여 방탕하는 살성(殺星)이다.

홍염살(紅艶殺) 또한 남녀간에 호색다음(好色多淫)하여 사정(私情)을 통하기 쉬운 살성(殺星)으로 여명(女命)은 특히 꺼리는 살(殺)이다.

사주일간(四柱日干)을 중심으로 국중(局中)의 지반수(地盤數)

에 따라 정하는데, 사진중(四辰中)에 포함되어 있음을 요한다.

咸池殺과 紅艶殺

四柱日干	甲	乙	丙	丁	戊	己	庚	辛	壬	癸
咸池殺	子 (1)	巳 (2)	卯 (8)	申 (9)	卯 (8)	申 (9)	午 (7)	亥 (6)	酉 (4)	卯 (8)
紅艶殺	午 (7)	午 (7)	寅 (3)	未 (10)	辰 (5)	辰 (5)	戌 (5)	酉 (4)	子 (1)	申 (9)

10. 겁   살(劫殺)

겁살(劫殺)은 가장 꺼리는 흉살(凶殺) 중의 하나로서, 만사가 중도에서 막히고 절단되며 관재구설과 신액(身厄)을 초래하는 악살(惡殺)이다.

출행용사시(出行用事時)에 겁살방(劫殺方)과 삼살방(三殺方)을 피해야 안전하다.

겁살(劫殺)은 세 가지 종류가 있는데, 겁살(劫殺)·관겁(官劫)·이중겁살(二重劫殺)이 그것이다. 이 중에서 특히 이중겁살을 꺼린다.

겁살(劫殺)은 사주년지(四柱年支)와 일지(日支)를 중심으로 각 궁(宮)에 지반수(地盤數)에 정하는데, 연지(年支)에서 겁살(劫殺)이 되면 세겁(歲劫)이라 하고, 일지(日支)에서 겁살(劫殺)이 되면 일겁(日劫)이라 칭한다.

예를 들어 사주년지(四柱年支)가 인(寅)이면 각 궁(宮)의 지반수(地盤數) 중 6에 세겁(歲劫)을 붙이고, 사주일지(四柱日支)가 亥이면 각 궁지반수(宮地盤數) 중 9에 일겁(日劫)을 붙이는 것이니, 다른 것도 이와 같이 정한다.

劫殺早見表

劫殺 / 年·日支	劫 殺	官 劫	二重劫殺 (受劫)	三殺方
寅午戌	六(亥)	二(巳)	乾宮에 六	亥子丑(北)
申子辰	二(巳)	六(亥)	巽宮에 二	巳午未(南)
巳酉丑	三(寅)	九(申)	艮宮에 三	寅卯辰(東)
亥卯未	九(申)	三(寅)	坤宮에 九	申酉戌(西)

寅午戌(火局)歲日生 亥(6)에 絶(劫殺)
申子辰(水局)歲日生 巳(2)에 絶(劫殺)
巳酉丑(金局)歲日生 寅(3)에 絶(劫殺)
亥卯未(木局)歲日生 申(9)에 絶(劫殺)

겁살(劫殺)은 세일(歲日)의 삼합(三合) 절지(絶地)를 말하며, 겁살(劫殺)을 충(冲)하는 것을 관겁(官劫)이라 하고, 세일(歲日)의 삼합(三合) 절묘방(絶墓方)에 겁살(劫殺)이 가임(加臨)함을 이중겁살(二重劫殺) 또는 이중수겁(二重受劫)이라 한다(三劫殺 중에서 最忌함).

겁살(劫殺)은 그 흉의(凶意)가 미약하고, 관겁(官劫)은 관재(官災)·신액(身厄) 등을 주장하고, 이중수겁(二重受劫)은 만사불통(萬事不通)하는 흉패(凶敗)의 살(殺)이다.

11. 양인살(羊刃殺)

양인살(羊刃殺)은 횡액·검란(劍亂)·살상 등 예측하지 못한 화를 초래하는 흉살(凶殺)로, 격국(格局) 길한 자는 오히려 대성하고 공명을 떨치게 되지만 대개의 경우는 재난을 당하게 된다.

양인살(羊刃殺)은 사주일간(四柱日干)을 중심으로 각 궁(宮)의 지반수(地盤數)에 정하는데, 일진궁천반(日辰宮天盤)과 중궁

천반상(中宮天盤上)에도 정한다.

일진궁(日辰宮)의 천지반(天地盤), 중궁(中宮)의 천지반(天地盤), 일간궁(日干宮)·세지궁(歲支宮)에서 양인살(羊刃殺)이 동할 때 그 살성(殺星)의 작용이 강하게 나타난다. 양일간(陽日干)만 취용한다.

〔**羊刃殺**〕
甲日干은 八(卯)에 羊刃
丙日干은 七(午)에 羊刃
戊日干은 七(午)에 羊刃
庚日干은 四(酉)에 羊刃
壬日干은 一(子)에 羊刃

감궁(坎宮)에서 1·6(水) 양인(羊刃)이 동하면 주색잡기(酒色雜技)와 음란사(淫亂事)로 인하여 파재(破財)하거나 가까운 친우를 잃고 명예를 손상당하며 혹은 익사하는 수도 있다.

이궁(离宮)에서 2·7(火) 양인(羊刃)이 동하면 매우 활동적이거나 또는 매우 내성적이며 문서구설시비(文書口舌是非)·관재수 등을 겪게 된다.

진궁(震宮)에서 3·8(木) 양인(羊刃)이 동하면 질병(中風·肝疾)으로 고생하거나 횡액·교통 사고 등으로 인하여 몸을 다치게 된다.

태궁(兌宮)에서 4·9(金) 양인(羊刃)이 동하면 검란(劍乱)·교통 사고·절상(絶傷) 등의 신액(身厄)을 겪거나 약사(藥死)하기도 한다.

손(巽)·곤(坤)·건(乾)·간(艮)·중궁(中宮) 등지에 5·10(土) 양인(羊刃)이 동하면 도적의 화(禍)·강도·불치병·투신 자살·파재(破財) 등의 불상사를 겪게 된다.

12. 귀문관살(鬼門關殺)

사진궁(四辰宮)에 이 살성(殺星)이 거하고 있으면 정신 이상·신경 불안·변태 성격 등으로 신음하게 되고 혹은 신기(神氣)가 내려서 무당·복술이 되기도 한다.

여명(女命)에서 관성(官星)에 귀문살(鬼門殺)이 있으면 그의 남편은 신경쇠약에 걸리기 쉽고 변태적인 성격을 갖는다(日辰宮에 있어도 이와 같이 봄).

남명(男命)에서 재성(財星)에 귀문살(鬼門殺)이 있으면 여명(女命)에서와 마찬가지로 그의 처가 불안하다고 본다.

일진궁(日辰宮)에 있으면 자신에게 이상이 있게 된다. 혹은 신기(神氣)가 발동한다.

귀문살(鬼門殺)은 사주년지(四柱年支)를 중심으로 사진궁(四辰宮)을 위주로 하여 각 궁(宮)의 지반수(地盤數)에 정하는데, 귀문살지(鬼門殺地)에 귀문살(鬼門殺)이 겸하고 있으면 진귀문(眞鬼門)이라 하여 살성(殺星)이 크게 작용한다.

예를 들어 연지(年支)가 寅이면 지반수(地盤數) 3에 귀문살(鬼門殺)을 붙이고, 간궁(艮宮)에 3이 있으면 진귀문(眞鬼門)이라 한다.

鬼門關殺早見表

年支 / 殺	子	丑	寅	卯	辰	巳	午	未	申	酉	戌	亥
鬼門殺	4 酉	7 午	10 未	9 申	6 亥	5 戌	10 丑	3 寅	8 卯	1 子	2 巳	5 辰
眞鬼門	兌宮 4	离宮 7	坤宮 10	坤宮 9	乾宮 6	乾宮 5	艮宮 10	艮宮 3	震宮 8	坎宮 1	巽宮 2	巽宮 5

13. 천보길시(天輔吉時)

천보(天輔)는 죄악을 범했을지라도 천신의 도움을 받아 특사(特赦)를 받고 모든 흉액이 침범하지 못하도록 하늘이 보살펴 주므로 안전하고 평온한 생활을 하게 생조(生助)해 주는 길신(吉神)으로 사주일간(四柱日干)과 시주(時柱)로 본다.

> 甲己日生이 己巳時를 만났을 때
> 乙庚日生이 甲申時를 만났을 때
> 丙辛日生이 甲午時를 만났을 때
> 丁壬日生이 甲辰時를 만났을 때
> 戊癸日生이 甲寅時를 만났을 때

14. 천사길일(天赦吉日)

천사길일(天赦吉日)은 절기(節氣 : 月建)와 일진(日辰)으로 보는 것으로, 모든 재화(災禍)가 소멸된다는 길일(吉日)로서 출행용사(出行用事)에 대길한 날이다.

> 寅卯辰月에 戊寅日(春)
> 巳午未月에 甲午日(夏)
> 申酉戌月에 戊申日(秋)
> 亥子丑月에 甲子日(冬)

> **〔천귀일(天貴日)〕**
> 寅卯辰月에 甲乙日(春)
> 巳午未月에 丙丁日(夏)
> 申酉戌月에 庚辛日(秋)
> 亥子丑月에 壬癸日(冬)

천사일(天赦日)과 마찬가지로 출행용사(出行用事)에 길한 일
진이다.

15. 절로공망(截路空亡)

출행용사시(出行用事時)에 꺼리는 시간으로 절로(截路)는 중
도에서 길이 끊긴다는 것으로, 시간(時干)이 水(壬·癸)가 될
때를 말하는 것이다.
그러므로 길을 가던 중 비〔遇水〕를 만나서 전진불가(前進不
可)한 상태를 말한다.

日干 截路空亡 時支	甲己日	乙庚日	丙辛日	丁壬日	戊癸日
	申酉時	午未時	辰巳時	寅卯時	子丑時

16. 오불우시(五不遇時)

시간(時干)이 일간(日干)을 극(尅)하고 있으면 오불우시(五
不遇時)라 하여 일체의 출행용사(出行用事)를 꺼린다.

甲己日에 庚辛時
丙丁日에 壬癸時
戊己日에 甲乙時
庚辛日에 丙丁時
壬癸日에 戊己時

오불우시(五不遇時)에 출행용사(出行用事)하게 되면 만사불성
(萬事不成)이라 한다.

사주상(四柱上)에서 시간(時干)이 일간(日干)을 극(剋)하면
육친과 별거해야 재난을 면한다.

17. 천을귀인시(天乙貴人時)

귀인에 해당되는 시간에 출행용사(出行用事)하면 흉화위길
(凶化爲吉)하다.

甲戊庚日에 丑·未時
乙己日에 子·申時
丙丁日에 亥·酉時
壬癸日에 卯·巳時
庚辛日에 午·寅時
丙丁日에 亥·酉時

18. 황흑도길흉시(黃黑道吉凶時)

황도(黃道)는 일진(日辰)을 중심으로 시간에 따라 정하는데,

黃黑道吉凶定局

黃黑道＼日辰	青龍黃	明堂黃	天刑黑	朱雀黑	金匱黃	大德黃	白虎黑	玉堂黃	天牢黑	玄武黑	司命黃	句陳黑
寅申日	子	丑	寅	卯	辰	巳	午	未	申	酉	戌	亥
卯酉日	寅	卯	辰	巳	午	未	申	酉	戌	亥	子	丑
辰戌日	辰	巳	午	未	申	酉	戌	亥	子	丑	寅	卯
巳亥日	午	未	申	酉	戌	亥	子	丑	寅	卯	辰	巳
子午日	申	酉	戌	亥	子	丑	寅	卯	辰	巳	午	未
丑未日	戌	亥	子	丑	寅	卯	辰	巳	午	未	申	酉
備考	喜吉利	喜貴人	忌修造	忌修造	喜天慶	喜地財	忌修造	喜天成	忌修造	忌修產室	喜富祿	忌葬埋

靑龍·明堂·金匱·天德·玉堂·司命時는 길하고 그 외는 흉하니
피함이 이롭다(黃道는 吉하고 黑道는 凶함).

예를 들어 사해일(巳亥日)에 축시(丑時)는 옥당황(玉堂黃)에
해당하므로 길시(吉時)라 한다.

19. 순공망(旬空亡)

공망(空亡)이란 육십갑자 중에서 천간(天干)의 짝을 잃은 십
이지(十二支)를 말하는 것으로 흉지(凶地)가 공망(空亡)이면
반길(反吉)하고, 길지(吉地)가 공망(空亡)이면 길한 의미가 감
소된다.

비록 공망지(空亡地)라도 겸왕(兼旺)·거왕(居旺) 등이 왕생

旬空亡殺早見表

甲子旬	甲子	乙丑	丙寅	丁卯	戊辰	己巳	庚午	辛未	壬申	癸酉	戌亥空亡
甲戌旬	甲戌	乙亥	丙子	丁丑	戊寅	己卯	庚辰	辛巳	壬午	癸未	申酉空亡
甲申旬	甲申	乙酉	丙戌	丁亥	戊子	己丑	庚寅	辛卯	壬辰	癸巳	午未空亡
甲午旬	甲午	乙未	丙申	丁酉	戊戌	己亥	庚子	辛丑	壬寅	癸卯	辰巳空亡
甲辰旬	甲辰	乙巳	丙午	丁未	戊申	己酉	庚戌	辛亥	壬子	癸丑	寅卯空亡
甲寅旬	甲寅	乙卯	丙辰	丁巳	戊午	己未	庚申	辛酉	壬戌	癸亥	子丑空亡

(旺生)하고 있으면 공망(空亡)으로 논하지 않는다. 공망(空亡)은 그 판단이 가장 어려운데, 공망지(空亡地)의 왕쇠(旺衰)를 신중히 살펴보아야 한다.

예를 들어서 일진(日辰)이 甲子旬中에 속해 있으면 戌亥方이 공망(空亡)이 된다(즉, 十二支 定位에 定한다).

공망(空亡)이 되면 허무(虛無)·허상(虛像)·매사불성(每事不成)·불안 등의 흉의(凶意)가 작용하는데, 공망(空亡)된 육친(六親)에게 흉의가 작용한다.

형제궁(兄弟宮)이 공망(空亡)되면 형제자매의 덕이 없고 쓸쓸하게 생활하며, 친우 및 타인과 의합(意合)하기 어렵다. 또는 종종 손재(損財)하게 되며 방탕 주류배(酒類輩)와 어울려서 형액(刑厄)을 당하거나 시간을 낭비하기 쉽다.

공망(空亡)된 육친(六親)과는 인연이 박하고 무덕(無德)하다고 본다.

일진궁(日辰宮)이나 일간(日干)이 공망(空亡)된 자는 정서가 불안하고 주체성이 없어 공상이 많으며, 격국(格局)이 흉하면 거짓말을 잘하고 게으르다(實踐力不足). 또한 부모육친(父母六親)이 무덕하고 가정 풍파가 일어나 비관자살(悲觀自殺)·허송세월하는 등의 우려가 있다.

재성궁(財星宮)이 공망(空亡)된 자는 부부간에 불화하여 고독하게 지내기 쉽고 돈을 꾸거나 빌려줌으로써 재난(財亂)을 초래하기도 한다. 또한 재성(財星)이 쇠지(衰地)에 거하고 공망(空亡)을 맞은 자는 빈곤하거나 손재(損財)하게 된다.

자손궁(子孫宮)이 공망(空亡)된 자는 자식에게 질병과 낙상수가 있고 절제를 할 줄 몰라서 낭비하게 된다. 흉격(凶格)인 자는 성격이 거칠고 불량배들과 어울려 안하무인격으로 생활하기 쉽다.

자손궁(子孫宮)이 모두 공망(空亡)을 맞은 자는 자식을 두지 못하고 자식을 많이 상(傷)하게 된다.

부모궁(父母宮)이 공망(空亡)된 자는 일찍부터 가출하여 객지에서 생활하게 되고 부모육친(父母六親)의 덕이 없으며 불화하게 된다. 또는 문서 문제·사기음해(詐欺陰害)·명예 훼손 등의 구설시비가 분분하고 학업을 중단하게 된다.

관성궁(官星宮)이 공망(空亡)된 자는 평생 동안 직업의 변동이 심하고 실업자로 지내기도 한다. 그러나 길문괘(吉門卦)가 동궁(同宮)하고 있으면 변동함으로써 득리(得利)하게 되고 소송 사건에서 승소한다.

세지궁(歲支宮)과 월궁(月宮)이 공망(空亡)된 자는 부모형제가 무덕(無德)하고, 부모형제나 자신이 형액(刑厄)을 당하기 쉽다. 그렇지 않으면 육친(六親)과 멀리 떨어져 살게 된다.

생시궁(生時宮)이 공망(空亡)된 자는 항상 불안하여 심란하므로 원만하지 못해서 말년을 외롭게 보낸다.

〔오행별 공망의 작용(五行別 空亡의 作用)〕

木(3·8)이 공망(空亡)되면 나무〔木〕가 꺾이듯이 매사에 장애가 많아 좌절하게 되고 실패가 많다.

火(2·7)가 공망(空亡)되면 불〔火〕이 급속히 타오르는 것과 같이 성급하므로 실패도 많지만 끝내 성공한다.

土(5·10)가 공망(空亡)되면 흙〔土〕이 갑자기 무너져 내리는 것과 같으므로 경거망동하여 일을 그르치기 쉬우나 기존의 상태에서 변동을 가하는 데에는 유리하다.

金(4·9)이 공망(空亡)되면 쇠〔金〕에서 소리가 울려 퍼지므로 오히려 공명을 얻게 되는데, 흉격(凶格)인 자는 망신당하는 것이다.

水(1·6)가 공망(空亡)되면 물〔水〕이 거칠게 흘러 내리는 것이므로 성급하게 서두르고 침착하지 못하여 실패하기 쉽지만 새로운 일에 진출하고 개척하는 데에는 유리하다.

20. 총공망(總空亡)

총공망(總空亡)은 전국(全局)이 공망(空亡)되었음을 뜻하는 것으로, 총공망(總空亡)이 된 자는 평생 동안 빈곤하게 지내며 돈으로 인한 곤란을 많이 겪게 되고 또한 재물의 낭비가 심하므로 저축심이 부족하다.

무슨 일이든지 끝까지 성취하지 못하고 실속 없는 허망한 꿈만 꾸는 소인배가 많다. 가정 또한 충실치 못하여 타인으로부터 비판의 대상이 된다.

일년신수국(一年身數局)이 총공망(總空亡)되어 있으면 일년 동안 운수불통한다.

〔**총공망살**(總空亡殺)〕

간궁(艮宮)이 공망이고 중궁지반(中宮地盤)이 10(土)·3(木)일 때.

진궁(震宮)이 공망이고 중궁지반(中宮地盤)이 8(木)일 때.

손궁(巽宮)이 공망이고 중궁지반(中宮地盤)이 5(土)·2(火)일 때.

이궁(离宮)이 공망이고 중궁지반(中宮地盤)이 7(火)일 때.

곤궁(坤宮)이 공망이고 중궁지반(中宮地盤)이 10(土)·9(金)일 때.

태궁(兌宮)이 공망이고 중궁지반(中宮地盤)이 4(金)일 때.

건궁(乾宮)이 공망이고 중궁지반(中宮地盤)이 5(土)·6(水)일 때.

감궁(坎宮)이 공망이고 중궁지반(中宮地盤)이 1(水)일 때.

21. 거공망(居空亡)

거공(居空)은 제자리에서 공망(空亡)을 맞음을 뜻하는 것으로 다른 공망보다 그 작용이 크다고 본다.

사주국(四柱局)에서 거공(居空)되어 있는 육친(六親)과는 멀리 떨어져 사는 것이 유리하다. 대체적으로 거공(居空)된 육친(六親)은 재난을 당하거나 일찍 이별하게 된다. 일진궁(日辰宮)이 거공(居空)된 자는 평생 동안 대성하기 어렵고 사회 활동에 막힘이 많다. 또한 일찍이 출가하여 입산하는 자가 많으며 홀로 외롭게 지낸다. 그러나 길격(吉格)에 일진궁(日辰宮)이 왕생(旺生)하면 거궁(居宮)으로 논하지 않는다.

간궁(艮宮)이 공망되고 간궁지반(艮宮地盤)이 10(土)·3(木)일 때.

진궁(震宮)이 공망되고 진궁지반(震宮地盤)이 8(木)일 때.

손궁(巽宮)이 공망되고 손궁지반(巽宮地盤)이 5(土)·2(火)일 때.

이궁(离宮)이 공망되고 이궁지반(离宮地盤)이 7(火)일 때.

곤궁(坤宮)이 공망되고 곤궁지반(坤宮地盤)이 10(土)·9(金)일 때.

태궁(兌宮)이 공망되고 태궁지반(兌宮地盤)이 4(金)일 때.

건궁(乾宮)이 공망되고 건궁지반(乾宮地盤)이 5(土)·6(水)일 때.

감궁(坎宮)이 공망되고 감궁지반(坎宮地盤)이 1(水)일 때.

22. 화개살(華蓋殺)

일진(日辰)이 화개궁(華蓋宮)에 있으면 총명하고, 공망(空亡)되면 승려가 되기 쉽다.

　　일진의 천지반(天地盤)이 상충(相冲)·상형(相刑)되어 있고 화개지(華蓋地)에 들어 있으면 문화·사회 사업으로 바쁘게 지낸다.

　　일진(日辰)이 화개지(華蓋地)에 있고 사진(四辰)이나 중궁(中宮)에서 부모가 동하거나 일진천반(日辰天盤)에 부모가 임해 있으면 학문을 좋아하고 대학자가 된다. 또한 불교·철학 등에서 공명을 떨치는 자가 많다.

華蓋殺早見表

殺＼日支	寅午戌	申子辰	巳酉丑	亥卯未
華蓋殺	戌 (乾宮)	辰 (巽宮)	丑 (艮宮)	未 (坤宮)

※ 四柱日支가 丑인 자의 일진이 간궁에 있으면 화개라 한다.

제 5 장
칠화심성론(七火心性論)

1. 칠화성(七火星)

사주국중(四柱局中)에 있는 지반수(地盤數) 7(午火)로써 선천적인 심성과 의지의 강약을 판단하는데, 7은 午火로 인체의 오장육부(五臟六腑) 중 심장에 속하고, 역상(易象)으로는 생명의 활동력을 대표하는 태양에 속하므로 7(午火)로써 사람의 심성을 추단(推斷)함은 정연한 이치라 하겠다.

국중(局中)에서 7(午火)이 왕생(旺生)하여 중궁(中宮)이나 사진(四辰)에서 동하고 있으면 마음이 넓고 의지가 강하며 활발하고, 이와 반대로 7(午火)이 쇠약하면 소심하고 의지가 약한 내성적인 자라고 본다〔局中의 2(巳火)도 같이 살펴보아야 한다〕.

심성은 인간성 또는 인격을 말하는 것으로 곧 자신의 운명에 지대한 영향을 주는 것이다. 육체는 부모로부터 부여받은 것이므로 뜯어고치기 어렵다. 하지만 심성은 개개인의 수양과 자성에 따라 얼마든지 단점을 장점으로 유도할 수 있는 것이다. 그러므로 운명 개척의 첩경은 심성을 바로잡는 데 있다고 해도 과언은 아닐 것이다.

① 7(午火)이 거왕(居旺)·겸왕(兼旺)·승왕(乘旺)·수생(受生)되어 있으면 마음이 넓고 쾌활하며 뜻이 높은 자이다.

② 7(午火)이 왕생하고 길문괘(吉門卦)가 있으면 포부가 크고 마음이 넓으며 고상하고 착한 자이다. 그러나 흉문괘(凶門卦)가 있으면 악의를 품은 자이다. 즉, 성실치 못한 자이다. 격국(格局)이 흉격(凶格)인 자는 오히려 내성적인 경향도 있다.

③ 7(午火)이 승극(乘尅)·수극(受尅) 또는 공망(空亡)이 되어 쇠약하면 용기가 부족하고 매사에 소극적이며 소심하고 호탕하지 못한 자이다. 아울러 흉문괘(凶門卦)가 있으면 시기와 질투가 많고 이기적이며, 특히 동업함에 불리한 자이다〔7(午火)이 왕생하여도 마찬가지로 본다〕.

④ 7(午火)에 생문(生門)·생기(生氣)·개문(開門)·복덕(福德) 등의 길문괘(吉門卦)가 동궁(同宮)하고 있으면 인자하고 정직하며 인격자이다.

7(午火)에 절명(絶命)·경문(驚門)이 있고 쇠약하면 겁이 많고 배짱이 없으며 소심하다.

7(午火)에 천의(天医)·경문(景門)이 있으면 오락하는 것을 좋아한다.

7(午火)에 유혼(遊魂)·역마(驛馬)·경문(驚門)이 있으면 변덕이 심하고 주관이 분명치 않고 분주한 자이다.

7(午火)에 사문(死門)·두문(杜門)·귀혼(歸魂)이 있으면 게으르고 활동성이 부족하다.

⑤ 7(午火)의 천반(天盤)에 1·6(水)이 있으면 재예(才藝)와 지략이 풍부하고 주색을 좋아한다.

7(午火)의 천반(天盤)에 5·10(土)이 있으면 남에게 보시(布施)하기를 좋아하고 구제하기도 잘하나 실리를 못 차리므로 빈곤할 수도 있지만 신용이 두텁고 지혜가 있으며 이해심이 깊다.

7(午火)의 천반(天盤)에 2·7(火)이 있으면 예의에 밝고 학문에 능통하고 체면과 위세를 앞세운다. 그리고 쾌활하고 뜻이 장대한 자이다.

7(午火)의 천반(天盤)에 4·9(金)가 있으면 잔인하고 편협하고 인색하며 즉흥적으로 행동하는 자이다. 그러나 길문괘(吉門卦)가 있으면 심성이 착한 자이다.

중궁(中宮)에 7(午火)이 수생(受生)·겸왕(兼旺)되어 길격(吉格)이면 호걸남아(豪傑男兒)라 한다.

2·7(巳午·火)이 겸왕(兼旺)·수생(受生)되어 손(巽)·이궁(离宮)에 있으면 그 뜻이 장대(長大)하며 포부가 큰 자이다.

2·7(巳午·火)이 진(震)·간궁(艮宮)에 있으면 배짱이 두둑한 자이다〔地盤뿐만 아니라 天盤의 2(巳火), 7(午火)도 參論할 것이다〕.

2·7(巳午·火)이 비록 수극(受尅)되어 있더라도 거왕(居旺)·거생(居生) 궁(宮)에 있으면 활발하고 마음이 넓은 자로 본다.

이상으로 7(午火)의 왕생·쇠약, 그리고 팔문(八門)·팔괘(八卦)의 길흉을 살펴서 심성과 의지를 판단하는 방법을 설명했다. 그러나 격국(格局)을 간과할 수 없는 것이니 복합적으로 추단함이 옳을 것이다.

제6장

오행심성론(五行心性論)

1. 오행의 심성 작용

오행(五行)을 음과 양으로 나누어 보면 각 음양 오행마다 성격과 기질이 서로 다르게 나타난다.

사주국(四柱局)에서 일진궁(日辰宮 : 世宮) 지반수(地盤數)를 중심으로 선천적인 성격을 판단한다.

① 일진수(日辰數)가 1(陽水)이면 재주가 비상하고 지혜와 꾀가 많으며, 공부도 잘하는 요령 많은 재주꾼이라 할 수 있다. 1(陽水)은 대수(大水 : 바닷물·홍수·폭우)를 의미하므로 거세고 힘차게 흐르는 물의 모습과 같이 활동력이 왕성하며 지칠 줄 모르는 정력을 소유하고 있는데, 올바르고 실속 있는 일에 넘치는 정력을 쏟아붓지 못하면 주색잡기(酒色雜技)에 빠져 무위도식하는 경우도 있으므로 가치 있는 일에 투신함이 이롭다.

대체로 성격이 활발하고 성급한 반면에 두뇌가 명석하고 자중할 줄도 아는 사리가 분명한 자가 많다. 그리고 이러한 성격은 일진수(日辰數) 1(陽水)이 감(坎)·건(乾)·태궁(兌宮)에 있을 때 더욱 강하게 나타난다.

세(歲)·월(月)·일(日)·시(時) 등에 적어도 세 개의 궁(宮)에 1·6(水)이 있는 자는 재예(才藝)가 출중하고 지모(智謀)에 능한데 주색으로 인하여 수모를 겪게 된다.

② 일진수(日辰數)가 6(陰水)이면 경거망동하지 않아 침착한 자인데, 좌절을 당하거나 타인에게 무시를 받으면 참지 못하고 돌발적인 성격을 드러낸다.

평상시에는 세심하고 소극적이며 이해심이 깊고 융통성이 있는 차분하고 과묵한 사람이지만 일단 말을 꺼내기 시작하면 달변이다. 그러므로 외향성과 내향성을 지닌 이중성격을 소유한 자라고 할 수 있다. 또한 자신의 재주만 믿고 날뛰다가 실패하기 쉽고 기분에 따라 모든 일을 처리하는 단점도 있다.

종교와 철학에 관심이 많으며 주색에 빠지기 쉬운 반면에 재주가 많고 머리가 좋은 편이다.

6(陰水)은 잔잔하게 흐르는 시냇물·가랑비·이슬비를 뜻하므로 길격(吉格)을 갖춘 자는 의지력이 강하여 성공을 기약할 수 있으나 흉격자(凶格者)는 평생 굴곡이 많은 인생을 살게 된다.

③ 일진수(日辰數)가 7(陽火)이면 즉흥적인 심성을 갖고 있는데, 임기응변에 능하고 유난히 눈치가 빠르며 예의가 밝다.

항상 분주하게 움직이고 차분하지 못해서 성급하고 돌발적인 기세를 갖고 있다.

언행에 변화가 많고 타인 앞에 나서서 말하기를 좋아하는데, 언동을 조심하지 못하므로 그로 인해 구설시비와 관재수를 당하기 쉽다.

매사에 능동적이며 적극적이고 앞장서서 활약하기를 좋아하는 기질이 있으나 의지력과 인내력이 부족한 경향이 있다.

7(陽火)은 태양과 같이 타오르는 불과 같으므로 격렬하고 정력적인데, 이 힘을 올바른 일에 승화시키지 못하면 불량스러운 인생을 살아가기 쉽다.

7(陽火)이 쇠약하고 심하게 설기(泄氣)되어 있는 자는 매우 소심하고 내성적이며 옹졸한 경향이 있다. 또한 이와 반대로 태왕(太旺)한 자는 허영심이 많고 체면을 중시하고 명예를 바라

는 자이다.

④ 일진수(日辰數)가 2(陰火)이면 표면상으로 볼 때에는 온화하고 다정하나 본래의 심성은 거칠고 독선적이다. 그러므로 타인과 타협하고 화합하지 못하므로 독자적으로 판단하고 행동하여 이기적인 자라는 소리를 듣기 쉽다. 그리고 마음속에 품은 생각을 좀처럼 터놓지 않아 이중 인격자라는 비판을 받기도 한다.

대인 관계가 원만치 못하고 노력한 만큼의 성공을 거두기 어렵다.

2(陰火)는 7(陽火)과 비슷하여 언변에 능하고 총명한데, 길격자(吉格者)는 점잖은 인격자가 되지만 흉격자(凶格者)는 표리부동한 이기주의자가 되기 쉽다.

2(陰火)는 화롯불처럼 조용하게 피어오르는 불과 같으므로 외면에 비해 내면은 열정적이며 격렬한 편이다.

⑤ 일진수(日辰數)가 3(陽木)이면 외모가 준수하고 단정한 편이며 인자한데, 3·8(木)이 태왕(太旺)하면 평생 굴곡이 심하고 신체 손상수가 있으며 재난을 많이 겪는다(凶格者일 경우).

인정이 많고 사려가 깊은 반면에 시기하고 질투하는 기질도 갖고 있다. 그러나 대개 강인한 정신력과 인덕을 겸비한 자가 많은데, 흉격자(凶格者)는 모질고 독하여 시비수가 분분하다.

3(陽木)은 큰 나무와 같으므로 직선적이고 정직한 것이 본래의 타고난 성격이다.

⑥ 일진수(日辰數)가 8(陰木)이면 매사에 소극적이고 수동적이며 내성적인데, 비교적 침착하고 인내력이 강한 편이며 매사를 순서대로 착실하게 처리하므로 주위 사람들로부터 칭찬이 자자하다. 외관상으로는 유순하고 성실해 보이나 남모르는 고집과 아집이 있어 답답하게 보이기도 한다.

평상시에 세심하고 성실한 자가 있는가 하면 이성에게 쉽게 유혹당하여 정력과 세월을 낭비하는 자도 있으니 격국(格局)에 따라 결정된다.

8(陰木)은 봄에 얼음이 막 녹기 시작하는 시기에 대지를 뚫고 자라는 새싹과 같으므로 마음이 심약하고 변화가 많으며 주체성이 부족하다. 인생살이가 고단하고 상처를 자주 입게 되지만 어려운 재난을 극복해 나가는 힘도 강한 편이다.

⑦ 일진수(日辰數)가 9(陽金)이면 본래 성격이 담백하고 의리·용기·패기가 있으며 비겁한 것을 싫어한다. 어려운 일이 발생하였을 때 대중을 위해 자신의 몸을 희생하는 봉사 정신과 결단력이 뛰어나다.

그러나 때로는 좌우상하를 돌보지 않고 행동하여 실패와 재난을 초래하기 쉽고 만용을 부림으로써 관재형액(官災刑厄)·살상수(殺傷數) 등을 당하기 쉽다. 또한 성급한 성격으로 인하여 성패가 많다.

9(陽金)는 공망(空亡)을 맞으면 길격자(吉格者)의 경우 명공(名攻)을 드높이고 흉격자(凶格者)는 망신을 당하게 된다.

9(陽金)는 무쇠·칼과 같은 강철을 뜻하니 살기(殺氣)로 변하면 흉포한 것이고 정기(正氣)로 다스리면 위엄이 있는 것이다.

⑧ 일진수(日辰數)가 4(陰金)이면 겉으로는 냉정하고 쌀쌀맞게 보이지만 사실은 유순한 사람이다.

기백과 용기는 있으나 타인과 융화하고 타협하는 데 서투르고 인내력이 부족하다. 어떤 일이든지 생각하면 즉시 행동으로 옮기는 행동파인데, 매사에 순서와 형식을 무시하므로 성패가 다단(多端)하다.

대인 관계가 원만하지 못하므로 사회적인 발전을 기대하기 어렵다. 흉격(凶格)일 경우에는 평생 동안 한 가지 일에 전념하지 못하고 분주한 생활을 하며 실속 없는 인생을 보낸다.

⑨ 일진수(日辰數)가 5(陽土)이면 신용과 의리가 있으며 덕

망 높은 인격자와 부귀한 자가 많다.

흉격(凶格)일 경우는 반대로 게으르고 활동력이 떨어지고 신용 또한 박하며 둔한 편이다.

본래 순박하고 침착하며 이해심이 깊으며 윗사람에게 신용을 얻어 출세하고 재물을 잘 모은다. 그러나 사람을 쉽게 사귀고 또 쉽게 배신하며, 이성을 쾌락적으로 대하고 재물에 대한 집착과 명예욕이 강하다.

5(陽土)는 광활한 대지를 뜻하니 만물을 육성하고 포용하는 힘이 있으므로 마음이 넓은 사람이 많다.

⑩ 일진수(日辰數)가 10(陰土)이면 그 성품이 온화하고 유순하며 신용과 의리가 있으며 절약 정신이 강하고 대인 관계상 중간의 위치를 고수한다.

흉격(凶格)이면 게으른 편이고 변화가 무쌍하며 우유부단하다. 그러나 길격(吉格)이면 실천력이 뛰어나고 덕망이 높고 보수적인 경향이 있으며 부귀한 자가 많다.

이상을 정리하면 일진수(日辰數)가 양수인 자는 본래 성격이 분명하고 숨김이 적고 담백하여 강한 편이다.

일진수가 음수인 자는 본래 성격이 복잡하고 이중적이며 불분명한 편이다.

그러나 이러한 판단은 단식판단(單式判斷)이므로 일진의 왕쇠(旺衰)와 격국(格局)의 길흉과 더불어 보아야 한다.

제 7 장
구궁심성론(九宮心性論)

1. 구궁에 따른 심성 작용

① 일진(日辰)이 간궁(艮宮)에 있으면 산을 좋아하고 산 속에 들어가 살기도 하며 종교·철학에 관심이 깊고 고독함을 즐기는 경향이 있다. 또는 사람을 싫어하는 성격이 있는 까닭에 도심지에 사는 것을 꺼린다.

귀혼(歸魂)·생문(生門)·두문(杜門) 등이 동궁(同宮)하면 산인(山人)이나 도사·수도인이 되기 쉽다. 이런 중에 일진수가 10(陰土)이나 3(陽木)이면 더욱 크게 작용한다.

② 일진이 곤궁(坤宮)에 있으면 여성적인 성격과 쾌활한 기질을 소유하게 된다. 대개 온화하고 순진한 편이다.

농업·토지·택지 등과 관계된 일에 종사하는 자가 많으며, 일진수가 10(陰土)이나 9(陽金)이면 강하게 작용한다.

③ 일진이 손궁(巽宮)에 있으면 출입이 빈번하고 직선적이면서도 부드러운 성격을 소유한다.

대개 동분서주하는 자가 많으며 대인 관계가 원만하다. 목재·목공·목제품·제지·운수업 등에 종사하는 자가 많은데, 일진수가 5(陽土)나 2(陰火)일 때 강하게 작용한다.

④ 일진이 건궁(乾宮)에 있으면 쾌활하고 활동적이며 남성적이다. 다소 편협되고 독선적인 면은 있으나 의리가 있고 인정이

많다.

대개 운동을 좋아하고 단체의 장·대표자·관리자 및 자동차·오토바이 공업 등에 종사하는 자가 많다. 매사에 노력을 게을리하지 않고 항상 출입이 빈번하다.

⑤ 일진이 감궁(坎宮)에 있으면 주색을 좋아하고 음침한 성격을 갖는데, 두뇌가 비상하고 이성이 잘 따른다.

수산물업·화류계·주류(酒類) 등의 일에 종사하는 자가 많다. 일진수가 1·6(水)이면 이러한 작용이 크다.

⑥ 일진이 이궁(离宮)에 있으면 교제술에 능하여 사교적이며 육감적이고 대중에게 인기가 많다. 언변에 능하나 주의를 하지 않아 구설수에 오르기 쉽고 주색과 연애 문제로 망신당하기 쉽다.

예술가·연예인·화류계 등 외형을 중시하는 분야에 종사하는 자가 많다.

⑦ 일진이 태궁(兌宮)에 있으면 성격이 담백하고 솔직한데, 직선적이며 과강(過强)하므로 세상에 나가 손상당함이 많다.

겉으로는 냉정하게 보이나 실은 다정한 사람이고, 색정 문제로 인하여 가정이 파탄되기 쉽다.

연예인·군인·경찰·화류계·철물업·공업 등에 종사하는 자가 많다.

⑧ 일진이 진궁(震宮)에 있으면 감정적이고 돌발적이며 우발적인 성격을 갖는다. 항상 분주하고 활동적인데, 고집이 세고 독자적으로 행동하므로 비판의 대상이 되기도 한다.

전기(電氣)·엔진 기사·전자 계통 등에 종사하는 자가 많다.

제 8 장

사진심성론(四辰心性論)

① 일진수(日辰數)가 1·6(水)이면 총명하고 다재다능하며 학문과 주색을 좋아하고, 수(水)가 태왕(太旺)하면 음탕하고 간사하여 부부간에 불화하게 된다.

사진(四辰)에 1·6(水)이 있거나 일진과 시궁(時宮)에만 있어도 재사(才士)라 하고 두뇌가 총명하다.

② 일진수가 화개지(華蓋地)에 들어 있으면 종교가·철학가·술사라 한다.

③ 중궁(中宮)의 자손이 세궁(歲宮)에 있는 관귀(官鬼)를 극(尅)하는 자와 세궁(歲宮)의 자손이 중궁(中宮)에 있는 관귀(官鬼)를 극(尅)하는 자는 귀신을 다루는 치귀자(治鬼者)라 한다.

④ 일진수가 2·7(火)이면 총명하고 예의가 바르며 조급한 편이다. 화(火)가 태왕(太旺)하면 관재구설과 투쟁시비가 분분한데 사진(四辰) 중에 쌍화(雙火)가 동하면 재앙을 면치 못한다. 그리고 화일진(火日辰)이 감궁(坎宮)과 건궁(乾宮)에 거하고 있으면 장수하기 어렵다.

사진(四辰)에 2·7(火)이 중중(重重)하면 다재다능하고 환사(幻士)·술사(術士)라 한다. 일진과 시궁(時宮)에만 있어도 변환을 잘하고 잔꾀가 많은 자이다.

⑤ 일진수가 4·9(金)이면 패기와 의리가 있으며 금(金)이 태왕(太旺)하면 형살(刑殺)과 살상의 살(殺)이 되어 질병·사고 등으로 고생하게 되고, 사진(四辰)에 쌍금(雙金)이 동하면 만사 불통이거나 대액을 당한다.

⑥ 일진수가 5·10(土)이면 신용이 있고 인덕이 있으며 중후한 자이다. 사진(四辰)에 쌍토(雙土)가 동하면 재난을 면하기 어렵다.

본래 부자로 사는 사람이 많은데 주색으로 인하여 망신당할 수도 있다.

⑦ 일진수가 3·8(木)이면 단정하고 수려하나 목(木)이 태왕(太旺)하면 꺾일 위험이 있고, 가을에 출생한 자는 발전하기 어렵다.

제 4 편

통변(通變)의 원리(原理)

제 1 장
오행(五行)의 통변(通變)

오행(五行)의 통변 원리(通變原理)는 기문(奇門)을 해단(解斷)할 때 가장 중요한 이론으로, 격국(格局)의 길흉과 각 육친(六親)의 길흉, 만사의 성패를 점단(占斷)하는 데 지대한 영향을 준다. 우주의 삼라만상이 모두 이 원리 속에서 태어나고 자라고 성숙되고 성공하고 실패하며, 늙고 병들어 사장(死藏)되는 것이다.

각 궁(宮)의 천지반수(天地盤數 : 주로 지반수를 본다)가 머물고 있는 구궁(九宮)에 따라 왕쇠(旺衰)가 판별되고 또는 절기(節氣 : 月令)에 따라 각 궁(宮)의 왕쇠가 있는 것이다.

1. 절기에 따른 오행의 작용

우주를 크게 구분하면 음과 양으로 나누어지고, 음양을 다시 분해하면 木·火·土·金·水(오행)로 나타낼 수 있으므로, 결국 음양과 오행은 근본 실체에 있어 같은 것이라 볼 수 있다.

오행은 천·지·음·양을 구성하는 기본적인 요소로서 봄·여름·가을·겨울의 사계절, 그리고 24절후, 72절후에 따라 생·극(生尅)을 상교(相交)하여 왕(旺)하거나 쇠(衰)해지는 것이다.

木이 봄에 제철을 만나 왕성하여지면 火가 기세를 높이고(木生火), 水는 木에게 수분을 공급하느라 설기(泄氣)되고(水生

木), 金은 갇혀서 활동이 정지되며, 土는 木이 땅에 뿌리를 뻗어 파극(破尅)당한다(木尅土). 타오행(他五行)도 이런 법칙으로 추리하면 다음과 같은 도표가 그려진다.

五行의 旺衰

旺衰 ＼ 季節	春(木)	夏(火)	秋(金)	冬(水)
旺	木	火	金	水
生	火	土	水	木
休	水	木	土	金
囚	金	水	火	土
死	土	金	木	火

2. 거 생(居生)

木(3·8)이 감궁(坎宮)에 있을 때(水生木)
火(2·7)가 손·진궁(巽·震宮)에 있을 때(木生火)
土(5·10)가 이궁(离宮)에 있을 때(火生土)
金(4·9)이 간·곤·중궁(艮·坤·中宮)에 있을 때(土生金)
水(1·6)가 건·태궁(乾·兌宮)에 있을 때(金生水)
따라서 거생(居生)이란 생조(生助)를 받는 궁(宮)에 거하고 있을 때를 말하는 것이므로 왕생(旺生)한 것이다.

3. 거 쇠(居衰)

木(3·8)이 이궁(离宮)에 있을 때(木生火)
火(2·7)가 곤·간·중궁(坤·艮·中宮)에 있을 때(火生土)
土(5·10)가 건·태궁(乾·兌宮)에 있을 때(土生金)

金(4·9)이 감궁(坎宮)에 있을 때(金生水)
水(1·6)가 손·진궁(巽·震宮)에 있을 때(水生木)
를 말하는 것으로 설기당하고 있는 궁(宮)에 거하고 있는 것이
다. 그러므로 쇠약한 것이다.

4. 거 극(居尅)

木(3·8)이 건·태궁(乾·兌宮)에 있을 때(金尅木)
火(2·7)가 감궁(坎宮)에 있을 때(水尅火)
土(5·10)가 손·진궁(巽·震宮)에 있을 때(木尅土)
金(4·9)이 이궁(离宮)에 있을 때(火尅金)
水(1·6)가 곤·간·중궁(坤·艮·中宮)에 있을 때(土尅水)
를 말하는 것으로 극파(尅破)당하는 궁(宮)에 거하고 있으니
극쇠약(極衰弱)한 것이다.

5. 수 생(受生)

수생(受生)이란 동궁(同宮) 내에서 천반(天盤)이 지반(地盤)
을 생조(生助)해 주는 것을 말하는 것으로 왕생(旺生)한 것이
다. 그러나 거극(居尅)당하고 있는 상태에서의 수생(受生)은 쇠
약으로 논한다.
천반이 水(1·6)이고 지반이 木(3·8)일 때(水生木)
천반이 火(2·7)이고 지반이 土(5·10)일 때(火生土)
천반이 木(3·8)이고 지반이 火(2·7)일 때(木生火)
천반이 金(4·9)이고 지반이 水(1·6)일 때(金生水)
천반이 土(5·10)이고 지반이 金(4·9)일 때(土生金)

6. 수 극(受尅)

수극(受尅)은 수생(受生)의 반대로 동궁(同宮) 내에서 천반이 지반을 극파(尅破)하는 것으로 쇠약한 것인데, 아울러 거극(居尅)당하고 있으면 극히 쇠약한 것으로 본다.

천반이 金(4·9)이고 지반이 木(3·8)일 때(金尅木)
천반이 水(1·6)이고 지반이 火(2·7)일 때(水尅火)
천반이 木(3·8)이고 지반이 土(5·10)일 때(木尅土)
천반이 火(2·7)이고 지반이 金(4·9)일 때(火尅金)
천반이 土(5·10)이고 지반이 水(1·6)일 때(土尅水)

7. 승 왕(乘旺)

승왕(乘旺)은 절기의 득령(得令)을 말하는 것으로 극왕(極旺)한 기운(氣運)을 받은 것이다. 보는 방법은 사주월지(四柱月支)와 각 궁(宮)의 지반수를 대조하여 판별한다.

월지(月支)가 木(寅·卯)이고 지반이 木(3·8)일 때(木對木)
월지(月支)가 火(巳·午)이고 지반이 火(2·7)일 때(火對火)
월지(月支)가 土(辰·戌·丑·未)이고 지반이 土(5·10)일 때(土對土)
월지(月支)가 金(申·酉)이고 지반이 金(4·9)일 때(金對金)
월지(月支)가 水(亥·子)이고 지반이 水(1·6)일 때(水對水)

8. 승 생(乘生)

승생(乘生)은 사주월지(四柱月支 : 節氣)가 각 궁(宮)의 지반을 생조(生助)해 주고 있는 것을 말한다. 그러므로 승왕(乘旺)과 마찬가지로 왕생(旺生)한 것이다.

월지(月支)가 水(亥·子)이고 지반이 木(3·8)일 때(水生木)
월지(月支)가 木(寅·卯)이고 지반이 火(2·7)일 때(木生火)
월지(月支)가 火(巳·午)이고 지반이 土(5·10)일 때(火生土)
월지(月支)가 土(辰·戌·丑·未)이고 지반이 金(4·9)일 때(土生金)
월지(月支)가 金(申·酉)이고 지반이 水(1·6)일 때(金生水)

9. 승 극(乘尅)

승극(乘尅)은 사주월지(四柱月支)가 각 궁(宮)의 지반수를
극파(尅破)함을 말한다. 고로 승왕(乘旺)과 반대로 쇠약해지는
것이다.
월지(月支)가 金(申·酉)이고 지반이 木(3·8)일 때(金尅木)
월지(月支)가 水(亥·子)이고 지반이 火(2·7)일 때(水尅火)
월지(月支)가 木(寅·卯)이고 지반이 土(5·10)일 때(木尅土)
월지(月支)가 火(巳·午)이고 지반이 金(4·9)일 때(火尅金)
월지(月支)가 土(辰·戌·丑·未)이고 지반이 水(1·6)일 때(土尅水)

10. 승 쇠(乘衰)

승쇠(乘衰)는 각 궁(宮)의 지반수가 사주월지(四柱月支)에게
설기당하고 있는 것을 말한다. 고로 쇠약한 것으로 본다.
월지(月支)가 火(巳·午)이고 지반이 木(3·8)일 때(木生火)
월지(月支)가 土(辰·戌·丑·未)이고 지반이 火(2·7)일 때(火生土)
월지(月支)가 水(亥·子)이고 지반이 金(4·9)일 때(金生水)
월지(月支)가 木(寅·卯)이고 지반이 水(1·6)일 때(水生木)

11. 거 사(居死)

거사(居死)는 각 궁(宮)의 지반수, 즉 오행이 십이운성(十二運星 : 胞胎法) 중에서 사지(死地)에 해당하는 곳에 머물고 있는 것을 말한다(居尅·居衰와 같은 것으로 봄).

木(3·8)이 이궁(离宮)에 거하고 있을 때(木生火)
火(2·7)가 태궁(兌宮)에 거하고 있을 때(火尅金)
土(5·10)가 진궁(震宮)에 거하고 있을 때(木尅土)
金(4·9)이 감궁(坎宮)에 거하고 있을 때(金生水)
水(1·6)가 진궁(震宮)에 거하고 있을 때(水生木)

十二運星胞胎法

五行 \ 胞胎	水(1·6) 土(5)	火(2·7) 土(10)	木(3·8)	金(4·9)	
胞	巳(巽)	亥(乾)	申(坤)	寅(艮)	
胎	午(离)	子(坎)	酉(兌)	卯(震)	
養	未(坤)	丑(艮)	戌(乾)	辰(巽)	
生	申(坤)	寅(艮)	亥(乾)	巳(巽)	
浴	酉(兌)	卯(震)	子(坎)	午(离)	
帶	戌(乾)	辰(巽)	丑(艮)	未(乾)	
冠	亥(乾)	巳(巽)	寅(艮)	申(乾)	➡ 冠旺
旺	子(坎)	午(离)	卯(震)	酉(兌)	➡ 冠旺
衰	丑(艮)	未(坤)	辰(巽)	戌(乾)	
病	寅(艮)	申(坤)	巳(巽)	亥(乾)	
死	卯(震)	酉(兌)	午(离)	子(坎)	➡ 居死
葬	辰(巽)	戌(乾)	未(坤)	丑(艮)	➡ 居庫

12. 관   왕(冠旺)

관왕(冠旺)은 십이운성(十二運星) 중에서 관대(冠帶)와 제왕지(帝王地)에 해당하는 것을 말한다(相比되는 宮에 거하므로 旺生한 것임).
　木(3·8)이 간·진궁(艮·震宮)에 있을 때(木對木)
　火(2·7)가 손·이궁(巽·离宮)에 있을 때(火對火)
　土(5·10)가 곤·간·중궁(坤·艮·中宮)에 있을 때(土對土)
　金(4·9)이 곤·태궁(坤·兌宮)에 있을 때(金對金)
　水(1·6)가 감·건궁(坎·乾宮)에 있을 때(水對水)

13. 거   고(居庫)

거고(居庫)는 십이운성(十二運星) 중에서 장지(葬地)에 해당하는 것이다. 이는 죽어서 땅 속에 묻고 장사 지낸다는 뜻이므로 전후좌우가 막혀 활동하지 못하는 상태를 말한다.
　木(3·8)이 곤·미궁(坤·未宮)에 있을 때(亥卯未·木庫)
　火(2·7)가 건·술궁(乾·戌宮)에 있을 때(寅午戌·火庫)
　土(5·10)가 손·진궁(巽·辰宮)에 있을 때(申子辰·土庫)
　金(4·9)이 간·축궁(艮·丑宮)에 있을 때(巳酉丑·金庫)
　水(1·6)가 손·진궁(巽·辰宮)에 있을 때(申子辰·水庫)

14. 승   수(乘囚)

승수(乘囚)는 사주월지(四柱月支)가 각 궁(宮)의 지반수를 극(尅)하고 있어 갇히는 것이다(乘旺과 반대로 쇠약한 것임). 승극(乘尅)과 같은 것이다.
　월지(月支)가 申·酉(秋)이고 지반이 木(3·8)일 때(金尅木)

월지(月支)가 亥·子(冬)이고 지반이 火(2·7)일 때(水尅火)
월지(月支)가 寅·卯(春)이고 지반이 土(5·10)일 때(木尅土)
월지(月支)가 巳·午(夏)이고 지반이 金(4·9)일 때(火尅金)
월지(月支)가 辰·戌·丑·未(四季)이고 지반이 水(1·6)일 때
(土尅水)

15. 겸　왕(兼旺)

겸왕은 동궁(同宮) 내의 천반과 지반이 서로 같은 오행으로
되어 있는 것이다. 수생(受生)의 작용보다 조금 더 왕생(旺生)
한 것으로 본다.
천반이 木(3·8)이고 지반도 木(3·8)일 때(木對木)
천반이 火(2·7)이고 지반도 火(2·7)일 때(火對火)
천반이 土(5·10)이고 지반도 土(5·10)일 때(土對土)
천반이 金(4·9)이고 지반도 金(4·9)일 때(金對金)
천반이 水(1·6)이고 지반도 水(1·6)일 때(水對水)
이상 설명한 것 중에서 가장 왕생(旺生)한 것은 승왕(乘旺)·
거왕(居旺)·겸왕(兼旺)이고, 그 다음으로 왕(旺)한 것은 수생
(受生)·거생(居生)·승생(乘生)·관왕(冠旺) 등이다. 가장 쇠약
한 것은 거극(居尅)·승극(乘尅)·수극(受尅)·승수(乘囚) 등이며
조금 쇠약한 것은 거사(居死)·승쇠(乘衰)·거쇠(居衰)·거고(居
庫) 등이다.
비록 수극(受尅)되어 있을지라도 승왕(乘旺)·거왕(居旺) 또
는 거생(居生)하고 있다면 쇠약으로 논하지 않는다.

제 2 장
중궁론(中宮論)

1. 중궁의 작용

중궁(中宮)은 구궁(九宮) 중에서 중앙에 위치하여 각 팔방을 지배·통솔하는 총사령관과 같은 존재로 사진(四辰)과 함께 일국(一局)의 흥망성쇠를 결정짓는 데 관건이 되는 곳이다.

홍국기문(洪局奇門)을 해단(解斷)할 때 가장 중요한 궁(宮)으로, 중궁(中宮)이 팔방의 길흉에 끼치는 영향은 지대하므로 기문(奇門)을 풀 때에 일진궁(日辰宮)의 왕쇠(旺衰)와 함께 맨 처음 살펴보아야 한다.

중궁(中宮)은 팔방을 변화시키고 변동하는 데 근본적인 역할을 담당하니 중궁과 타궁(他宮)과의 상호 관계, 즉 오행의 생극지리(生尅之理)를 세밀하게 관찰해야만 정확한 판단을 기할 수 있다.

팔방에서 대충(對沖)되는 궁은 서로 직접적으로 중궁(中宮)을 통해서 영향을 줄 수 있는데, 대충방(對沖方)은 감궁(坎宮 : 子)과 이궁(离宮 : 午), 간궁(艮宮 : 丑)과 곤궁(坤宮 : 未), 손궁(巽宮 : 辰)과 건궁(乾宮 : 戌), 진궁(辰宮 : 卯)과 태궁(兌宮 : 酉) 등지를 말한다. 즉, 대충방(對沖方)의 길흉은 중궁이 교량 역할을 해주느냐 못 해주느냐에 따라 나타나게 된다.

기문법(奇門法)에서 동(動)이라 하는 것은 중궁(中宮)이나 타궁(他宮)을 통하지 않고도 자기 스스로 유동하여 일진궁(日辰宮)에 직접적으로 영향을 끼치는 사진(四辰), 즉 세궁(歲宮)·월궁(月宮)·일진궁(日辰宮)의　천반(天盤)·시궁(時宮)·중궁(中宮)의 천·지반(天·地盤) 등을 말하는 것이다. 그리고 이외의 궁은 반드시 중궁(中宮)을 거쳐서, 또는 근접해 있는 궁에 생극(生剋)의 영향을 행사할 수 있는 것이다.

일진궁(日辰宮)과 대충(對冲)되는 궁에 동하고 있으면서 중궁(中宮)을 통해서 일진궁(日辰宮)을 생극(生剋)하게 되면 다른 어느 때보다도 생극(生剋)의 영향은 크다고 본다.

일진궁과 대충되는 궁에서 부모가 동하고 있더라도 중궁(中宮)이 일진궁과의 통로를 차단하고 있으면 부모가 비록 동하여 일진궁을 생조(生助)해 준다고는 하나 미약한 것이다. 고로 부모와 인연이 박하여 일찍이 이별하게 되거나 학업 중단과 같은 흉사가 있다고 본다. 이것을 도판(圖板)에 나타내면 다음과 같다.

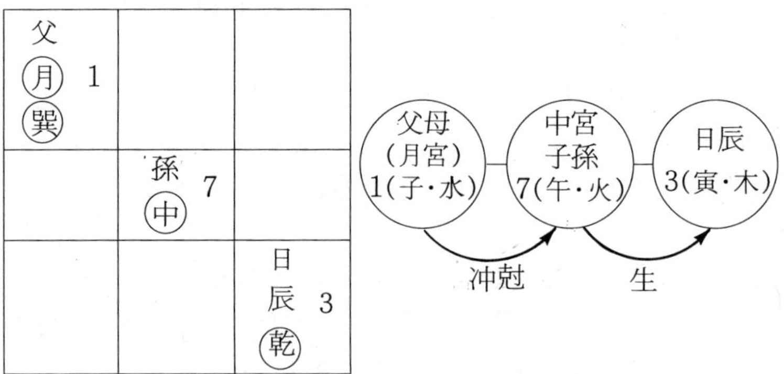

월궁(月宮)에서 부모(1)가 일진궁(日辰宮)의 대충방(對冲方)이 되는 곳에 거하고 있어 일진궁을 생조(生助)하려 하나 중궁(中宮)과 부모가 상충극(相冲剋)하고 있으니 동하나 대충방(對冲方)에 있으므로 반드시 중궁을 통해야만 일진궁과 교접할 수

가 있는 것인데, 이것은 중궁(中宮)이 통로를 차단하고 있는 경우이다.

〔대충방(對沖方)의 통로가 막힌 경우〕

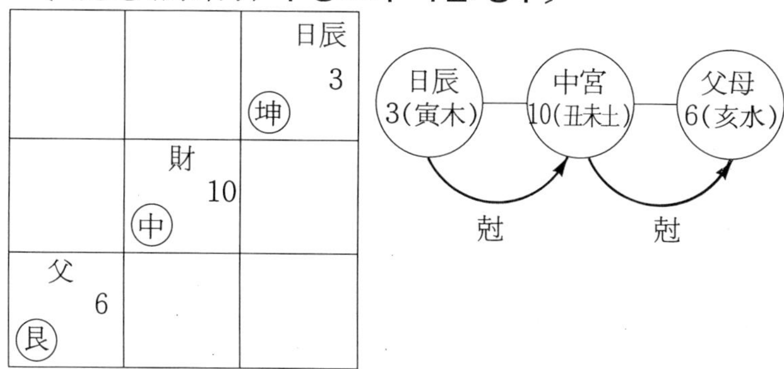

일진궁의 대충방(對沖方)인 간궁(艮宮)에 부모(6)가 동하지 않고 있으므로 반드시 중궁(中宮)을 거쳐야만 일진궁을 교접할 수 있는데, 중궁에 재성(財星·10)이 있어 부모(6)를 土尅水하고 일신궁이 중궁(10)을 木尅土하니 통로가 막혀 있다. 고로 부모가 일진궁을 생조(生助)해 주지 못한다. 그러므로 부모와 인연이 박한 것으로 본다.

〔대충방(對沖方)의 통로가 뚫린 경우〕

관귀(官鬼)가 일진궁의 대충방(對冲方)인 곤궁(坤宮)에서 일진궁을 극파(尅破)하려고 하나 동하지 않고 있으므로 반드시 중궁(中宮)을 거쳐야 한다.

관귀(官鬼)가 중궁(中宮)의 부모(7)를 생조(生助)하여 중궁이 일진궁(10)을 생조(生助)해 주므로 화살(化殺)이 되어 관귀(官鬼)가 극(尅)하지 않고 도리어 생조하니 귀(鬼)를 다스릴 수 있으므로 길하다.

〔中宮을 통해 尅을 받아도 크게 破尅 당하지 않는 경우〕

財 3 震	官 7 中	日辰 4 兌

일진궁(4 : 酉金)이 거왕(居旺)하므로 파극(破尅)당하지 않는다.

일진궁(4)이 본래 오행의 자리에 거하고 있을 때는 중궁(中宮)을 통해 극(尅)을 받는다 하여도 크게 파극(破尅)당하지 않는다(즉, 거왕이 되었을 경우를 말함).

4·9(金)가 태궁(兌宮 : 酉)에 있을 때

3·8(木)이 진궁(震宮 : 卯)에 있을 때

2·7(火)이 이궁(离宮 : 午)에 있을 때

1·6(水)이 감궁(坎宮 : 子)에 있을 때

5·10(土)이 곤궁(坤宮 : 未申)에 있을 때에는 생왕(生旺 : 居旺)한 것인데, 아울러 수생(受生)·승왕(乘旺)·승생(乘生)·겸왕(兼旺)되어 있으면 아무리 극(尅)을 해도 크게 극(尅)하지 못한다.

〔크게 破尅 당하는 경우(즉, 大尅의 경우)〕

日辰 　4 ㉘震	官 　7 ㊥	財 　3 ㊫兌

　보통의 극(尅)보다 더욱 심하게 파극(破尅)을 받는 경우로서 일진궁(4 : 酉金)이 진묘궁(震卯宮)의 충극지(冲尅地)에 거하고 있어 불안한데, 여기에다 또 중궁(中宮)을 통해 극(尅)을 당하는 것이니 심하게 파극(破尅)당했다고 보는 것이다. 즉, 이것은 충극지(冲尅地)에 거하고 있으며 다시 극(尅)을 받는 경우를 말하는 것으로, 오행에 해당되는 충극지(冲尅地)는 다음과 같다.

　3(木)이 곤궁(坤宮)에 있을 때
　8(木)이 태궁(兌宮)에 있을 때
　2(火)가 건궁(乾宮)에 있을 때(감궁도 포함)
　7(火)이 감궁(坎宮)에 있을 때
　5(土)가 진궁(震宮)에 있을 때
　10(土)이 진궁(震宮)에 있을 때
　4(金)가 진궁(震宮)에 있을 때(이궁도 포함)
　9(金)가 간궁(艮宮)에 있을 때(이궁도 포함)
　1(水)이 이궁(离宮)에 있을 때
　6(水)이 손궁(巽宮)에 있을 때

2. 궁체론(宮体論)

중궁(中宮)의 천반수(天盤數)를 궁(宮)이라 하고, 궁은 밖의 일을 주관하고 찾아오는 손님과 같은 존재로 보며 먼저 움직여서 활동하는 것을 말한다.

중궁의 지반수를 체(体)라 하는데, 체는 안팎의 일을 주관하고, 집주인〔主〕으로서 집 안에 앉아서 손님〔客〕을 맞이하는 상태와 같이 나중에 일어나 움직이는 것을 말한다.

궁(宮)이 왕생(旺生)하면 외부적인 일을 추진함에 길하고, 체(体)가 왕생하면 내부적인 일을 추진함에 길하다.

궁(宮)이 쇠약하면 외부적인 일, 즉 앞장 서서 활동하는 일에 불리하고, 체(体)가 쇠약하면 내부적인 일을 추진함에 불리하다.

평생사주국(平生四柱局)이나 일년신수국(一年身數局)에서 궁·체(宮·体)가 일진궁을 생조(生助)하면 길격(吉格)으로, 가정적으로나 사회적으로 영달하고 발전한다. 특히 자기 자신에게 길하다.

궁·체(宮·体)가 형제궁을 생조하면 친구·형제·동료·동업사(同業事) 등에 길하고 구재(求財)와 구처(求妻)에는 불길하므로 손재하기 쉽다.

궁·체(宮·体)가 재성궁(財星宮)을 생조하면 재물(財物)·처(妻) 등에 길한데, 길격(吉格)이면 부자가 되고 흉격(凶格)이면 돈과 처로 인하여 고생이 많다.

궁·체(宮·体)가 부모궁을 생조하면 문서·서류·허가(許可)·학업 등에 관한 일에 길하다.

궁·체(宮·体)가 관성궁(官星宮)을 생조하면 구직·승진·명예·관직·사업 경영 등에 길한데 일진궁(日辰宮)이 왕생(旺生)함을 요한다.

궁·체(宮·体)가 관귀궁(官鬼宮)을 생조하면 질병·관재구설·시비·사고 등 흉사가 발생하는데, 일진궁이 왕생(旺生)하면 화길(化吉)하여 관직·명예 등에 길하다.

평생국(平生局)이나 신수국(身數局)에서 세궁(歲宮)과 중궁(中宮)이 일진궁을 생조하거나, 세궁이 중궁을 생하고 중궁이 일진궁을 생하고 있으면 길격으로 본다. 그러나 세궁과 중궁이 일진궁을 극(尅)하거나 세궁이 중궁을 생하여 중궁이 일진궁을 극하면 흉격이 되어 만사불성하게 된다. 그러므로 세궁과 중궁과 일진궁이 상생(相生)되어 있으면 대길하고 상극하고 있으면 흉한 것이니, 이 세 개의 궁을 잘 살펴보면 쉽게 일국(一局)의 대요(大要)를 짐작할 수 있다.

3. 중궁 육친론

기문(奇門)을 포국(布局)한 뒤에 중궁(中宮)에서 동하고 있는 육친(六親)을 보면 일국(一局)에서 발생되는 문제를 파악할 수 있다. 관성(官星)이 중궁에서 동하면 직업·사업·명예사 등에 길한데 일진궁이 왕생(旺生)한 연후라야 한다.

재성(財星)이 중궁에서 동하면 구재(求財)·처첩사(妻妾事)·연애사(戀愛事) 등의 문제가 발생하는데 길흉은 격(格)에 따라 다르게 나타난다.

자손이 중궁에서 동하면 자식·구재에는 길하나 관직사(官職事)·구직에는 불리하다.

형제가 중궁에서 동하면 동업·대인 관계 등에는 길하나 여자를 취하거나 구재함에는 불리하다. 관귀(官鬼)가 중궁에서 동하면 대개가 모두 흉하다.

일년신수국(一年身數局)의 중궁에서 동하고 있는 육친을 보아서 그 해 일년간 발생할 문제를 추리한다. 예를 들어 중궁에서 재성(財星)이 동한 해에는 여자 문제·재물 문제·처 문제 등이 있을 것이라고 보는데, 세궁(歲宮)과 일진궁 천반에서 동하고 있는 육친과 연국(煙局)의 일간(日干)에 해당하는 육친 그리고 행년궁(行年宮)에 있는 육친을 아울러 참고해야만 정확을 기할 수 있다.

또한 중궁의 오행수로 일년 동안 발생할 문제를 추리하는 방법이 있으니 다음과 같다.

중궁에 水(1·6)가 동하면 여행·원행(遠行)·주색·도적·음식 등의 문제가 있게 된다. 중궁에 水(1·6)가 동하면 만사가 불길한 것인데 비록 부모로 되어 있어도 흉하다. 왜냐하면 水(1·6)는 본시 현무(玄武)라 하여 도적과 같은 존재로 보기 때문이다.

중궁에 火(2·7)가 동하면 관재구설·시비·문서·소송 등의 문제가 발생한다.

중궁에 金(4·9)이 동하면 군사·군인·경찰·철물·금전 등의 문제가 발생한다.

중궁에 土(5·10)가 동하면 토지·전답·곡식·약초·사람·질병 등의 문제가 발생한다.

또한 중궁에 들어가 있는 연국(煙局)의 사간(四干)을 보고 일년중에 발생될 문제를 판단하는 방법이 있다.

일간(日干)이 중궁에 있으면 자기 자신·집안·처 등에 문제가 있게 된다.

시간(時干)이 중궁에 있으면 아들·손아랫사람·조카 등에 관한 문제가 있게 된다.

월간(月干)이 중궁에 있으면 형제·친우·동료·동업 등에 문제가 발생한다.

세간(歲干)이 중궁에 있으면 부모, 국가의 중요 인물, 관청 등과 관련된 일이 생긴다.

평생국(平生局)에서 庚과 丙이 중궁에 있으면 흉명(凶命)이 되기 쉽고, 신수국(身數局)에서 丙·庚이 중궁에 들어오면 질병·관재·재앙 등의 흉사가 발생되는데, 丙이나 庚 중 어느 하나라도 불길한 것이다.

이상의 중궁 판단의 원리는 평생국(平生局)·신수국(身數局)뿐만 아니라 월국(月局)·일국(日局)·시국(時局), 그리고 각종 점사시(占事時)에 준용(準用)한다.

제 5 편

육친론(六親論)

제1장
육친정론(六親定論)

1. 육친을 정하는 방법

홍국(洪局)에서의 육친(六親)은 일진궁지반수(日辰宮地盤數)를 중심으로 하여 각 궁(宮)의 지반수에 해당 육친을 정한다.

〔**六親定法**〕

生我者父母　　尅我者官星(陽對陰, 陰對陽)

我生者子孫　　　　官鬼(陽對陽, 陰對陰)

比和者兄弟

我尅者財星

일진지반수(日辰地盤數)를 생조(生助)하는 오행을 부모라고 한다.

일진지반수가 생조해 주는 오행을 자손이라 한다.

일진지반수와 같은 오행을 형제라 한다.

일진지반수가 극(尅)하는 오행을 재성(財星)이라 한다(陽對陽, 陰對陰이면 財鬼라 하고 陰對陽, 陽對陰이면 財星이라 한다).

일진지반수를 극(尅)하는 오행을 관성(官星)이라 한다(陽對陽, 陰對陰이면 官鬼라 하고 陽對陰, 陰對陽이면 官星이라 한다).

예를 들어 일진지반수가 6이라면 6은 水이므로 水(6)가 극(尅)하는 2·7(火) 지반수에 재성(財星), 水(6)가 생하는 3·8

(木)이 자손, 水(6)를 극하는 5·10(土)이 관성(官星), 水(6)와 같은 오행인 1·6(水)이 형제가 된다. 그런데 일진인 6(水)이 음수이므로 10(土)이 관귀(官鬼)가 되고, 2(火)가 재귀(財鬼)가 된다.

다음의 육친조견표(六親早見表)를 참고하면 쉽게 육친을 정할 수 있다.

일진궁(日辰宮)과 중궁에 있어서는 천반수상(天盤數上)에도 육친을 정하여 참론(參論)한다. 또한 세지궁(歲支宮)을 윗사람·부모로 보고, 월지궁(月支宮)을 형제·자매·친구 등으로 보고, 시지궁(時支宮)을 자식·하수인으로 보기도 한다.

연국(煙局)에서는 일간(日干)으로 본인·형제·친우를 보고, 월간(月干)으로 형제·백숙(伯叔)을 보며, 연간(年干)으로 부모·

六親早見表

日辰數 地盤數	一 (水)	二 (火)	三 (木)	四 (金)	五 (土)	六 (水)	七 (火)	八 (木)	九 (金)	十 (土)
一(水)	世(本人)	官星	父母	子孫	財鬼	兄弟	官鬼	父母	子孫	財星
二(火)	財星	世(本人)	子孫	官鬼	父母	財鬼	兄弟	子孫	官星	父母
三(木)	子孫	父母	世(本人)	財星	官鬼	子孫	父母	兄弟	財鬼	官星
四(金)	父母	財鬼	官星	世(本人)	子孫	父母	財星	官鬼	兄弟	子孫
五(土)	官鬼	子孫	財鬼	父母	世(本人)	官星	子孫	財星	父母	兄弟
六(水)	兄弟	官鬼	父母	子孫	財星	世(本人)	官星	父母	子孫	財鬼
七(火)	財鬼	兄弟	子孫	官星	父母	財星	世(本人)	子孫	官鬼	父母
八(木)	子孫	父母	兄弟	財鬼	官星	子孫	父母	世(本人)	財星	官鬼
九(金)	父母	財星	官鬼	兄弟	子孫	父母	財鬼	官星	世(本人)	子孫
十(土)	官星	子孫	財星	父母	兄弟	官鬼	子孫	財鬼	父母	世(本人)

각 六親의 의미

日辰宮(世)	본인, 가정, 처첩, 친구, 격국(格局), 남편, 성격
兄弟宮	형제자매, 친구, 동료, 손재(損財), 남편의 첩, 대인 관계
子孫宮	자식, 조카, 재물, 실직, 장모, 의원(醫員), 관재(官災), 하수인
官星·官鬼宮	사고(事故), 살상, 질병, 도적, 재난, 관직, 명예, 기질
財星·財鬼宮	재물, 처첩, 관직, 손재(損財), 주색, 시부모
父母宮	부모육친, 문서, 학업, 인기(人氣)

군부(君父)를 보고, 시간(時干)으로 처첩·자식·하수인 등을 본다. 천지반(天地盤)의 사간(四干)을 모두 보아야 한다. 혹은 직부(直符)로 본인을 보고, 직리(直吏)로 처첩을 보기도 한다.

제 2 장
육친의 판단

1. 형제론(兄弟論)

　나와 상비(相比)되는 오행을 형제라 하므로 일진수가 3·8
(木)이면 3·8(木)이 형제이다. 또한 월간(月干)은 형제라 하고
월지(月支)는 자매라 한다. 이 중에서 양수는 형제로 보고 음수
는 자매로 본다.
　형제·월간(月干)·월지(月支)로써 형제·동료의 운을 살핀다.
　① 형제수(兄弟數)가 승왕(乘旺)·거왕(居旺)·겸왕(兼旺)하고
길문괘(吉門卦)가 동궁(同宮)하면 형제가 서넛 이상 되고 발전
한다.
　형제수가 승왕(乘旺)·거왕(居旺)·수생(受生)되고 생문(生門)·
생기(生氣)가 동궁(同宮)하면 형제가 왕성하다.
　이와 같이 형제가 왕생하면 형제자매가 여러 명(5~6명 이
상) 있다고 본다.
　② 형제가 사절지(死絶地)에 있고 승극(乘尅)·승사(乘死)·승
휴(乘休)되어 있으면 형제가 없다.
　중궁지반(中宮地盤)이 형제수를 상극(相尅)·상충(相冲)하고
있으면 형제가 곤고(困苦)하고 무덕하다.
　형제가 공망(空亡)되면 형제가 없거나 형제가 있더라도 무록
(無祿)하고 일찍이 이별하게 된다.

　형제궁에 사문(死門)·절명(絶命)이 동궁하면 흉사를 많이 겪게 되고 발전하기 어렵다.

　형제궁이 수극(受尅)되어 있거나 휴문(休門)을 동궁하면 형제가 없어 외롭게 지낸다. 형제궁이 태지(胎地)에 있어도 외로운 명(命)이다.

　형제일진궁(兄弟日辰宮)이 양지(養地)에 거하고 있으면 양자(養子)의 명(命)이라 한다.

　형제가 4·9(金)로 되어 있거나 부모수가 4·9(金)로 되어 있으면 이복형제가 있게 된다.

　형제수가 상비(相比)되어 있으면 출입이 빈번하고 친구·동료가 많다. 아울러 길문괘(吉門卦)가 동궁하면 길하고, 흉문괘(凶門卦)가 동궁하면 손재하게 된다.

　형제가 왕생할 때 재성(財星)이 쇠약하면 파재(破財)하게 되며 결혼운도 불리하다.

　월간(月干)과 월지(月支)가 왕상궁(旺相宮)에 거하고 있으면 형제가 왕성하고 쇠사지(衰死地)에 거하면 형제가 없거나 무덕하다.

　③ 월간(月干)에 六庚이 가(加)하면 형제나 본인이 형액(刑厄)을 당한다.

　월간에 六癸·六丙이 가(加)하면 관액수(官厄數)가 발생한다.

　월간의 천지반기의(天地盤奇儀)가 상극(相尅)·상충(相冲)되어 있으면 형제에게 흉사가 발생한다.

　형제궁에 임한 팔문(八門)이 궁(宮)을 극(尅)하면 고독한 명이다.

　형제수가 九金으로 되어 있으면 평생 고생이 많고 고독한 명이다.

　④ 월간(月干)과 월지(月支)가 승사(乘死)·거사(居死)되어 있고 흉문괘(凶門卦)가 동궁하면 형제간에 우애가 없고 형제수

가 수극(受尅)·공망(空亡)되어도 형제간에 불화한다.

2. 부모론(父母論)

나를 생(生)하는 오행을 부모라 하므로 일진수(日辰數)가 3·8(木)이면 1·6(水)이 부모가 된다. 또한 세지(歲支)와 세간(歲干)을 부모로 본다. 그러므로 부모의 길흉을 보려면 세간·세지·부모를 함께 논해야 한다. 이 중에서 양수(陽數)·양간(陽干)은 부(父)라 하고 음수(陰數)·음간(陰干)은 모(母)라 하니, 양간수(陽干數)가 왕생하면 부(父)가 장대(長大)하고 음간·수(陰干·數)가 왕생하면 모(母)가 장대하다.

① 부모수(父母數)가 승왕(乘旺)·거왕(居旺)·수생(受生)되어 있으면 부모가 장수하고 아울러 생문(生門)·생기(生氣)·개문(開門)·복덕(福德)·천의(天醫) 등의 길문괘(吉門卦)가 동궁하면 부귀를 겸전(兼全)한다. 본인에게도 길하며 부가출신(富家出身)이라 한다.

② 부모수가 승극(乘尅)·거사(居死)·수극(受尅)되어 있으면 조실부모하기 쉽고 절명(絶命)·사문(死門)·상문(傷門)·휴문(休門)·절체(絶体)·화해(禍害) 등의 흉문괘(凶門卦)가 동궁하면 대흉한 것인데, 본인에게도 흉하고 빈가출신(貧家出身)이라 한다.

③ 부모수가 4·9(金)이거나 1·6(水)이면 이부모(異父母)를 섬기거나 양자(養子)의 명(命)이 되기 쉽다.

부모수가 5·10(土)으로 되어 무기기의(戊己奇儀)와 동궁하여 왕생하면 부가출신(富家出身)이라 한다.

중궁(中宮)에서 부모가 동하고 있으면 어릴 때 부모에게 문제가 있게 되는데, 주로 우여곡절이 많다는 것이니 번잡하고 흉한 일이다.

④ 丙과 庚이 세지(歲支)·세간(歲干)에 있으면 부모에게 우환이 있게 된다.

부모가 사절지(死絶地)에 거하면 부모에게 근심이 끊이지 않는다.

세지궁(歲支宮)에 7(火)·9(金)가 있어 예기(洩氣)되고, 세지궁(歲支宮)의 천지반(天地盤)이 5(土)·7(火)·9(金)로 되어 쇠약하면 부모에게 질액(疾厄)이 따른다.

세지궁(歲支宮) 천반(天盤)에 5·10(土), 7(火), 9(金) 등이 임해 있어도 부모에게 우환이 있다.

부모궁에 절명이 있으면 흉한데, 생문(生門)이 동궁하면 화길(化吉)하니 팔문(八門)을 위주로 보기 때문이다.

세지(歲支)·세간(歲干)이 승왕(乘旺)·거왕(居旺)·수생(受生)하고 길문괘(吉門卦)를 득하여 길격을 이루고 있으면 대길하다.

⑤ 부모궁에 절체(絶体)가 있으면 부모 질병수요, 화해(禍害)가 있으면 우환수요, 유혼(遊魂)·역마(驛馬)가 있으면 분주다사(奔走多事)할 수다.

부모가 공망지(空亡地)에 거하면 부모와 인연이 박하고 학업도 중단되며 조실부모한다.

부모가 세궁(歲宮)에 있어 사문(死門)·절명을 동궁하면 조실부모하기 쉽다.

부모가 중궁(中宮)에서 동하고 세궁(歲宮)에 사문(死門)·절명이 있으면 조실부모한다.

부모수(父母數)를 중궁(中宮)이 충극(沖尅)하면 부모 무덕하고 부모와 자식간에 충돌 시비가 많다.

부모궁에 사문(死門)·절명이 동궁하고 수극(受尅)되어 쇠약하면 일찍이 부모를 여의게 된다.

⑥ 부모수가 쌍구(雙九)·쌍칠(雙七)·쌍오(雙五)로 되어 있으면 부모가 횡액을 당하여 흉사하기 쉽다.

양시자(陽時者)의 시궁수(時宮數)가 양수이면 부선망(父先亡)하고, 음수이면 모선망(母先亡)한다.

음시자(陰時者)의 시궁수(時宮數)가 양수이면 부선망(父先亡)하고 음수이면 모선망(母先亡)한다.

부모의 사망 시기를 알려면 양둔자(陽遁者)는 부모수를 중궁(中宮)에 넣고 역으로 지반기의(地盤奇儀) 庚에 이른 수로 결(決)하고, 음둔자(陰遁者)는 부모수를 중궁에 넣고 역으로 천반기의(天盤奇儀) 庚에 이른 수로 결(決)하는데 4이면 신·유년(辛·酉年)이라고 본다.

⑦ 중궁에 자손이 왕생하여 동하고 세궁(歲宮)에 부모가 있으면 부모와 불화하고 부모에게 근심이 많다.

세궁(歲宮)에서 자손이 왕동(旺動)하고 중궁에 부모가 쇠약하면 부모 무덕하고 불화하게 된다.

일진궁 천반(日辰宮天盤)과 중궁에서 자손이 동하고 있어도 마찬가지로 논한다.

쌍부모(雙父母)가 중궁에서 동하면 화살격(化殺格)으로 본인이 대발(大發)하게 되는데, 부모수가 쌍오(雙五)·쌍칠(雙七)·쌍금(雙金)으로 되어 있으면 조실부모하기 쉽다.

부모궁의 천지반수(天地盤數)가 상충(相冲)하고 승극(乘剋)·거사(居死)되어 있으면 부모에게 재난이 많이 따르고 빈한하게 산다.

세간기의(歲干奇儀)가 흉격이고 홍국부모수(洪局父母數) 또한 쇠약하여 흉하면 육친무덕(六親無德)하고 만사불성한다.

⑧ 부모가 겸왕(兼旺)·거왕(居旺)·승왕(乘旺)하고 재성(財星)이 수극(受剋)·거극(居剋)·승극(乘剋)되거나 공망(空亡)되어 있으면 빈한하게 산다. 아울러 자손이 쇠약하면 극빈하고 의지력이 부족하며 게으르다.

여명(女命)에서 부모가 태왕(太旺)하면 자식에게 해로운데

자손이 수극(受尅)·승극(乘尅)·거사(居死)·공망(空亡)되면 자
식을 낳거나 기르기 어렵다.

3. 재성론(財星論)

내가 극(尅)하는 오행을 재성(財星)이라 하므로 일진수가 3·
8(木)이면 5·10(土)이 재성(財星)이 된다. 또한 기의(奇儀) 중
에서 戊(土)·己(土)를 재(財)라 하고 생문(生門)·생기(生氣)
를 산재(産財)라 한다. 그러므로 재성궁(財星宮)·戊·己·생문
(生門)·생기(生氣)를 함께 보아서 재물의 득실을 논한다. 그리
고 재성(財星)은 처첩·이성의 운도 보게 된다.

재성(財星)을 세분하면 재성(財星)과 재귀(財鬼)로 나누어지
는데, 일진수가 양수이고 재수(財數)가 양수면 재귀(財鬼)라 하
여 주로 손재(損財)·작첩(作妾) 등을 의미한다. 또한 일진수가
양수이고 재수(財數)가 음수이면 정재(正財)·재성(財星)이라
하여 본처, 정직한 수입 등을 의미한다. 그러나 보통 동일한 의
미로 본다.

陽對陽, 陰對陰이면 財鬼라 하고,

陽對陰, 陰對陽이면 財星이라 한다.

(1) 부자(富者)의 명(命)

① 일진이 승왕(乘旺)·거왕(居旺)·수생(受生)하고 재성(財
星)이 동하여 승왕(乘旺)·거왕(居旺)·겸왕(兼旺)한 자.

② 일진이 왕생하고 재성(財星)이 중궁(中宮)에서 동한 자.

일진이 왕생하고 세궁(歲宮)이 왕동(旺動)한 재성(財星)을
생하는 자.

일진이 왕생하고 세월(歲月)이 왕동(旺動)한 재성(財星)을
생하는 자.

③ 쌍인(雙印)이 중궁(中宮)이나 세궁(歲宮)에 있고 재성(財星)이 왕생한 자.

일진이 왕생하고 일진천반(日辰天盤)과 중궁에 재성(財星)이 동한 자.

쌍인(雙印)이 중궁에서 동하고 일진천반(日辰天盤)과 사진(四辰) 중에서 재성(財星)이 동한 자.

쌍재(雙財)가 중궁에서 동하고 쌍인(雙印)이 국중(局中)에 있거나 일진이 승왕(乘旺)·거왕(居旺)·겸왕(兼旺)한 자.

④ 중궁(中宮)에서 쌍자손(雙子孫)이 동하여 재성(財星)을 생조(生助)하고 일진이 왕생한 자.

중궁에 단자손(單子孫)이 동하고 일진과 재성(財星)이 왕생한 자.

재성(財星)이 왕생하여 월지(月支)의 고(庫)에 임한 자.

재성(財星)이 왕생하고 길문괘(吉門卦)가 동궁한 자.

⑤ 일진이나 재성(財星)이 5·10(土)으로 되어 戊·己가 가임한 자.

재성(財星)이 왕생하면 관성(官星)을 생하므로 관직사(官職事)에도 대길하다.

길격자(吉格者)와 화살격자(化殺格者)는 대개가 부귀하게 된다.

⑵ 빈자(貧者)의 명(命)

일진이 승극(乘尅)·수극(受尅)·거극(居尅)되어 있고 재성(財星)이 왕동(旺動)한 자.

일진의 천지반(天地盤)이 상충(相沖)되어 있고 재성(財星)이 쇠약한 자.

사진(四辰)에서 쌍금(雙金)·쌍칠(雙七)이 상극(相尅)하고 있는 자.

일진이나 중궁에 도화(桃花)·함지(咸池)가 있고 재성(財星)에 화해(禍害)가 동궁한 자는 주색으로 패가망신하기 쉽다.

재성(財星)이 공망(空亡)된 자는 비록 왕생하더라도 손재·산재수(散財數)를 면하기 어렵고, 겸왕(兼旺)하고 거왕(居旺)·승왕(乘旺)할 때에는 공망(空亡)으로 논하지 않는다.

재성궁(財星宮)에 사문(死門)·상문(傷門)·절명(絶命)·화해(禍害)가 동궁한 자는 재물의 낭비와 손재·파재수(破財數)가 있다.

세궁(歲宮)의 재성(財星)이 중궁에 있는 관귀(官鬼)를 생하고 있는 자는 재물로 인한 재난을 당하거나 파재(破財)하게 된다.

재성(財星)이 수극(受尅)·거극(居尅)·승극(乘尅)되어 있고 공망(空亡)되어 있으면 평생 금전으로 인한 고통을 많이 겪는다.

중궁의 재성(財星)이 세궁(歲宮)에 있는 관귀(官鬼)를 생한 자는 주색패가(酒色敗家)하기 쉽다.

재성(財星)이 예기(洩氣)되어 있으면 재물의 허비가 많다.

재성(財星)이 공망지(空亡地)에 있고 일진이 허방(虛方)에 있으면 가업을 꾸려 나가기 어렵다. 또는 재성(財星)이 허방(虛方)에 있고 일진이 공망(空亡)되어 있으면 빈곤하게 산다.

세궁(歲宮)이 재성(財星)을 극(尅)하는 자.

세궁이 중궁의 재성(財星)을 극하는 자.

세궁이 월(月)의 재성(財星)을 극하는 자.

월궁(月宮)이 세궁(歲宮)의 재성(財星)을 극하는 자.

세월궁(歲月宮)이 함께 재성(財星)을 극하는 자 등은 모두 재물운이 박하다.

재성수(財星數)가 1·6(水)이고 흉문괘(凶門卦)가 동궁한 자는 주색으로 인한 손재가 심하다.

재성궁(財星宮)에 丙·庚이 가임해 있고 재성(財星)이 쇠약하면 재화(財禍)를 면치 못한다.

⑶ **처첩론**(妻妾論)

재성(財星 : 正財)을 본처라 하고, 재귀(財鬼)를 첩이라 한다.

이궁천반(离宮天盤)을 남자로 보고, 감궁지반(坎宮地盤)을 여자로 본다. 그리고 기의(奇儀) 중에서 乙을 여자로 보고 庚을 남자로 보기도 하며, 일진천반(日辰天盤)을 남자라 하고, 일진지반(日辰地盤)을 여자로 하니 참론(參論)해야 한다. 이상이 상생(相生) 상합(相合)하면 남녀 부부간에 화평하고, 상극(相尅)·불합(不合)하면 불화하게 된다.

재성궁(財星宮)에 태음(太陰)·육합(六合)이 동궁하면 이성이 많이 따르고 결혼 후 색정 문제로 구설이 분분하다.

일진·중궁(中宮)·재성궁(財星宮) 등지에 태음(太陰)·육합(六合)·함지(咸池)·도화(桃花) 등의 살성(殺星)이 동궁하면 색정 문제로 구설시비가 분분하다.

재성수(財星數)가 1·6(水)이고 현무(玄武)·휴문(休門)·천봉(天蓬)이 동궁하고 역마(驛馬)·지살(地殺)이 임하고 을경(乙庚)이 동궁하고 있으면 작첩도주(作妾逃走)하게 된다.

재성궁(財星宮)에 乙辛이 동궁하고 유혼(遊魂)·경문(景門)·역마(驛馬)를 봉(蓬)하면 작첩(作妾)하여 도주하게 된다.

재성(財星)이 거왕생(居旺生)·수생(受生)하면 부부해로(夫婦偕老)하게 된다.

일진에 생문(生門)·생기(生氣)가 동궁하면 현모양처를 얻는다.

재성(財星)이 중궁에서 동하고 일진이 왕생하면 양처(良妻)를 얻고 관직에도 길하다.

재성(財星)이 승극(乘尅)·거극(居尅)·수극(受尅)되어 있으면 중년에 상처(喪妻)한다.

일진이 수극(受剋)되고 사문(死門)·절명이 동궁하면 상처(喪妻)한다.

일진이 승극(乘剋)·수극(受剋)·거극(居剋)되어 있고 길문괘(吉門卦)가 동궁하면 재혼한다.

일진이 공망(空亡)·거공(居空)되어 있고 쇠약하면 홀아비라 한다.

재성(財星)에 사문(死門)·절명·절체(絶体)·화해(禍害)·상문(傷門)이 동궁하면 상처(喪妻)한다.

중궁(中宮)에서 재귀(財鬼)가 왕동(旺動)하면 본처와 이별한다.

세궁(歲宮)이 중궁의 재귀(財鬼)를 생하면 본처와 해로하기 어렵다.

중궁에서 재귀(財鬼)가 왕동(旺動)하면 필히 득첩(得妾)하게 된다.

재성수(財星數)가 1·6(水)이면 화류계 여자를 취하기 쉽고 호색녀를 얻게 된다.

일진에 비해서 재성궁(財星宮)이 겸왕(兼旺)·거왕(居旺)·승왕생(乘旺生)하면 아내가 가권(家權)을 쥐거나 악처를 얻게 된다. 즉, 고집이 센 여자를 얻게 된다.

재성(財星)이 수극(受剋)되어 있고 공망(空亡)되면 상처(傷妻)하거나 재혼하게 되는 명이다.

재성(財星)이 왕동(旺動)하고 일진지반(日辰地盤)이 천반(天盤)을 상충극(相冲剋)하면 불화하고 악처를 만나 고생한다.

재성궁(財星宮)의 천지반(天地盤)이 상충(相冲)·상극(相剋)되어 있으면 처에게 병이 있거나 상처하거나 이별한다.

이궁(离宮)의 천반수(天盤數)와 감궁(坎宮)의 지반수(地盤數)가 상충(相冲)·火金 상전(相戰)하고 있으면 부부간에 불화하여 해로하기 어렵다. 상극(相剋)하는 경우도 마찬가지로 본다. 또는 상처(喪妻)·상부(喪夫)라 한다.

이궁(离宮)의 천반(天盤)을 남자로 보고 감궁(坎宮)의 지반(地盤)을 여자로 본다. 상비(相比)되어 있으면 내조의 공이 있다. 충극(冲尅)·火金 상전(相戰)을 특히 꺼린다.

결혼 시기를 알고자 하면 재성수(財星數)를 중궁(中宮)에 넣고 역으로 일진까지 계산하여 6(陰水)이며 亥年·癸年이라 한다. 여명(女命)은 관성수(官星數)를 중궁(中宮)에 넣고 역계(逆計)한다.

여명(女命)에서 일진에 비하여 관성(官星)이 태왕(太旺)하면 남편으로 인해 패가하게 된다. 또는 악부(惡夫)를 만나 고생한다.

일진이 수극(受尅)되고 목욕지(沐浴地)에 거하여 도화(桃花)·함지(咸池)·화해(禍害) 등을 동궁하면 음란하여 패가망신한다.

재성(財星)에 화해(禍害), 일진에 도화(桃花)·함지(咸池)가 동궁하면 색난(色難)을 당한다.

재성수(財星數)가 4·9(金)로 되어 있고 丙이나 庚이 임해 있으며 왕생하면 재화를 당한다.

재성궁(財星宮)에 乙庚이 합하고 함지(咸池)·도화(桃花)가 동궁하면 외방(外房)에서 득자(得子)한다. 또는 재화를 당하는 명으로 본다. 여명(女命)에서 관성궁(官星宮)에 乙辛이 동궁하면 남편이 작첩하여 본처를 버리고 도주한다(景門·遊魂·驛馬가 동궁함을 요함).

4. 자손론(子孫論)

내가 생(生)하는 오행을 자손이라 하므로 일진수가 3·8(木)이면 2·7(火)이 자손이 된다. 또한 시간(時干)과 시지(時支)를 자손으로 보므로 참론(參論)해야 한다. 그리고 손아랫사람으로도 본다. 일진수가 양수면 음수를 아들로 보고, 일진수가 음수면 양수를 아들로 본다. 이때 음수는 여식이 된다.

① 시간(時干)이나 자손궁(子孫宮)에 생문(生門)·생기(生氣)가 동궁하면 자식을 잘 생육하게 된다.

자손궁에 생문(生門)·생기(生氣)가 동궁하고 승왕생(乘旺生)·거왕생(居旺生)·수생(受生)되어 있으면 자식을 많이 두고 자손이 창성한다.

자손이 극왕(極旺)하여 동하면 자식이 많고 자손이 발전하나 관직의 진출에는 불리하다.

시간(時干)이나 시지궁(時支宮)이 왕상지(旺相地)에 거하고 길문(吉門)·길격(吉格)을 봉(蓬)하면 자손이 왕성하고 발전한다.

일진이 중궁(中宮)을 생하고 중궁(中宮)이 자손을 생하여 자손이 왕생하면 자식이 공명을 얻게 된다.

자손이 왕왕(旺旺)하면 여러 명을 두게 되고 쇠약하면 적은 수를 둔다.

② 자손수(子孫數)가 4·9(金)로 되어 있으면 이복자식을 두기 쉽다.

자손수가 1·6(水)이고 태지(胎地)에 거하고 임계(壬癸)가 동궁하면 외방(外房)에서 득자(得子)하게 된다.

자손수가 1·6(水)이고 壬癸가 가(加)하면 시력 장애를 가진 자식을 두게 된다.

자손수가 쌍금(雙金)·쌍화(雙火)·쌍토(雙土)·단구(單九)·단칠(單七)로 되어 동하면 자식에게 재난이 있고 고단하다. 또는 자식으로 인해서 고통을 받는다.

③ 자손이 왕상궁(旺相宮)에 거하면 일찍 득자(得子)하고, 휴지(休地)에 거하면 중년에 득자(得子)하고, 수지(囚地)에 거하면 말년에 득자(得子)한다.

부모가 극왕(極旺)하여 자손을 극(尅)하면 본인은 발전하나 자식과는 인연이 없다.

자손궁(子孫宮)이 수생(受生)되어 있더라도 시간(時干)이 사절묘지(死絶墓地)에 거하고 수극(受尅)되어 있으면 자식을 두지 못하고 낳더라도 생육불가(生育不可)한 것이다.

중궁지반수(中宮地盤數)가 세궁(歲宮)의 자손을 극(尅)하면 자식이 미약하고 이별하기 쉽다.

자손궁(子孫宮)이 수극(受尅)·거극(居尅)·승극(乘尅)되어 휴수지(休囚地)에 거하면 자식을 두기 어렵고 낳더라도 생육이 불가능하다. 더구나 공망(空亡)이 되면 더욱 흉하다.

자손궁에 丙·庚이 동궁하면 자식이 재앙을 당하게 된다. 시간(時干)에 천예(天芮)·천주(天柱)·휴문(休門)·상문(傷門)·丙·庚이 동궁하면 자식으로 인하여 근심 걱정이 많고 무자(無子)하기도 한다.

일진이 중궁(中宮)을 생하고 중궁이 세궁(歲宮)의 자손을 극(尅)하면 무자(無子) 또는 생육불가(生育不可)하게 된다.

④ 자손궁에 사문(死門)·절명이 있으면 무자(無子) 또는 자식이 요수(夭壽)한다.

자손궁 천반(天盤)에 관귀(官鬼)·관성(官星)이 임해 있으면 자식을 많이 상하게 된다. 아울러 수사지(囚死地)에 있으면 대흉하다.

자손궁에 상문(傷門)·화해(禍害)가 동궁하면 자식을 많이 상하게 되고 또는 자식에게 재난이 속출하게 된다.

자손궁이 수극(受尅)되어 있으면 자식을 두기 어렵고 여러 명이 상한다. 즉, 자식이 요수(夭壽)한다.

자손궁이 공망(空亡)되어 있으면 자식과 인연이 박하여 무자(無子) 또는 이별하기도 한다.

자손궁에 휴문(休門)이 있으면 자식을 두기 어렵다.

자손궁의 천지반(天地盤)이 7(火)과 9(金)로 상극(相尅)되어 있으면 자식과 이별하기 쉽거나 상자(傷子)한다.

여명(女命)에서 일진천반(日辰天盤)에 자손이 임하고 중궁(中宮)에서 자손이 동하면 자식·남편과 이별하게 된다. 또한 중궁(中宮)에서 왕동(旺動)하고 있어도 결혼에 실패하기 쉽다. 여명(女命)의 경우에 자손이 일진천반(日辰天盤)·중궁(中宮)·세궁(歲宮) 등지에서 동하면 남편과 인연이 박한데 관성(官星)과 자손이 7(火)과 9(金)로 상극(相尅)하면 자식을 낳은 후에 패가하게 된다. 이때 관성(官星)이 쇠약하거나 또는 일진에 비하여 관성(官星)이 태왕(太旺)하면 본인과 남편·자식간에 불화하여 파가(破家)하게 된다.

5. 관성론(官星論)

나를 극(尅)하는 오행을 관(官)이라 하므로 일진수가 3·8(木)이면 4·9(金)를 관(官)이라 한다. 이 중에서 양대양(陽對陽)·음대음(陰對陰)을 관귀(官鬼)라 하고 양대음(陽對陰)·음대양(陰對陽)을 관성이라 한다. 또한 세간(歲干)과 세지궁(歲支宮)을 관직으로 보므로 관성(官星)·세간(歲干)·세지(歲支)를 참론(參論)하여 관운(官運)을 보게 된다.

① 화살격자(化殺格者)와 길격자(吉格者)는 모두 관운(官運)이 대길하다.

세궁(歲宮)의 관성(官星)이 중궁(中宮)을 생하고 중궁(中宮)이 일진을 생하는 자.

중궁의 관성(官星)이 세궁(歲宮)을 생하고 세궁(歲宮)이 일진을 생하는 자.

세궁(歲宮)의 관성(官星)이 월궁(月宮)을 생하고 월궁(月宮)이 일진을 생하는 자.

세월궁(歲月宮)의 관성(官星)이 중궁(中宮)을 생하고 중궁

(中宮)이 일진을 생하는 자 등은 모두 등과하여 관직에 진출하여 발전하게 된다. 아울러 길문괘(吉門卦)가 동궁하면 더욱 길하다.

② 관성(官星)·세지궁(歲支宮)·일진(日辰) 등이 모두 왕생하면 관직에 대길하다.

재성(財星)이 중궁(中宮)에서 동하여 관성(官星)을 생하면 관운대통(官運大通)한다.

쌍재(雙財)가 중궁(中宮)에서 동하여 관성(官星)을 생하고 일진이 왕생하면 관운이 대길하다.

재성궁(財星宮)에 귀인(貴人)·녹성(祿星)이 임한 자, 재성(財星)이 중궁(中宮)에서 동하고 세귀(歲貴)가 일진에 임한 자, 일진천반(日辰天盤)에 재성(財星)이 임하고 세궁(歲宮)에 일귀(日貴)가 임한 자 등은 관운이 대통한다.

③ 관성(官星)이 왕생한 자, 관성(官星)에 귀인(貴人)·녹성(祿星)·역마(驛馬)가 있는 자, 국중(局中)에 쌍관성(雙官星)이 동한 자, 관성(官星)이 관대(冠帶)·제왕지(帝旺地)에 있는 자, 관성(官星)이 중궁(中宮)에서 동한 자 등은 임관(任官)한즉 발전하는데 일진이 왕생하고 재성(財星)의 생조(生助)를 받으며 길문괘(吉門卦)가 동궁하면 관운이 대길하다.

④ 관성(官星)이 왕상지(旺相地)에 있으면 진관(進官)하여 승진이 빠르다.

관성(官星)이 태양지(胎養地)에 있으면 승진(昇進)하기 어렵다.

관성(官星)이 쇠사지(衰死地)에 있으면 만년(晚年)에 관직을 얻는다.

세지(歲支)·중궁(中宮)의 관성(官星)이 왕동(旺動)하여 왕상지(旺相地)에 있으면 관운대길(官運大吉)하고 쇠사지(衰死地)에 거한즉 흉하다.

세지궁(歲支宮)에 개문(開門)·천의(天医)가 동궁하면 관운대통(官運大通)한다.

일간(日干)·세지(歲支)·세간(歲干)에 직부성(直符星)·길문괘(吉門卦)가 동궁하면 관직에 대길하다.

세지궁(歲支宮)에 생문(生門)·생기(生氣)·복덕(福德) 등의 길문괘(吉門卦)가 동궁한즉 관운대길(官運大吉)하다.

관성수(冠星數)가 3·8(木)이고 같은 오행의 기의(奇儀)인 甲·乙이 가(加)해 있으면 관왕(官旺)한 것으로 보므로 관운에 길하다.

관성수(官星數)가 4·9(金)이면 살성(殺星)인고로 일진이 왕생해야 살성(殺星)을 감당할 수 있으므로 세지궁(歲支宮)이 일진을 생하여 일진이 왕(旺)하면 권세를 잡는다.

⑤ 중궁(中宮)에 관성(官星)이 동하여 세궁(歲宮)에 두문(杜門)·휴문(休門)·귀혼(歸魂)이 동궁하고 있으면 임관하나, 파직당하고 관운이 불길하다.

세월이 아울러 관성(官星)을 극(尅)하면 관운이 불길하다.

중궁(中宮)이 세궁(歲宮)의 관성(官星)을 극(尅)하면 관직에 진출하여 흉함이 있다.

중궁(中宮)과 세궁(歲宮)이 상충극(相冲尅)하고 있으면 부모에게나 관운이 흉하다.

세지궁(歲支宮)과 관성궁(官星宮)이 공망(空亡)되면 관운불발(官運不發)하게 된다.

세지궁(歲支宮)에 사문(死門)·절명·상문(傷門)·경문(驚門)·화해(禍害)·절체(絶体) 등의 흉문괘(凶門卦)가 중중(重重)하면 관직사에 불길하다. 두문(杜門)과 귀혼(歸魂)이 있으면 중간에 파직당한다.

⑥ 일진궁(日辰宮)이 왕생하고 관성(官星)이 거왕생(居旺生)·승왕생(乘旺生)·겸왕(兼旺)·수생(受生)되어 있으며, 길문괘(吉

門卦)가 동궁하고 있으면 고관(高官)이라 한다.

사진궁(四辰宮)에 사문(死門)·절명 등의 흉문괘(凶門卦)가 중중(重重)하고 중궁(中宮)에 쌍귀(雙鬼)·단귀(單鬼)가 동하면 권세를 잡게 된다.

사진궁(四辰宮)이 모두 수생(受生)·승왕(乘旺)·겸왕(兼旺)· 거왕(居旺)되면 고관대작의 명(命)이 된다.

관성(官星)·관귀(官鬼)가 중궁(中宮)에서 동하면 활동성이 있고 분주한 일생을 보내는데, 흉격인 자는 실속과 명예가 없게 된다.

관성궁(官星宮)이 쇠약한데 공망(空亡)되면 관운(官運)이 없거나·관직에 나가더라도 승진하지 못한다.

일진이 무기(無氣)하고 쇠약한 자는 아무리 관성(官星)이 왕생하더라도 발복하지 못한다.

신수국(身數局)에서 관귀(官鬼)가 중궁(中宮)에서 왕동(旺動)하고 정관(正官)은 은복(隱伏)되어 있으면 관재구설, 질액(疾厄) 등의 흉사를 당한다.

관성(官星)이 일지(日支)를 충(冲)하면 직업상의 변동수로 본다.

관귀(官鬼)가 일지(日支)를 충(冲)하면 질병이 발생하거나 관재수(官災數)가 있다.

세궁(歲宮)에 개문(開門)·복덕(福德)이 동궁하고 있으면 관위승진(官位昇進)하고 유혼(遊魂)·생문(生門)·생기(生氣)가 동궁한즉, 관위(官位) 변동수로 본다.

세궁(歲宮)이 관성(官星)을 생하거나 중궁(中宮)이 관성(官星)을 생하여 관성(官星)이 수생(受生)·거왕(居旺)·승왕(乘旺)하고 사진(四辰)에 길문괘(吉門卦)가 동궁(同宮)한즉 왕후(王侯)의 명이라 하나 그 중에 어느 한 가지라도 부족하면 단명하게 된다.

세궁(歲宮)이나 중궁(中宮)이 관성(官星)을 생하고 관성(官星)이 왕생(旺生)하고 사진(四辰)에 두문(杜門)·화해(禍害)가 동궁하면 장수(將帥)라 한다.

사진(四辰)이 4·9(金), 庚·辛으로 되어 있으면 장수(將帥)라 한다.

관귀(官鬼)와 일진궁이 모두 왕생하면 장수격(將帥格)이 된다.

관성(官星)이 중궁(中宮)에서 동하면 좌진사방격(坐鎭四方格)이니 길격(吉格)인 자는 대권을 잡는다.

세귀(歲貴)가 세궁(歲宮)이나 중궁(中宮)에 있으면 관운이 길하다.

일마(日馬)가 세궁(歲宮)에 있고 세마(歲馬)가 일진궁이나 중궁(中宮)에 있으면 관운이 길하다.

일록(日祿)이 세궁(歲宮)에 있거나 세록(歲祿)이 중궁(中宮)에 있으면 관운이 길하다.

관성(官星)이 겸왕(兼旺)하면 세궁(歲宮)이 극(尅)해도 무방하다.

관성궁(官星宮)이 거사지(居死地)에 있어도 수생(受生)되어 있으면 무방하다.

세궁(歲宮)에 개문(開門)·복덕이 있으면 관성(官星)이 수극(受尅)·거극사(居尅死)되어 있어도 무방하다.

직부성(直符星)이 세궁(歲宮)에 있거나 직부궁(直符宮)이 세궁(歲宮)과 상비(相比)된 자는 귀인이라 한다.

월간(月干)과 월지(月支)에 길문괘(吉門卦)가 동궁한 자는 관운이 대길하다.

관성(官星)이 무기(無氣)하고 수극(受尅)·거극(居尅)되어 있으면 관운이 불길하다.

세궁(歲宮)이 절묘지(絶墓地)에 거하고 관성(官星)이 쇠약한즉 관직 진출이 어렵다.

관성궁(官星宮)이 공망(空亡)되거나 두문(杜門)·귀혼(歸魂)·
절명이 동궁한즉 관운이 불길하다.

세궁(歲宮)이 수극(受剋)되어 있고 일진도 수극(受剋)되어
있은즉 흉하다.

월간(月干)과 월지(月支)에 흉문괘(凶門卦)가 중중(重重)한
자는 관직 진출이 어렵다.

관운을 볼 때는 먼저 세지궁(歲支宮)을 살핀 뒤 관성(官星)
을 보는데 세궁(歲宮)과 관성궁(官星宮)이 모두 길한즉 관운이
대통하고 모두 흉한즉 관직에 나가기 어렵다고 본다.

제 6 편

기문격국론(奇門格局論)

제 1 장
인품론(人品論)

乙·丙·丁 삼기(三奇)가 연월일시궁(年月日時宮)에 가임(加臨)해 있는 자는 기사(奇士)의 명(命)이다.

사진궁(四辰宮)에 2·7(火)이 세 개 이상 있는 자는 환술(幻術)의 명(命)이다.

사진궁(四辰宮)에 1·6(水)이 중중(重重)한 자는 재사(才士)의 명(命)이다.

일진궁(日辰宮)에 1·6(水)이 있는 자도 재사(才士)의 명(命)이다.

사진궁에 두문(杜門)·휴문(休門)·사문(死門)·절명(絶命)·절체(絶体) 등이 중중(重重)한 자는 은사(隱士)의 명(命)이다.

일진이 3·8(木)이거나 5·10(土)인 자가 간궁(艮宮)에 거하고 있으면 산인(山人)이라 한다.

일진이 화개지(華蓋地)에 있으면 술사(術士)의 명(命)이다.

중궁(中宮)에 자손이 동하여 세궁 관귀(歲宮官鬼)를 극(尅)하거나, 세궁(歲宮)에 자손이 중궁 관귀(中宮官鬼)를 극(尅)하는 자는 치귀자(治鬼者)라 한다.

사진궁과 중궁(中宮)의 천지반수(天地盤數)가 음양으로 배합되어 있고 오행을 다 갖추고 있으면 현인(賢人)이라 한다.

사진궁과 중궁의 지반수(地盤數)가 각각 2, 4, 6, 8, 10으로 되어 있으면 성인(聖人) 또는 천자(天子)라 하고, 1, 3, 5, 7,

9로 되어 있어도 마찬가지로 본다.

연월일시궁이 2·7(火)과 1·6(水)으로 배성(配成)되어 있으면 재사(才士)라 한다.

연월일시궁이 상생(相生)하여 한 바퀴를 순생순회(順生順回)한 자는 대길격(大吉格)인바 일진궁(日辰宮)이 왕생(旺生)하니 태평한 명(命)이요, 귀인과 녹성(祿星)이 중중(重重)하니 극귀(極貴)하는 명(命)이라 한다.

연월일시궁에 귀인과 녹성(祿星)이 중중(重重)하고, 월간(月干)의 귀인은 세궁(歲宮)에 있고, 일간(日干)의 귀인은 월궁(月宮)에 있고, 시간(時干)의 귀인은 일진궁(日辰宮)에 있고 세간(歲干)의 귀인이 시지궁(時支宮)에 있는 자는 천자(天子)의 명(命)이라 한다.

월간(月干)의 귀인은 세궁(歲宮)에 있고 세간(歲干)의 녹성(祿星)은 월궁(月宮)에 있고 시간(時干)의 귀인은 일진궁(日辰宮)에 있고 일간(日干)의 녹성(祿星)은 시궁(時宮)에 있어 귀인과 녹성(祿星)이 함께 사진궁(四辰宮)에 상교(相交)하여 있으면 왕자(王子)의 명(命)이다.

관성(官星)이 왕동(旺動)하고 세궁(歲宮)에 개문(開門)·복덕(福德)이 동궁(同宮)하고 길격(吉格)을 이룬 자는 일품귀인(一品貴人)이라 한다.

쌍관성(雙官星)이나 쌍부모(雙父母)가 국(局) 중에서 동하고 있으면 달인(達人)이라 하는데, 아울러 세궁(歲宮)이나 부모궁(父母宮)에 개문(開門)·복덕(福德)이 동궁한 자는 귀명(貴命)이라 한다.

세귀(歲貴)가 일진궁(日辰宮)에 있고 중궁(中宮)의 재성(財星)이 왕생(旺生)하거나, 일진천반(日辰天盤)에 재성(財星)이 임하여 있고 일간(日干)의 귀인(貴人)이 세궁(歲宮)에 있는 자는 고관(高官)의 명(命)이라 한다.

관성궁(官星宮)에 세간(歲干)의 귀인과 녹성(祿星)이 임한 자는 고관(高官)의 명(命)이라 한다.

세궁(歲宮)이 일진(日辰)을 생(生)하고 일진(日辰)과 일간(日干)에 길문길격(吉門吉格)이 합한 자는 영달(榮達)할 사람이다.

사진(四辰)이 순생(順生)하고 귀인(貴人)과 녹성(祿星)이 중중한 자는 길명(吉命)이다. 세 곳만 상생(相生)하고 있어도 귀록(貴祿)이 임한 것이므로 귀인(貴人)의 명(命)이라 한다.

관귀(官鬼)가 중궁(中宮)에서 동(動)하고 일진궁(日辰宮)이 왕생(旺生)하니 의원(医員), 법관(法官), 술객(術客)의 명(命)으로 본다.

세궁(歲宮)이 중궁(中宮)에서 동하고 있는 관귀(官鬼)를 생하고 일진궁(日辰宮)이 겸왕(兼旺)·거왕(居旺)·승왕(乘旺)하면 장수(將帥)라 한다.

제 2 장

길격론(吉格論 : 富貴格)

① 화살격자(化殺格者)는 길격(吉格)으로 논한다.

쌍인(雙印)이 중궁(中宮)에서 동하는 자.

쌍인(雙印)이 세궁(歲宮)에서 동하는 자.

국(局) 중에서 쌍인(雙印)이 동하는 자(子孫·日辰이 旺生함을 요함).

단인(單印)이 중궁(中宮)에서 동하는 자(日辰이 旺生함을 요함).

세궁(歲宮)에서 단인(單印)이 동한 자(日辰이 乘旺, 居旺, 受生함을 요함).

② 일진천지반(日辰天地盤)이 5·10(土)으로 되어 거왕(居旺)한 자.

일진천지반(日辰天地盤)이 5·10(土)으로 되어 戊己 기의(奇儀)와 합하여 왕생(旺生)한 자.

일간(日干)과 시간(時干)이 왕상지(旺相地)에 거하고 길격(吉格)을 이룬 자.

사간(四干)이 길격(吉格)을 이루고 왕상지(旺相地)에 거한 자.

일진(日辰)이 왕생(旺生)하고 일간(日干)이 길격(吉格)을 이루어 왕상궁(旺相宮)에 거한 자.

③ 일진(日辰)이 승왕(乘旺)·거왕(居旺)·수생(受生)하고 길

문괘(吉門卦)가 동궁(同宮)하여 있고 일간(日干)이 길격(吉格)을 이룬 자.

일진(日辰)이 관대(冠帶)·장생지(長生地)에 거하고 귀인(貴人)·녹성(祿星)·역마(驛馬)가 가임(加臨)하고 길문괘(吉門卦)가 동궁(同宮)한 자.

④ 중궁(中宮)이 세궁(歲宮)을 생하고 세궁(歲宮)이 일진(日辰)을 생하는 자.

세궁(歲宮)이 중궁(中宮)을 생하고 중궁(中宮)이 일진(日辰)을 생하는 자.

⑤ 세궁(歲宮)이 일진(日辰)을 생하는 자.

중궁(中宮)이 일진(日辰)을 생하는 자.

사진(四辰) 중에서 삼진(三辰)이 상비(相比)되고 생왕(生旺)한 자.

세궁(歲宮)이 월궁(月宮)을 생하고 월궁(月宮)이 일진(日辰)을 생하고 일진(日辰)이 시궁(時宮)을 생하는 자.

세궁(歲宮)이 월궁(月宮)을 생하고 월궁(月宮)이 일진(日辰)과 시궁(時宮)을 생하는 자.

시궁(時宮)이 일진(日辰)을 생하고 일진(日辰)이 월궁(月宮)을 생하고 월궁(月宮)이 시궁(時宮)을 생하는 자.

시궁(時宮)이 일진(日辰)을 생하고 일진(日辰)이 세·월궁(歲月宮)을 생하는 자.

⑥ 세월일시궁(歲月日時宮)에 사문(死門)·절명(絶命) 등의 흉문괘(凶門卦)가 중중(重重)하고 중궁(中宮)에 관귀(官鬼)가 동한 자.

세월일시궁(歲月日時宮)에 생문(生門)·생기(生氣)·개문(開門)·복덕(福德) 등의 길문괘(吉門卦)가 중중한 자.

⑦ 청룡회수격(靑龍回首格 : 天盤戊 地盤丙, 天盤直符 地盤丙), 비조질혈격(飛鳥跌穴格 : 天盤丙 地盤戊, 天盤丙 地盤 直符)이 사

간(四干) 중에 있는 자는 대길격(大吉格)으로 부귀를 겸전(兼全)한다.

⑧ 삼기상좌격(三奇相佐格, 天盤乙 地盤丁)

양화성염격(兩火成炎格, 天盤丁 地盤丁)

청룡전광격(靑龍轉光格, 天盤丁 地盤戊)

소전종작격(燒田種作格, 天盤丁 地盤乙)

삼기순수격(三奇順遂格, 天盤丙 地盤丁)

염양려화격(艶陽麗花格, 天盤丙 地盤乙) 등은 모두 길격으로 길문·길성이 합하여 사간(四干) 중에 임하니 만사대통하게 된다.

⑨ 丙加丁, 丙加戊에 삼길문(三吉門 : 開·休·生)이 합하거나 삼음궁(三陰宮 : 九地·六合·太陰)에 임하면 천둔(天遁)이라 하여, 생왕(生旺)한 기운으로 백사개길(百事皆吉)하니 특히 천신(天神)에 제사를 드리는 데 대길하다.

⑩ 乙加己에 삼길문이 합하거나 삼음궁에 있으면 지둔(地遁)이라 하여 백사개길(白事皆吉)한데, 특히 매장(埋葬)·잠적(潛跡)·밀사(密事) 등에 길하고 지신(地神)에 제사하면 응한다.

⑪ 삼기(三奇 : 乙·丙·丁)와 삼길문이 합하여 육합궁에 있거나, 생문(生門)과 삼기(三奇)가 태음궁에 있거나, 생문(生門)이 乙奇와 함께 구지궁(九地宮)에 있거나, 丁奇가 휴문(休門)과 함께 태음궁에 있으면, 인둔(人遁)이라 하여 대인 관계에 대길하니 밀사(密事)·잠적(潛跡)·구재(求財)·구인(求人) 등에 좋다.

⑫ 삼기상길문격(三奇上吉門格)은 삼길문이 乙·丙·丁 삼기(三奇)를 만나 대길하다.

⑬ 삼기승전격(三奇昇殿格) 길격(吉格)

乙奇가 진궁(震宮)에 있을 때

丙奇가 이궁(离宮)에 있을 때

丁奇가 태궁(兌宮)에 있을 때

⑭ 옥녀수문격(玉女守門格)

六丁을 옥녀(玉女)라 하니 육정이 해당 시(時)에 임함을 말하는데,

　　甲己時에 육정이　加丙

　　乙庚時에 육정이　加辛

　　丙辛時에 육정이　加乙

　　丁壬時에 육정이　加己

　　戊癸時에 육정이　加壬

하고 있을 때를 말한다. 이외에도 다른 길격이 있으나 위의 이치와 동일하거나 비슷하므로 중요한 것만 논하였다.

제 3 장

흉격론(凶格論)

① 일진이 승사(乘死)·승극(乘尅)·거사(居死)·거극(居尅)·수극(受尅)되어 있고, 흉문괘가 동궁한 자는 요수(夭壽)하거나 천하게 살아간다.

세궁(歲宮)이 월궁(月宮)을 극(尅)하고 월궁이 일진(日辰)을 극하고 일진이 시궁(時宮)을 극하는 자.

세(歲)가 중궁(中宮)을 생하고 중궁이 월(月)을 극하는 자.

중궁(中宮)이 세궁(歲宮)을 생하고 세궁이 일진을 극하는 자.

세월(歲月)이 일진을 극하는 자.

중궁이 일진을 극하는 자.

시궁이 일진을 극하고, 월궁이 세궁을 극하는 자.

② 중궁이 세궁에 있는 관귀(官鬼)를 생하는 데 세궁에 사문(死門)·절명(絶命)을 놓은 자.

세궁의 사문·절명이 중궁에서 동하고 있는 관귀(官鬼)를 생조(生助)하는 자.

③ 세간(歲干)과 일간(日干)이 공망(空亡)되어 있으면 만사불성(萬事不成)한다.

일간이 쇠사지(衰死地)에 있으면 재난을 면치 못한다.

일간이 시령(時令)의 기운을 받아 왕(旺)하더라도 쇠사지에 거하고 있으면 곤고(困苦)한 일생을 보낸다.

④ 중궁(中宮)이 절명궁(絶命宮)을 생하거나 관귀궁(官鬼宮)

을 생하는 사람은 흉명(凶命)으로 본다. 또한 중궁이 사문(死門)을 생하여도 마찬가지로 보므로, 총괘(總卦)인 중궁이 흉문괘(凶門卦)와 흉격(凶格)의 궁을 생하여 심히 불길한 명이 된다.

중궁이 세궁의 쌍금(雙金)·쌍화(雙火)를 생하는 자는 흉액을 면하기 어렵다.

월궁의 7(火) 관귀(官鬼)가 중궁을 생하거나 중궁이 월궁의 7(火) 관귀(官鬼)를 생하는 자는 아랫사람에게 배신 또는 흉사(凶事)당하기 쉽다.

월궁(月宮)에 절명(絶命)이 동궁하고 일진천반(日辰天盤)에 관귀가 임한 자는 평생 질액(疾厄)에 시달리게 된다.

⑤ 월궁(月宮)과 일진(日辰)이 세궁(歲宮)을 극하면 흉명(凶命)이다.

월궁(月宮)과 시궁(時宮)이 세궁(歲宮)을 극하여도 흉명이 된다.

일진궁이 승사(乘死)·거사(居死)·수극(受尅)되고, 흉문괘가 동궁한 자는 천명(賤命)으로 논한다.

일진궁, 일간에 丙·庚·천예(天芮)·천주(天柱)·사문(死門)·절명(絶命)이 있는 자는 흉명이 된다. 일진이 사절묘지(死絶墓地)에 있는 자는 발전하기 어렵다.

⑥ 관귀가 중궁에서 동하면 화살격(化殺格)이 아닌 이상 평생 동안 자신과 가정이 불안정하고, 질병·관재구설(官災口舌)·파재(破財) 등을 겪는 흉명이다.

재귀(財鬼)가 중궁에서 동하면 길격이 아닌 이상 손재(損財)·낭비·색란(色乱)·작첩(作妾)·상심(傷心) 등을 겪는 흉명이다.

자손이 중궁에서 동하면 길격이 아닐 경우, 관형액(官刑厄)·실직(失職) 등을 겪고, 여명(女命)은 부부가 불화하여 이별하고 남편으로 인하여 평생 고생이 심하다.

일진이 태쇠병지(胎衰病地)에 거하니 흉명이 되나 승왕생(乘旺生)·거왕생(居旺生)·수생(受生)한즉 화길(化吉)하다.

일진궁(日辰宮)이 형충파해(刑冲破害), 공망(空亡)되어 있으면, 만사불성(萬事不成)하고 다성다패(多成多敗)한다.

⑦ 주작투강격(朱雀投江格 : 丁加癸)

청룡도주격(靑龍逃走格 : 乙加辛)

등사요교격(螣蛇妖嬌格 : 癸加丁)

백호창광격(白虎猖狂格 : 辛加乙)

등은 대흉격으로 인명(人命)이 만나면 만사불통(萬事不通), 대화(大禍)를 당하고 용사출행(用事出行)하면 흉액을 초래한다.

⑧ 형혹입백(熒惑入白 : 丙加庚)

전도형격(顚倒刑格 : 己加庚)

천을복궁격(天乙伏宮格 : 庚加戊)

복음격(伏吟格 : 天盤과 地盤의 干이 同干으로 되어 있는 것)

흑운차일격(黑雲遮日格 : 丙加癸)

주작입옥격(朱雀入獄格 : 丁加辛)

조주위학격(助紂爲虐格 : 戊加庚)

암석침식격(岩石浸蝕格 : 戊加癸)

습니오옥격(濕泥汚玉格 : 己加辛)

반음탁수격(反吟濁水格 : 己加壬)

지형현무격(地刑玄武格 : 己加癸)

태백입형격(太白入熒格 : 庚加丙)

관부형격(官符刑格 : 庚加己)

철추쇄옥격(鐵鎚碎玉格 : 庚加辛)

모산소격(耗散小格 : 庚加壬)

반음대격(反吟大格 : 庚加癸)

백호출력격(白虎出力格 : 辛加庚)

한당월영격(寒塘月影格 : 辛加壬)

천뢰화개격(天牢華蓋格 : 辛加癸)

유녀간음격(幼女奸淫格 : 壬加癸)

도세주옥격(陶洗珠玉格 : 壬加辛)

반음침백격(反吟浸白格 : 癸加庚)

양쇠음성격(陽衰陰盛格 : 癸加辛)

충천분지격(冲天奔地格 : 癸加壬)

일기피형격(日奇被刑格 : 乙加庚)

등은 모두 흉격으로 동(動)하여 흉사가 발생하니 취하지 말아야 이롭다.

⑨ 기의입묘격(奇儀入墓格 : 凶格)

乾宮에 丁, 艮宮에 辛·戊

坤宮에 乙·壬·己, 巽宮에 庚·癸

⑩ 삼기입묘격(三奇入墓格)은 흉격으로 거동하여 백사불성(百事不成)한다.

乙奇가 坤宮에 있을 때

丙奇가 乾宮에 있을 때

丁奇가 艮宮에 있을 때

⑪ 육의격형격(六儀擊刑格)은 거동하여 화를 초래하니 매사에 불리하다.

己儀가 坤宮에 있을 때(甲戌 己)

辛儀가 离宮에 있을 때(甲午 辛)

壬儀·癸儀가 巽宮에 있을 때(甲辰·甲寅 癸)

戊儀가 震宮에 있을 때(甲子 戊)

庚儀가 艮宮에 있을 때(甲申 庚)

⑫ 육의수제격(六儀受制格)은 흉격으로 팔문이 궁을 극함을 말하는 것이다. 거동하여 흉화(凶禍)를 자초한다.

坤宮에 傷門·杜門이 있을 때(木尅土)

兌宮에 景門이 있을 때(火尅金)

乾宮에 景門이 있을 때(火尅金)

坎宮에 生門·死門이 있을 때(土尅水)

艮宮에 傷門·杜門이 있을 때(木尅土)

震宮에 開門·驚門이 있을 때(金尅木)

巽宮에 開門·驚門이 있을 때(金尅木)

离宮에 休門이 있을 때(水尅火)

⑬ 시묘격(時墓格)은 시간(時干)이 묘지에 있는 것을 말하는데, 때를 얻지 못하였으므로 만사불성한다.

壬辰時에 壬干이 巽宮에 있을 때

辛丑時에 辛干이 艮宮에 있을 때

乙未時에 乙干이 坤宮에 있을 때

戊戌時에 戊干이 乾宮에 있을 때

丙戌時에 丙干이 乾宮에 있을 때

⑭ 비궁격(飛宮格 : 直符加庚)

박제격(迫制格 : 八門이 宮을 尅함을 迫이라 하고, 宮이 八門을 尅함을 制라 한다)

화피수지격(火被水地格 : 丙·丁이 坎宮에 居함)

목입금향격(木入金鄕格 : 乙奇가 乾兌宮에 있을 때)

화입금향격(火入金鄕格 : 丙·丁이 乾兌宮에 있을 때)

금벽격(金劈格 : 庚·辛干이 震巽宮에 居함)

목래극토격(木來尅土格 : 乙奇가 艮·坤宮에 居함)

복간격(伏干格 : 庚干에 日干이 加함)

비간격(飛干格 : 日干에 庚干이 加함)

반음격(反吟格 : 天蓬九星이 對冲宮에 놓여 있을 때)

등은 모두 흉격에 속하므로 인명이 득하면 흉화가 있고, 용사거동(用事擧動)하면 흉사가 있다.

⑮ 乙奇는 본처라 하고, 丁奇는 첩이라 하며, 庚儀는 남자라 한다. 그러므로 인명에 乙加庚, 庚加乙, 乙加辛, 辛加乙 등이 사

간이나 재관궁(財官宮)에 있으면 가정 불화·색란(色亂)·부부
이별·배신 등의 흉사가 발생한다. 壬加丙(水蛇入火格), 庚加己
는 형격(刑格)으로 관형(官刑)을 주관하고, 癸加丁(등사요교격)
은 우환·화재 등을 주관하니 범하지 말아야 한다. 辛加壬(흉사
입옥격), 癸加戊(천을회합격), 己加乙(유정밀의격), 壬加癸(유녀
간음격), 癸加乙(이화춘우격), 癸加辛(양쇠음성격) 등은 주로 색
정·색란·이성 등의 일을 주관하므로 인명이 이를 만나면 평생
색정 문제로 분주하게 된다.

제 4 장

수명장단론(壽命長短論)

1. 장수하는 운세

일진(日辰)이 승왕(乘旺), 거왕(居旺), 겸왕(兼旺)한 자.

일진(日辰)이 승생(乘生), 거생(居生), 수생(受生)한 자.

일진(日辰)이 왕생(旺生)하고 생문(生門), 생기(生氣)가 동궁한 자.

쌍인(雙印)이 국중(局中)에 동하고 있는 자.

쌍인(雙印)이 세궁(歲宮)에서 동하고 있는 자.

쌍인(雙印)이 중궁(中宮)에서 동하고 있는 자.

세궁(歲宮)이 중궁(中宮)을 생하고 중궁이 일진을 생하는 자.

중궁(中宮)이 세궁(歲宮)을 생하고 세궁이 일진을 생하는 자.

세월시궁(歲月時宮)이 함께 일진을 생하는 자.

사진궁(四辰宮)에 절명(絶明)이 동궁하고 중궁에 쌍귀(雙鬼)가 동한 자.

사진궁에 생문(生門)·개문(開門)·생기(生氣)·복덕(福德)·천의(天医) 등이 동궁한 자.

일진에 절명이 있으나, 일진이 승왕생·거왕생하거나 중궁·세궁에서 쌍인이 동하면 장수하게 된다.

이외에 길격(吉格 : 富貴者)인 자는 장수한다.

2. 요수하는 운세

일진궁(日辰宮)이 승극(乘尅)·거극(居尅)·수극(受尅)되고, 사문(死門)·절명(絶命)이 동궁한 자.

쌍관귀(雙官鬼)가 중궁에서 동하여 거왕(居旺)·승왕(乘旺)한 자.

국중(局中)에 쌍관귀가 동하고 거왕·승왕한 자.

재성궁(財星宮)이 극왕(極旺)하고 일진이 쇠약하거나 중궁에 관귀가 동하고 있는 자.

일진궁이 승왕해도 중궁이 쌍칠(雙七)·쌍구(雙九)를 생하는 자는 요수를 면하지 못한다.

중궁에서 쌍관귀가 동하여 승왕생(乘旺生)하면 일진에 생기괘(生氣卦)가 있더라도 요수한다.

왕동(旺動)한 관귀가 사진궁의 수생(受生)을 받아 강한 자.

일간궁(日干宮)이 무기(無氣)하고 사문(死門)이 동궁한 자.

일진, 일간에 사문(死門)·절명(絶命)이 동궁한 자.

중궁이 세궁의 절명을 생하고 일진을 극하는 자와 절명궁(絶命宮)이 세궁을 생하고 일진을 극하는 자는 요수하거나 악사(惡死)하게 된다.

생문(生門)·생기궁(生氣宮)이 공망(空亡)된 자.

세궁의 9(金)가 중궁의 관귀를 생하는 자와 중궁이 세궁의 9(金) 관귀(官鬼)를 생하는 자는 일진궁이 왕생하여 악사하고, 쇠약하여 요수하게 된다.

세·월궁(歲·月宮)이 4·9(金)로 되어 일진을 극(尅)하면 일진이 왕생하더라도 요수를 면하기 어렵다.

쌍관귀에 절명이 동궁하고 일진이 무기한 자.

세·월궁(歲·月宮)이 함께 중궁의 7(火) 관귀를 생하여 9(金) 일진궁을 극하는 자.

세궁이 7(火)·9(金)로 되어 있고 일진궁에 절명이 동궁한 자.

세궁이 중궁의 관귀를 생하면 흉명이다.

흉격 중에 쌍구(雙九)·쌍칠(雙七)이 가장 흉하니, 세궁·중궁에서 동하면 흉사한다.

쌍금(雙金)·쌍화(雙火)가 세궁·중궁에서 동하고 일진이 무기(無氣)한 자.

7(火)·9(金)가 艮·巽·乾·坤, 四處에서 상전(相戰)하고 있는 자.

중궁이 세궁의 관귀를 극하는 자는 일진궁에 절명이 동궁했더라도 요수를 면한다.

사진(四辰)에 7(火)·9(金)가 상전하고 절명괘가 동궁해 있는 자.

세궁·중궁이 일진을 극하고, 일진궁에 사문·절명이 동궁한 자.

일진궁에 절명이 있으면 요수할 명이나, 일간·시궁이 승왕생(乘旺生)·유기(有氣)하여 요수를 면한다.

중궁이 세궁을 생하고 세궁이 일진을 왕극하는 자.

세월이 일진을 왕극하는 자.

국중(局中)에서 관귀가 왕동(旺動)하더라도 사진궁(四辰宮)에 생문(生門)·생기(生氣)·복덕(福德)·천의(天医)가 동궁하면 화살(化殺)되므로 권세를 잡게 된다.

비록 火金 관귀(官鬼)가 동하더라도 세(歲)나 중궁이 관귀를 극하면 불요(不夭)한다.

쌍관귀가 동하고 일진궁이 왕생하면, 신액(身厄)은 있되 요수하지는 않는다.

관귀가 왕동하고 일진궁에 두문(杜門)·귀혼(歸魂)이 동궁한 자는 흉명이다.

일진궁이 승극(乘剋)·거극(居剋)·수극(受剋)되고 庚加癸, 己加庚, 반음(反吟)·복음(伏吟)이 된 자는 흉명이다.

일진궁에 절명이 있고 삼살성(三殺星)이 생하는 자.

세궁의 절명이 삼살성으로 되어 있는 일진을 생하는 자.

중궁 관귀(中宮官鬼)에 庚이 가(加)한 자.

세궁 관귀(歲宮官鬼)가 왕생한 자.

세월궁의 4·9(金) 관귀(官鬼)에 庚이 가하여 있는 자.

세궁의 사문·절명이 중궁 관귀를 생하는 자.

홍국(洪局)은 일진(日辰)을 위주로 보고, 연국(煙局)은 시간(時干)을 중심으로 보므로, 일진과 시간을 세심하게 살펴보아야 한다. 시간에 사문(死門)·상문(傷門)을 봉(蓬)하고 일진이 흉문괘(凶門卦)를 만나면 요수하고, 일(日)과 시(時)에 길문괘가 있으면 장수한다. 시간에 흉문·흉성이 있더라도 일진에 길문괘가 동궁하면 불요하게 된다.

일진에 절명(絶命)이 있고 시간에 사문(死門)이 있으면 분명히 요사(夭死)한다. 일과 시가 왕생 유기(旺生有氣)하면 흉문성괘(凶門星卦)가 있더라도 불요(不夭)한다.

중궁 관귀가 절명궁(絶命宮)을 생하거나 중궁이 사문궁(死門宮)을 생하면 흉명이라 한다.

제 5 장
흉액론(凶厄論)

일진천반(日辰天盤)에 관귀(官鬼)가 임해 있거나 일간에 관귀가 있으면, 관재구설·질병을 겪는다. 관귀가 왕생하여 동하고 있으며 일진궁에 사문(死門)·절명(絶命)·귀혼(歸魂)·두문(杜門) 등의 흉문괘(凶門卦)가 동궁(同宮)하고 일진이 무기하면 관형(官刑)이나 질액(疾厄)으로 고생한다.

세·월궁(歲·月宮)이 더불어 중궁의 관귀를 생하는 자, 중궁이 세·월궁(歲·月宮)의 관귀를 생하는 자, 세궁이 월궁의 관귀를 생하는 자, 관귀가 세·월궁에 동궁한 자 등은 모두 흉명이니 질액(疾厄)·관형(官刑)을 겪는다.

일간·일진이 수극·거사되어 있고, 팔문(八門)이 궁을 극하면 형액수(刑厄數)를 당하거나 질병으로 고생하게 된다.

중궁 관귀가 절명궁을 생하거나 중궁 관귀가 사문(死門)·화해궁(禍害宮)을 생하는 사람은 형액(刑厄) 또는 질액(疾厄)이 있다.

재성(財星)이 세·월궁에서 동하여 중궁 관귀를 생하면 재화(災禍)를 당한다.

세·월궁의 재성이 중궁 관귀를 생하면 흉액을 자초하게 된다.

중궁이 세궁의 쌍화(雙火)·쌍금(雙金)을 생하는 자, 중궁이 월궁의 7(火) 관귀(官鬼)를 생하는 자, 월궁이 중궁의 7(火)

관귀(官鬼)를 생하는 자 등은 재난을 면하기가 어렵다.

월간(月干)에 9(金)·丙·庚·직부(直符)가 있으면 관형(官刑)을 당한다. 일간(日干)에 있어도 마찬가지로 본다.

일진궁의 상하가 형(刑)·충(沖)·극(尅)·원진(怨嗔)으로 되어 있으면 형액(刑厄)이 있다.

일마(日馬)가 세궁(歲宮)이나 중궁(中宮)에 있고, 일진 상하가 형(刑)·충(沖)·극(尅)·원진(怨嗔)으로 되어 있으면, 관형(官刑)·질액(疾厄)으로 고생한다.

일진·일간이 손궁(巽宮)에 있고, 壬癸奇儀를 봉(蓬)한즉 관재구설(官災口舌)이 불식(不息)하는 것과 아울러 흉문괘(凶門卦)가 동궁(同宮)하니 패가망신이 분명하다.

세·월(歲·月)이 7·9로 되어 상전(相戰)하면 형액수(刑厄數)로 보는데, 丙·庚을 봉(蓬)해도 마찬가지로 본다.

일진궁(日辰宮)에 절명(絶命)·절체(絶体)·유혼(遊魂)·귀혼(歸魂)이 동궁(同宮)하고, 일마(日馬)가 세궁(歲宮)이나 중궁(中宮)에 있으면 형액수(刑厄數)가 있게 된다.

세궁(歲宮)·일진궁(日辰宮)·중궁(中宮)·관성궁(官星宮) 등에 함지(咸池)·관겁(官劫)·겁살(劫殺)이 있으면 관형(官刑)을 당한다.

세·월(歲·月)이 쌍금(雙金)·쌍화(雙火)로 되어 있는 자, 세궁(歲宮)이 수극(受尅)되어 있는 자, 쌍관귀(雙官鬼)가 세궁(歲宮)에 있는 자, 세·월궁에 관귀(官鬼)가 있는 자, 세궁에 화해(禍害)가 동궁(同宮)한 자, 세궁과 중궁(中宮)에서 火金이 상전(相戰)하는 자, 세·월에 5·7·9·丙·庚 등이 중중(重重)한 자 등은 모두 흉명(凶命)이니 관형(官刑)을 당하거나 질병으로 고생하게 된다.

중궁(中宮)에 쌍칠 관귀(雙七官鬼)가 동하는 자, 세(歲)와 중궁이 상충(相沖)·상극(相尅)하는 자, 세궁이 중궁의 9(金) 관귀(官鬼)를 생하는 자, 세궁의 9(金)가 중궁 관귀(中宮官鬼)를 생하는 자 등은 검란(劍亂)을 당하기 쉽다.

세궁이 중궁의 7(火) 관귀를 생하는 자, 세궁의 7(火)이 중궁 관귀를 생하는 자, 쌍관귀(雙官鬼)가 중궁에서 동하는 자 등은 자살하기 쉽다.

제 6 장

화살격론(化殺格論)

　화살격(化殺格)이란 국(局) 중의 흉살(凶殺)이 제살(制殺)되어 재난을 면하거나 길격(吉格)으로 변화되는 것이다. 표면상으로는 흉문괘(凶門卦)와 살성(殺星)이 동(動)하고 있어 흉격(凶格)으로 보이지만, 화살 원리(化殺原理)에 의하여 제살(制殺)되어 길명(吉命)으로 화(化)하는 경우이다.

　① 쌍부모(雙父母 : 雙印)가 중궁(中宮)이나 세궁(歲宮)에서 동(動)하고 있으면 비록 국(局) 중에서 각 궁(宮)이 상충(相冲)·상극(相剋)되어 있을지라도 쌍인(雙印)이 일진궁(日辰宮)을 왕생(旺生)하게 생조(生助)하여 일진(日辰)이 막강해지므로 모든 살(殺)이 제거되어 길격(吉格)이 된다. 그러나 쌍부모(雙父母)가 쌍구(雙九)·쌍칠(雙七)·쌍오(雙五)로 되어 있으면 선길(先吉) 후흉(後凶)하니 결국 흉격(凶格)으로 화(化)한다.

　② 사진(四辰)에 길문(吉門 : 生門·休門·景門·開門)과 길괘(吉卦 : 生氣·福德·天医)만이 임해 있으면 국(局) 중에 흉격(凶格)이 있더라도 길격(吉格)으로 화(化)한다.

　③ 일진궁(日辰宮)에 길문(吉門)과 길괘(吉卦)만이 있으면 비록 다른 궁(宮)에 흉살(凶殺)·흉문괘(凶門卦)가 동(動)하여 있더라도 화길(化吉)하다.

　④ 일진궁(日辰宮)에 관성(官星)이 임해 있고 세궁(歲宮)에 개문(開門)과 복덕(福德)이 있으면 화길하다(이때 日辰宮이 旺

生하면 대길하다).

⑤ 세궁(歲宮)에 천을귀인(天乙貴人)과 녹성(祿星)이 임해 있고 중궁(中宮)과 상생(相生)하고 있으면 화길(化吉)하다.

⑥ 중궁(中宮)이 세궁(歲宮)을 생조(生助)하여 세궁(歲宮)이 일진궁(日辰宮)을 극(尅)하고 있거나, 세궁이 일진궁을 극하고 있으면 흉격(凶格)으로 보지만, 이때에 일진궁(日辰宮)이 승왕(乘旺)하고 거왕(居旺)하면 화길하다.

⑦ 관귀(官鬼)가 왕생(旺生)하여 동(動)하고 있으면 흉명(凶命)이 되나 세궁(歲宮)에 개문(開門)과 복덕(福德)이 있고 관성(官星)이 거왕(居旺)·거생(居生)하여 있으면 화길하다(日辰宮이 旺生함을 요함).

⑧ 세궁(歲宮)이 중궁(中宮)에 있는 관귀(官鬼)를 생조(生助)하면 흉격(凶格)이지만 일진궁(日辰宮)이 승왕(乘旺)·승생(乘生)하면 화길하다.

⑨ 관귀(官鬼)가 중궁(中宮)에서 동(動)하고 있으면 흉격(凶格)이 되지만 이때에 세궁(歲宮)이 승왕(乘旺)·승생(乘生)하여 있으면 화길하다(歲宮이 日辰을 生助하면 吉格).

⑩ 일진궁(日辰宮)의 천반(天盤)과 지반(地盤)이 7과 9로 되어 있으면 흉격(凶格)이 되지만 세궁(歲宮)이나 중궁(中宮)이 일진궁(日辰宮)을 생조(生助)하고 있으면 화길하다(日辰이 居旺·乘旺하면 大吉格).

⑪ 세궁(歲宮)의 천반(天盤)과 지반(地盤)이 7과 9로 되어 있으면 火尅金하여 흉격(凶格)이 되지만 이때에 일진궁(日辰宮)이 거왕(居旺)·승왕(乘旺)·겸왕(兼旺)·수생(受生)되어 있으면 화길하다.

⑫ 세궁(歲宮)이나 일진궁(日辰宮)에 절명(絶命)이 있으면 흉명(凶命)으로 보지만 일진궁(日辰宮)이 연지(年支)에서 왕생(旺生)되면 제살(制殺)이 되므로 화를 면하게 된다. 세궁(歲宮)

이나 일진궁(日辰宮)에 절명(絶命)이 있을지라도 일진궁(日辰宮)이 승왕(乘旺)·승생(乘生)하고 있으면 화길하다.

⑬ 국(局) 중에 살성(殺星)·흉문괘(凶門卦)가 동(動)하고 있다 해도 세궁(歲宮)과 일진(日辰)에 사문(死門)·절명(絶命) 등의 흉문괘(凶門卦)가 없으면 화길하다.

⑭ 세궁(歲宮)과 중궁(中宮)과 일진궁(日辰宮)의 세 곳에 천을귀인(天乙貴人)과 녹성(祿星)이 임해 있으면 화살격(化殺格)이 된다.

⑮ 일진궁(日辰宮)에 생문(生門)과 생기(生氣)가 있고 일진궁(日辰宮)이 세궁(歲宮)을 생조(生助)하는데 세궁(歲宮)이 쌍금(雙金)이나 쌍화(雙火)로 되어 있으면 화길하다.

⑯ 세궁(歲宮)에 생문(生門)·생기(生氣)가 있고 세궁(歲宮)이 일진(日辰)을 생조(生助)하는데 일진(日辰)이 쌍화(雙火)나 쌍금(雙金)으로 되어 있으면 화길하다(死病還生).

⑰ 세궁(歲宮)이 중궁(中宮)을 생조(生助)하여 중궁(中宮)이 일진궁(日辰宮)을 극(尅)하면 흉격(凶格)으로 보지만 이때 일진궁(日辰宮)이 승왕(乘旺)·거왕(居旺)·거생(居生)하고 있으면 화길하다.

⑱ 쌍칠(雙七)·쌍구(雙九)·쌍오(雙五) 등이 국(局) 중에 있으면 대흉한 것인데, 이때에 일진궁(日辰宮)이 거왕(居旺)·거생(居生)·겸왕(兼旺)·승왕(乘旺)·승생(乘生)하고 있으면 제살(制殺)이 되므로 화길하여 흉사(凶事)를 면하게 된다. 그러나 일진궁(日辰宮)이 이와 같이 왕생(旺生)하지 못하면 재화(災禍)를 당하는 흉명(凶命)이 된다.

⑲ 기의(奇儀) 중에서 세궁(歲宮)에 丙(火)·庚(金)이 있으면 흉격(凶格)이 되지만 이때에 일진(日辰)이 왕생(旺生)하고 있으면 화길하다.

⑳ 쌍오(雙五) 또는 單五(土)가 7(火熒惑星)의 생조(生助)를

받고 있으면 대액(大厄)을 당하는데, 이때에 일진(日辰)이 왕생(旺生)하고 있으면 화살(化殺)이 되어 대액(大厄)을 면하게 된다.

㉑ 관귀(官鬼)가 金(4·9)으로 되어 왕동(旺動)하고 있거나 세궁(歲宮)에서 관귀(官鬼)가 동하고 있으면 재난을 당하게 되는데, 이때에 자손이 왕동(旺動)하고 있으면 제살(制殺)이 되어 화길하다.

㉒ 관귀(官鬼)가 火(2·7)로 되어 왕생(旺生)하고 있거나, 세궁(歲宮)·중궁(中宮)에 관귀(官鬼)가 동하고 있으면 관재구설(官災口舌)이 분분하여 흉격(凶格)이지만 이때에 자손이 왕생(旺生)하여 동하고 있으면 제살(制殺)이 되므로 화길하다.

㉓ 세궁(歲宮)이 중궁(中宮)에 있는 관귀(官鬼)를 생조(生助)하고 있으면 상해재난이 있지만 관귀(官鬼)가 공망(空亡)되어 있으면 살(殺)이 감소되므로 화를 면한다. 그러나 관귀(官鬼)가 왕생(旺生)하여 동하고 있으면 공망(空亡)이 되어도 흉(凶)함은 감소되지 않는다〔이때 官鬼가 金(4·9)으로 되어 있으면 大凶하다〕.

㉔ 일진궁(日辰宮)이 공망(空亡)되어 있으면 흉(凶)한데, 이때에 일진궁(日辰宮)이 왕생(旺生)·거왕(居旺)·겸왕(兼旺)·승왕(乘旺)하여 있으면 공망(空亡)으로 논하지 않는다.

㉕ 일진궁(日辰宮)의 천반(天盤)과 지반(地盤)이 형충(刑冲)되어 있으면 만사가 불성(不成)되고 파재파가(破財破家)하게 되는데, 공망(空亡)을 맞으면 흉한 의미는 감소된다(다른 六親宮도 이와 같음).

㉖ 흉문(凶門)·흉괘(凶卦)가 있는 궁(宮)이 공망(空亡)되면 화를 면한다. 길문·길괘가 있는 궁(宮)이 공망(空亡)되면 귀(貴)와 복(福)이 감소된다.

이외에도 격국(格局)의 구성에 따라 여러 가지의 화살격(化

殺格)이 있을 수가 있다. 화살격(化殺格)은 흉격(凶格)과 그 모양이 비슷하므로 구분하기가 쉽지 않다. 그러나 이상에서 설명한 화살(化殺)의 제반 요건과 일진궁(日辰宮)의 왕쇠(旺衰), 그리고 세궁(歲宮)과 중궁(中宮), 그리고 일진궁 세 곳의 상생상극(相生相尅) 관계를 문(門)·성(星)·괘(卦)와 더불어 면밀하게 살펴보면 화살(化殺)의 진가를 밝혀낼 수 있을 것이다.

제 7 편

기문사주국(奇門四柱局)

제1장
대운수(大運數)를 정하는 방법

　대운(大運)은 일진궁의 지반에서 초년 1세를 시작으로 하여 각 궁의 지반수에 따라 양둔(陽遁)은 순포하고 음둔(陰遁)은 역포(逆布)하는데, 지반수에서 45세가 끝나면 다시 일진궁의 천반으로 돌아와 46세를 시작으로 하여 90세에 일생의 대운이 끝나게 된다. 즉, 양둔일 경우에는 지반의 45세는 순포(順布)하고 천반의 46세부터는 역포(逆布)한다. 음둔일 경우, 지반 45세는 역포하고 천반 46세부터는 순포한다. 이때 천·지반수가 10이면 중궁의 천·지반수에 숨어 있는 은복수(隱伏數)를 취하여 계산한다(9궁에는 원래 9수가 존재하지 않기 때문이다).

時日月年　　　　　　　　　　平生四柱局

辛癸丙乙(天盤 5)

酉丑戌巳(地盤 2)

巽(68세)	离(53~58세)	坤(63~65세)
(27~32세) 一六	(45세) 六一	(38~41세) 三四
震(66~67세)	中(69~73세)	兑(83~90세)
(33~37세) 二五	(25~26세) 五二	(8~16세) 八九
艮(46~52세)	坎(59~62세)	乾(74~82세)
日辰 (1~7세) 七世十	(42~44세) 四三	(17~24세) 九八

〈음둔국〉

중궁천반

(5 隱數는 10)

중궁지반

(2 隱數는 7)

앞의 표는 1965년 10월 3일 酉時生인 사람을 사주국상에서 대운을 정한 것이다.

일진(日辰)이 간궁(艮宮)에 있으므로 이곳에서 초년 1세를 시작한다.

일진궁 지반수(日辰宮地盤數)가 10이므로 중궁 2의 은수(隱數)인 7을 취한다. 이로써 간궁(艮宮)에 1세부터 7세까지의 대운이 정해진다. 그리고 음둔국(陰遁局)이므로 태궁으로 가서 지반수가 9이므로 8세부터 16세까지 9년간의 대운이 정해진다.

이런 식으로 대운을 정하면 이궁에서 45세가 끝나게 된다. 45세 이후는 다시 일진궁 천반에서 시작하니 일진천반수가 7이 된다. 46세부터 52세까지 7년간의 대운이 정해지고 지반(地盤)을 역포하였으면 천반의 대운(大運)은 순포하므로 이궁으로 가서 대운이 정해진다. 이런 방법으로 천반(天盤)의 하반기 대운을 90세에 끝냄으로써 대운수가 완결된다.

이상에서 설명한 대운법을 홍국대운수(洪局大運數)를 정하는 법이라 하고, 연국(煙局)의 대운(大運)을 보는 법이 있으니 다음과 같다.

천반의 일간궁에서 초년 1세를 시작하여 각 궁마다 9년씩 계산하여 81세로 연국 대운(煙局大運)이 끝나게 되는데, 양둔은 순포로 계산하고 음둔은 역포로 계산한다. 이때 대운이 직부궁(直符宮)에 당도하면 관직사(官職事)에 대길하고 길문길격궁(吉門吉格宮)에 이르면 운수대통이라 한다.

홍연국(洪煙局)의 대운을 서로 비교하여 성문괘(星門卦)의 길흉과 천·지반수의 상생(相生)·상극(相尅) 그리고 기의길흉격(奇儀吉凶格) 등을 살펴서 대운의 길흉을 논단한다.

① 대운이 관귀(官鬼)·사문(死門)·절명(絶命)에 임해 있고 신수국상에서 일진궁·천반·중궁·세궁 등에서 관귀가 왕생(旺生)하고 있으면 온전하게 이 해를 넘기기 어렵다. 그러나 사주

국이 길격을 이룬 자는 오히려 권세를 잡기도 한다.

② 대운이 관성(官星)·길문괘(吉門卦)에 있고 신수국상에 일진천반·중궁·세궁 등에서 관성이 왕생(旺生)하고 있으면 관직·구직·명예 등의 일에 길하다.

③ 대운이 관귀(官鬼)에 있고 신수국(身數局)이 상충극(相冲尅)·복음(伏吟)으로 되어 있으면 질병·사고 등으로 고생한다.

④ 대운이 자손에 있으면 자손·구재(求財)·손아랫사람 등의 문제가 발생하는데, 신수국(身數局)에서 자손이 왕동(旺動)하고 길격(吉格)을 이루고 있으면 이 해에 득자(得子) 또는 재물(財物)을 얻게 되는데 관직·구직에는 불리하다.

⑤ 대운이 재성(財星)에 있으면 재물·여자·결혼 문제 등이 발생하는데, 신수국에서 재성(財星)이 왕생(旺生)하여 동하고 있으면 이성 문제·사업 경영·관직사(官職事)·결혼 등에 대길하다.

⑥ 여명(女命)일 경우 대운이 관성(官星)·관귀(官鬼)·형제궁에 있으면 남자를 만나서 연애·결혼 등을 많이 한다. 아울러 신수국에서 관성(官星)과 형제 또는 관귀(官鬼)가 동하고 있으면 남자로 인한 문제가 발생하게 된다.

⑦ 대운이 부모에 있으면 부모·문서에 관한 일이 생기는데 신수국에서 부모가 왕생(旺生)하여 동하고 있으면 육친부모·인기·문서·학업 등의 일에 경사와 길함이 있으나 득자(得子)·아랫사람을 구하는 일 등에는 불리하다.

⑧ 대운이 형제에 있으며 신수국에서 형제가 일진천반(日辰天盤)에 가임(加臨)하고 세궁·중궁 등에서 동하고 있으면 형제·친구·동업·손재 등의 문제가 발생하는데, 동업에는 길하나 결혼·구재(求財)에는 불리하다.

대운이 왕생유기궁(旺生有氣宮)에 있고 길문괘(吉門卦)가 있으면(官鬼宮일 경우를 제외하고) 이 운이 다 가도록 길하고, 대운이 쇠약무기궁(衰弱無氣宮)에 있고 흉문괘가 있으면 이 운이 다가도록 흉한 것이다.

대운궁(大運宮)에 비록 흉문괘(凶門卦)가 있더라도 천지반이 상생유기(相生有氣)하면 반흉반길하고, 이와 반대로 되어 있어도 마찬가지이다.

대운궁이 길하고 신수국이 길격(吉格)을 득하면 운수대통하고, 대운궁이 흉하고 신수국도 흉격(凶格)을 이루면 만사불통한다.

대운궁이 공망(空亡)되어 있으면 이 운이 다 가도록 허사(虛事)가 많은데, 대운궁이 왕생하고 유기(有氣)하면 흉하게 보지 않는다.

대운궁에 삼기(三奇)·삼길문(三吉門)이 삼길성(三吉星)과 합하여 있으면 운수대길한다.

제 2 장
기문사주국의 경험

1. 실례 ①

乾命(1919년 8월 8일 卯時生)

時日月年
辛丙癸己(天盤 九)
卯戌酉未(地盤 六)
陰遁局 秋分中元一局
直吏 生門
直符 天任
時符頭 庚(甲申旬中)

① 1919년 8월 1일 己卯日(上元符頭)에 추분상원(秋分上元)
이 시작되니 己卯(1일)~癸未(5일)까지가 상원(上元), 甲申(6
일)~戊子(10일)까지가 중원(中元), 己丑(11일)~癸巳(15일)
까지가 하원(下元)이 되므로 8월 8일생은 추분중원에 속하므로
1국이 된다. 그러므로 감1궁(坎一宮)에서 戊를 시작하여 음둔
국(陰遁局)이므로 이9궁(离九宮)에 己, 간8궁(艮八宮)에 庚, 태
7궁(兌七宮)에 辛, 건6궁(乾六宮)에 壬, 중5궁(中五宮)에 癸,
손4궁(巽四宮)에 丁, 진3궁(震三宮)에 丙, 곤2궁(坤二宮)에 乙
을 붙임으로써 지반기의(地盤奇儀)를 포국(布局)하고 천반기의

<table>
<tr>
<td>休禍六天景
門害合柱門

辛　　　孫　　五
丁　　　　　　十
(9세, 77세~81세)</td>
<td>開絶太天死　空
門命陰心門　亡

壬　　　孫　歲十
己　　　　干五
(34~38, 52~55세)</td>
<td>杜絶騰天驚　桃空
門体蛇蓬門　花亡

戊　　父　歲七
乙　　母　支八
(19~26, 64~70세)</td>
</tr>
<tr>
<td>景天玄天杜　日
門医武芮門　馬

乙　財　時　六
丙　星　支　九
(10~18, 71~76세)</td>
<td>

劫貴
殺人

癸　　　　月九
　　　　　干六
(3~8, 82~90세)</td>
<td>生生直天開　歲　함홍
門氣符任門　劫　지엽살찰

庚　父　　時月二
辛　母　　干支三
(43~45, 49~50세)</td>
</tr>
<tr>
<td>傷福白天傷
門德虎英門

己　　　　財一
庚　　　　鬼四
(39~42, 51세)</td>
<td>驚遊九天生
門魂地甫門

丁　　　　兄八
戊　　　　弟七
(27~33, 56~63세)</td>
<td>死歸九夫休　화귀관세
門魂天冲門　개문겁마

丙　　　　　三
壬　　世　　　二
(1~2세, 46~48세)</td>
</tr>
</table>

(天盤奇儀)는 지반기의(地盤奇儀) 중 일간(日干) 있는 궁에 시부두(時符頭)를 옮겨 붙여 순행(順行)하므로 辛卯時는 甲申旬中에 있으므로 시부두(時符頭)는 庚이 되고 시간(時干)은 辛이므로 태궁신상(兌宮辛上)에다가 간궁(艮宮)의 庚(時符頭)을 옮겨 붙이고 건궁임상(乾宮壬上)에 진궁(震宮)의 丙을 옮겨 붙이는 방법으로 천반기의(天盤奇儀)를 포국(布局)한다.

② 홍국천지반(洪局天地盤)은 사주간지(四柱干支)를 취하니, 辛(8)＋丙(3)＋癸(10)＋己(6)＝27이니 9로 나누면 0이 되므로 천반(天盤)은 9가 된다.

卯(4)＋戌(11)＋酉(10)＋未(8)＝33이니 9로 나누면 나머지 수가 6이 되므로 지반(地盤)은 6이다. 이런 식으로 구한 천지반수(天地盤數)를 중궁(中宮)에 넣고 천반(天盤)은 이궁(离宮)으로 역포(逆布)하고 지반(地盤)은 감궁(坎宮)으로 나가서 순포(順布)한다.

③ 사진궁(四辰宮)과 사간궁(四干宮)은 사주간지(四柱干支)에 따라 정하게 된다.

연지(年支)가 未이므로 곤궁(坤宮 : 未申)이 세지궁(歲支宮), 월지(月支)가 酉이므로 태궁(兌宮 : 酉)이 월지궁(月支宮), 일지(日支)가 戌이므로 건궁(乾宮 : 戌亥)이 일진궁(日辰宮 : 世宮), 시지(時支)가 묘(卯)이므로 진궁(震宮 : 卯)이 시지궁(時支宮)으로 정해지는 것이고, 연간(年干)이 己이므로 지반기의(地盤奇儀) 중에서 己가 임한 궁이 세간(歲干), 월간(月干)이 癸이므로 지반기의(地盤奇儀) 중에서 癸가 임한 궁이 월간(月干), 일간(日干)이 丙이므로 지반기의(地盤奇儀) 중에서 丙이 임한 궁이 일간궁(日干宮), 시간(時干)이 辛이므로 지반기의(地盤奇儀) 중에서 辛이 임한 궁이 시간궁(時干宮)이 되는 것이다.

④ 육친(六親)은 일진수를 위주로 정하니 일진지반수(日辰地盤數)가 2(陰火)이므로 일진이 생하는 5·10(土)이 자손, 일진을 생하는 3·8(木)이 부모, 일진을 극(尅)하는 음수(陰水)인 6이 관귀(官鬼), 양수(陽數) 1은 관성(官星), 일진과 동일오행(同一五行)인 7(火)이 형제, 일진이 극하는 4·9(金)는 재성(財星)이 된다.

연국(煙局)에서의 육친(六親)은 시간(時干)을 위주로 하니 직부궁(直符宮)과 일간궁(日干宮)을 본인(本人 : 己身)으로 보고 월간(月干)은 형제로 보고, 세간(歲干)은 부모로 보고, 시간(時干)은 처·자식으로 본다.

⑤ 팔괘생기(八卦生氣)는 중궁지반수(中宮地盤數)에 따라 팔방에 배치하게 되니 도표에 의한다.

홍국팔문(洪局八門)은 음양둔(陰陽遁)으로 나누어 일진이 있는 궁에서 생문(生門)을 일으키니 본국(本局)은 추분음둔국(秋分陰遁局)인데 태궁(兌宮)에 丙戌日辰이 있으므로 태궁(兌宮)

에서 생문(生門)을 일으키게 된다.

일진 丙戌이 甲申旬中에 있으니 午·未가 공망(空亡)이 되므로 이궁(离宮 : 午)과 곤궁(坤宮 : 未申)에 공망(空亡)을 정한다.

⑥ 직부팔장(直符八將)의 부법(符法)은 천반기의(天盤奇儀) 중에서 시부두(時符頭)인 庚이 있는 태궁(兌宮)에 직부성(直符星)을 붙여서 음둔역행(陰遁逆行)하니 곤궁(坤宮)에 등사(螣蛇), 이궁(离宮)에 태음(太陰), 손궁(巽宮)에 육합(六合) 순으로 배치한다.

천봉구성(天蓬九星)의 부법(符法)은 지반기의(地盤奇儀) 중에서 시부두(時符頭) 庚이 있는 간궁(艮宮)의 정위성(定位星)인 천임성(天任星)을 지반기의(地盤奇儀) 중에서 시간(時干) 辛이 있는 태궁(兌宮)에 옮겨 붙인 뒤 음양둔(陰陽遁)을 막론하고 봉(蓬), 임(任), 충(冲), 보(輔), 영(英), 예(芮), 주(柱), 심(心) 순으로 순행(順行)하므로 태궁(兌宮)에 천임(天任), 건궁(乾宮)에 천충(天冲), 이궁(离宮)에 천보(天輔), 간궁(艮宮)에 천영(天英), 진궁(震宮)에 천예(天芮), 손궁(巽宮)에 천주(天柱), 이궁(离宮)에 천심(天心), 곤궁(坤宮)에 천봉(天蓬)을 붙인다.

시가팔문(時家八門)은 지반기의(地盤奇儀) 중에서 시부두(時符頭) 庚이 있는 간궁(艮宮)의 정위문(定位門)인 생문(生門)을 시간 닿는 궁에 붙이므로 간궁(艮宮)에서 甲申(庚)하니 태궁(兌宮)에 乙酉, 건궁(乾宮)에 丙戌, 중궁(中宮)에 丁亥, 손궁(巽宮)에 戊子, 진궁(震宮)에 己丑, 곤궁(坤宮)에 庚寅, 감궁(坎宮)에 辛卯 시간이 닿는 고로(陰遁이므로 逆計한 것임) 감궁(坎宮)에 생문(生門), 간궁(艮宮)에 상문(傷門), 진궁(震宮)에 두문(杜門), 손궁(巽宮)에 경문(景門), 이궁(离宮)에 사문(死門), 곤궁에 경문(驚門), 태궁(兌宮)에 개문(開門), 건궁(乾宮)

에 휴문(休門) 순으로 음양둔(陰陽遁)을 막론하고 순행(順行)한다(休·生·傷·杜·景·死·驚·開).

⑦ 대운(大運)은 음둔국(陰遁局)이므로 일진궁 지반(地盤)에서 시작하여 역계(逆計)하니 각 궁의 지반수(地盤數)에 의한다. 그러므로 건궁(乾宮)에서 1~2세까지의 대운이 정해지고 중궁(中宮)에서 3~8세까지, 손궁(巽宮)에서 10이니 구궁(九宮)에는 원래 10수가 없는 고로 10으로 계산하지 않고 중궁은 복수(中宮隱伏數)를 취용하므로 1이 된다. 손궁(巽宮)에서는 1로 계산하니 9세를 보고, 진궁(震宮)에서 10~18세까지, 곤궁(坤宮)에서 19~26세, 감궁(坎宮)에서 27~33세, 이궁(离宮)에서 34~38세, 간궁(艮宮)에서 39~42세, 태궁(兌宮)에서 43~45세의 대운을 정함으로써 지반(地盤)에서 45세 대운이 끝나게 되고 다시 일진천반(日辰天盤)에서 46세를 시작하니 천반은 순포(順布)한다. 10수일 경우에는 중궁 천반(中宮天盤)의 은복수(隱伏數)를 취용한다. 천지반 90세로서 대운이 끝나게 된다.

⑧ 각 신살(神殺)을 정하는 방법은 신살론(神殺論)을 참고하면 된다.

⑨ 본명국(本命局)을 논하면 다음과 같다.

일진천반(日辰天盤)에 부모가 임하여 있고 세월(歲月)의 부모가 일진을 생하므로 기초가 왕생하여 장수하게 된다.

일진이 건궁(乾宮)에 거하여 충극(冲剋)을 받으니 타향 객지에 나가 자수성가한다.

일진궁이 화개지(華蓋地)에 있고 귀문살(鬼門殺)이 있으며 부모가 생하므로 종교·철학에 관심이 깊고 학문을 좋아한다.

일진상하(日辰上下)가 형살(刑殺)로 되어 있고 관겁(官劫)이 동궁하고 중궁 관귀(中宮官鬼)와 상충(相冲)하고 있으니 형액(刑厄)을 당하고 관재구설이 분분하다.

세월궁(歲月宮)에 도화(桃花)·함지(咸池)가 있으니 색란(色亂)이 있고, 재성수(財星數)가 4·9(金)로 되어 있으니 두 명의 처를 얻게 되고 재화(財禍)가 있다.

7(火)이 감수궁(坎水宮)에 거하여 수생(受生)하고 유혼(遊魂)이 동궁한 고로 성격은 조급하고 불 같으나 쾌활하지 못한 편이고 일진수가 2(陰火)이므로 대인 관계가 원만하지 못하다. 또한 일진이 건궁(乾宮)에 있으니 노력을 많이 하고 부지런하나 독선적인 면이 있다.

중궁(中宮)에 관귀(官鬼)가 수생(受生)하여 동하나 일진이 왕생한 고로 관재형액수(官災刑厄數)로 논한다.

관귀천반(官鬼天盤)에 재성(財星)이 임하니 처로 인한 화(禍)가 있다.

일진궁에 귀문살(鬼門殺)이 있으니 정신 이상·신경 쇠약에 걸려 본다.

자손궁(子孫宮)이 겸왕(兼旺)·거생(居生)하므로 자식을 많이 두고 자손이 창성하게 되나 공망(空亡)되고, 흉문괘(凶門卦)가 동궁하고 있으므로 일부 손상하게 된다.

일진이 거극(居剋)되어 있으나 세월(歲月)의 생을 받아 왕생하니 출가하면 이로운데, 자손이 왕동(旺動)하므로 재물은 풍족한 편이다.

세지궁(歲支宮)과 부모가 공망(空亡)되어 있고 쇠사지(衰死地)에 거하므로 부모와 인연이 박하다.

직부(直符)·시간(時干)이 庚加辛 백호간격(白虎干格)·복궁격(伏宮格 : 庚加時干) 등의 흉격(凶格)을 이루어 동한즉 살상과 재해를 초래하니 사회 진출운이 막힌 상태이다.

일간궁(日干宮)이 乙加丙 기의순수격(奇儀順遂格)을 이루어 길한 듯하나 흉문성(凶門星)이 동궁한 고로 화흉(化凶)하여 부부가 이별하게 된다. 아울러 재성궁(財星宮)에 있으니 필히 상별

(相別)한다.

　천반일간(天盤日干)이 건궁(乾宮)에 임하여 삼기입묘격(三奇入墓格)이 되었으니 흉중(凶中)의 흉이다.

　본명(本命)은 20세 전에 결혼하여 아들 셋을 두고 6·25 사변 당시에 처자와 이별하고 재혼하여 아들 셋을 두고 가업을 이루었으나 인덕이 전무하여 고독하게 생활하는 사람으로 현재 종교에 심취하고 있다. 전쟁중에 포로가 되어 수용소 생활을 하였으며 부지런한 덕분에 얼마간의 재산을 모았으나 손재함이 많았고, 처와 불화하여 가정이 조용한 날이 없었으며 편협하고 독선적인 기질로 인하여 대인 관계가 원만하지 못하였다. 그러나 환갑이 지난 나이임에도 한시도 쉬는 일이 없이 근면 성실하여 정직한 품성은 고집과 함께 주위 사람들이 인정하는 사람이다.

2. 실례 ②

● **사주국경험**(四柱局經驗)
乾命, 안중근 의사(1879년 7월 16일 午時生)

時日月年
戊戌壬己(天盤 七)
午子申卯(地盤 三)
陰遁處署中元四局
直吏 生門
直符 天任
時符頭 癸(甲寅旬中)

開絶直天生　　　羊 門体符任門死　　刃 　　　　　葬　　殺 癸　　　官　日　三 戊　　　　　干　七 （28~34세）	驚生九天傷　正歲空 門氣天冲門　緑馬亡 　　　　病 己　　　　　時　八 壬　　鬼　　支　二 （5~6세）	傷禍九天杜　　　空 門害地輔門旺　　亡 　　　　　　　衰 戊　　　　　月　五 庚　　父　　支　五
杜歸螣天休　胞 門魂蛇蓬門 辛　　　　歲　四 己　　孫　支　六	歲日 　　　　　官馬 　　　　　劫 乙　　　財　七三 （25~27세）	休絶白天景　冠 門命虎英門 壬　　　　　　十 丁　　父　　　十 （8~15세）
生遊太天開　胎 門魂陰心門　養 丙　　　　　九 癸　　孫　　一 （7세）	死福六天驚　生 門德合柱門 丁　　　世　六 辛　　　　　四 （1~4세）	景天玄天死　浴 門医武芮門　帶 庚　　　　　一 丙　　兄　　九 （16~24세）

⑴ **사주국**(四柱局) **작성 방법**

① 생년월일시로 사주(四柱)를 세운다.

② 천간(天干)을 합하여 9로 나눈 나머지를 천반수(天盤數)로 놓고, 지지(地支)를 합하여 역시 9로 나눈 나머지를 지반수(地盤數)로 놓고, 이렇게 해서 나온 천지반수(天地盤數)를 중궁(中宮)에 넣고 천반(天盤)은 이궁(离宮)으로 역포(逆布)하고, 지반(地盤)은 감궁(坎宮)으로 순포(順布)한다. 이로써 홍국수리포국(洪局數理布局)이 완성된다.

③ 음양둔(陰陽遁)을 구분하고 삼원국(三元局)을 구한다(절기의 上中下元을 밝히는 것임).

④ 해당국(該當局)에서 甲子·戊를 일으켜 음둔역포(陰遁逆布)하고 양둔순행(陽遁順行)하여 육의삼기(六儀三奇)를 배치한다.

천반기의(天盤奇儀)는 시간(時干) 있는 곳에 시부두(時符頭)를 옮겨 붙인 뒤 순행(順行)시킨다.

⑤ 중궁지반수(中宮地盤數)에 따라 팔괘생기(八卦生氣)를 배포한다.

⑥ 일진 있는 궁에서 생문(生門)을 시작하여 홍국팔문(洪局八門 : 日家)을 배포한다(陰·陽遁으로 구분함).

⑦ 천반기의(天盤奇儀) 중에서 시부두(時符頭) 있는 곳에 직부(直符)를 시작하여 양둔순행(陽遁順行)하고 음둔역행(陰遁逆行)하여 배치하니 직부팔장(直符八將)이라 한다.

⑧ 시가팔문(時家八門)과 천봉구성(天蓬九星)은 생략해도 무방하니 홍국(洪局)을 위주로 하기 때문이다.

⑨ 세마(歲馬)는 연지삼합(年支三合)의 생지(生地)를 충(冲)하는 지반수(地盤數)에 붙이고, 일마(日馬)는 일지삼합(日支三合)의 생지(生地)를 충(冲)하는 지반수(地盤數)에 붙인다.

기타 신살(神殺)은 신살론(神殺論)을 참고하면 된다.

⑩ 일진지반수(日辰地盤數)를 중심으로 각 궁에 육친(六親)을 정한다.

사진(四辰)은 연월일시를 말함이니 동하는 것이라 한다.

⑪ 십이운성(十二運星)은 일진수에 따라 각 오행(五行)의 절지궁(絶地宮)에 정하니 음양둔(陰陽遁)으로 구분한다(絶한 수에 정하지 않고 絶한 궁에 胞를 정함).

⑫ 대운은 음양둔(陰陽遁)으로 구분하여 일진지반수(日辰地盤數)에서 시작한다.

(2) **사주국**(四柱局) **해석 순서**

① 홍국(洪局)은 일진을 위주로 하니 일진궁의 왕쇠(旺衰)·월령(月令)의 득실을 먼저 살핀다.

② 이궁천반수(离宮天盤數)와 감궁지반수(坎宮地盤數)의 생극

(生尅) 관계를 살펴본다(尅沖은 불길).

③ 일진궁과 중궁(中宮)과 세궁(歲宮)의 생극(生尅)함을 살핀다(相生한즉 대길).

④ 일진궁과 중궁, 일진궁과 세궁(歲宮)의 길흉을 본다.

⑤ 사진궁(四辰宮)의 문괘(門卦)와 각 궁의 상생(相生), 상극(相尅)의 관계를 살핀다.

⑥ 연국(煙局)은 시간(時干)을 위주로 하니 일간과 시간(時干)·세간(歲干)·월간(月干) 등이 길문길격(吉門吉格)을 이루면 대길하고 흉격(凶格)을 이룬즉 흉명(凶命)으로 논한다. 홍국(洪局)과 연국(煙局)이 모두 길하면 대길격(大吉格)이고, 어느 한 가지만 길하면 반흉반길(半凶半吉)하다.

특히 직부궁(直符宮)과 일간궁을 자세히 보아야 한다.

⑦ 각 궁(宮)의 육친을 살펴 왕생·쇠약을 가려내어 길흉을 논한다. 이로써 인명의 일생을 추론할 수 있는 것이니 실(實)함에 허(虛)함이 있고, 허함에 실함이 있으므로 홍국(洪局)의 팔괘(八卦)·팔문(八門)·홍국수(洪局數)·사진궁(四辰宮)과 연국(煙局)의 직부팔장(直符八將)·일가팔문(日家八門)·기의격국(奇儀格局)·천봉구성(天蓬九星)·사간궁(四干宮)을 복합적으로 판단해야 하므로 실로 난해하다 하지 않을 수 없으나 하나하나 연구·관찰해 가다 보면 어느새 깨치게 되어 인명의 길흉을 손바닥 안에 놓고 들여다보듯이 정확하게 판단해 낼 수 있는 것이다.

이 명국(命局)은 음둔4국(陰遁四局)이므로 사손궁(四巽宮)에서 戊를 시작하여 역포(逆布)하고, 천반기의(天盤奇儀)는 시간(時干) 무상(戊上)에 시부두(時符頭)인 癸를 옮겨 붙인 뒤 순회(順回)함으로써 천지반기의(天地盤奇儀)가 완성된다.

팔괘생기(八卦生氣)는 중궁지반수(中宮地盤數)를 중심으로 배치하고, 홍국팔문(洪局八門)은 일진 戊子 있는 궁에서 생문(生

門)을 시작하여 음둔역포(陰遁逆布)하므로 무자일진(戊子日辰)
이 간궁(艮宮)에 있으니 간궁에 생문(生門)을 놓고 음둔팔문
(陰遁八門)의 순서에 따라 포국한다.

직부팔장(直符八將)은 천반기의(天盤奇儀) 중에서 시부두(時
符頭) 癸가 있는 궁에 직부성(直符星)을 붙여 음둔역행(陰遁逆
行)하므로 손궁(巽宮)에 직부(直符)를 놓고 역회(逆回)한다.

천봉구성(天蓬九星)은 지반기의(地盤奇儀) 중에서 시부두(時
符頭)가 있는 궁의 정위성(定位星) 직부(直符)를 지반기의(地盤
奇儀) 중에서 시간(時干) 있는 궁에 옮겨 놓고 순회(順回)하므
로 손궁(巽宮)에 직부(直符)인 천임(天任)을 놓고 순행(順行)
한다.

연지(年支)가 卯이므로 진묘궁(震卯宮)이 세지궁(歲支宮)이
되고, 월지(月支)가 申이므로 곤미신궁(坤未申宮)이 월지궁(月
支宮)이 되고, 일지(日支)가 子이므로 감자궁(坎子宮)이 세궁
(世宮) 또는 일진궁이 된다. 시지(時支)가 午이므로 이오궁(离
午宮)이 시지궁(時支宮)이 된다. 일간이 戊이므로 지반기의(地
盤奇儀) 중 戊가 있는 손궁(巽宮)이 일간궁이 되는 것이다. 다
른 것도 이와 같은 방법으로 정하면 된다.

사진(四辰)이라 하는 것은 세(歲)·월(月)·일(日)·시(時)의
네 궁(宮)을 말하는 것이다. 이 명국(命局)을 논하면 다음과 같
다.

일진이 월지(月支)에서 승왕(乘旺)하나 거사지(居死地)에 거
하고 있고, 전국(全局)이 상생(相生)되어 있으나 삼살성(三殺
星)인 쌍오(雙五)가 월지부모궁(月支父母宮)에서 동하고 있으
며, 관성(官星)·관귀(官鬼)가 태왕(太旺)하므로 가위 흉명임을
짐작할 수 있다.

일간에 직부(直符) 길신(吉神)과 관성(官星)이 있고 양인살
(羊刃殺)을 겸하고 있으므로 품격이 높고 명예가 큰 것이다. 만

약에 소인배라면 안하무인격으로 논한다.

국중(局中)에 삼살성(三殺星)이 동하고 있으면 대개 불구자나 순국 열사가 되거나 형액(刑厄)·살상 등을 당하는 흉명(凶命)이 많은데 격국(格局)이 길한 자는 대권을 잡기도 한다. 혹은 요절하는 자도 많이 있다.

국중(局中)의 7(火)로써 사람의 마음을 살피는데 7(火)가 수생(受生)·거왕(居旺)하므로 뜻이 높고 대범하며 마음이 사해(四海)와 같이 넓은 사람이다.

일진궁에 비해 관성(官星)·관귀궁(官鬼宮)이 왕생하므로 흉명(凶命)으로 논한다(中宮의 財星이 궁을 生助하고 있음).

일진이 四金이므로 의리와 신의가 있고 담백한 사람이다.

시부두(時符頭)인 癸가 손궁(巽宮)의 일간천반(日干天盤)에 가임(加臨)하므로 육의격형격(六儀擊刑格)이 되었으므로 행동한즉 형액(刑厄)을 당하게 되고, 곤궁상(坤宮上) 천반(天盤)에 있는 일간이 庚과 합하여 비간격(飛干格)을 이루므로서 육친·형제와 자신에게 재앙이 닥침을 알 수 있다.

1909년 10월 26일 국가의 원흉인 이등박문을 사살하는 장쾌한 역사를 이루었으며 일본인조차도 존경할 정도의 인격자였던, 1910년 2월 26일 순국한 안중근 의사의 사주국이다.

3. 실례 ③

坤命, 朴某氏(1936년 12월 23일 寅時生)

時日月年
壬壬辛丙(天盤 二)
寅戌丑子(地盤 八)
陽遁立春下元二局
直吏 死門

直符 天禽

時符頭 辛(甲午旬中)

休絶天白死 門命任虎門 養生 受劫 桃花 八二 丁庚 鬼	生禍天玄驚 門害冲武門 浴 三七 己丙 官 歲干	死生天九開 門氣輔地門 帶冠 十十 庚戊辛 父
景遊天六景 門魂蓬合門 胎 羊刃 九一 乙己 孫	桃花 財鬼 二八 辛 月干	開絶天九休 門体英天門 旺 五五 丙癸 父
驚歸天太杜 門魂心陰門 胞葬 空亡 四六 壬丁 孫 時支 月支	傷天天螣傷 門医柱蛇門 空亡 死 一九 癸乙 兄 歲支	杜福天直生 門德禽符門 受劫 衰病 咸池 鬼門 六四 辛壬 世 時干 日干

　일진이 월지(月支)에서 승생(乘生)하고 거왕(居旺)하며 길문괘(吉門卦)가 동궁하고 있으니 기본 토대가 견고한 편이므로, 국중(局中)에 흉살(凶殺)이 동하더라도 흉사·요절하는 데까지 이르지는 않는다.

　일간(日干) 壬이 건궁(乾宮)에서 직부(直符) 辛을 가하여 흉사입옥(凶蛇入獄)이라는 흉격(凶格)을 이루고, 곤궁(坤宮)에서 시간(時干) 壬이 丁을 가하여 간합사형격(干合蛇刑格)이라는 흉격(凶格)을 이루고 있으므로 시비 투쟁·부부 이별·가정 불화 등의 흉사를 겪게 되는 흉명(凶命)임을 알 수 있다.

　일진과 중궁(中宮)의 재귀(財鬼)가 상충(相冲)하고 재귀(財

鬼)가 천반(天盤)에 관귀(官鬼)를 대(戴)하고 있으므로 평생 손재가 많다.

부모가 천강살(天罡殺)인 쌍오(雙五)로 되어 丙과 庚을 가(加)하고 세지궁(歲支宮)이 공망(空亡)되어 있고 형제궁(兄弟宮) 또한 공망지(空亡地)에 거하고 있으므로 부모 육친과 인연이 박하고 무덕한 것이다. 그리고 살성(殺星)이 부모궁(父母宮)에 있으므로 부모는 흉사·병사하고 패가하게 된다.

여명(女命)에서는 관성(官星)을 남편으로 보는데 관귀(官鬼)도 같이 본다.

관성(官星)이 흉문괘(凶門卦)와 동궁하고 도화(桃花)·수겁(受劫)의 살성(殺星)을 겸하여 욕지(浴地)에 거하고 있으며 수생(受生)·거왕(居旺) 그리고 중궁재귀(中宮財鬼)의 생조(生助)를 받아 극왕(極旺)하므로 흉포한 남편을 만나서 고생하게 된다. 또한 주색잡기로 인하여 패가망신하는 남편을 두게 된다.

국중(局中)의 7(火)로써 마음을 본다. 7(火)가 왕생하므로 뜻이 높고 이해심이 많으며 남자와 같이 활발하다. 또한 일간에 직부성(直符星)이 있으므로 다정다감한 인격자이다. 아울러 대인 관계가 원만한 사람이다.

일진궁에 이중겁살(二重劫殺)과 귀문관살(鬼門關殺), 함지살(咸池殺)이 동궁하였으므로 가정 파탄의 상이며 주색재난(酒色災難)의 상이다. 또한 정신적으로 쇠약하므로 신기(神氣)가 발동해 본다.

시지(時支)의 자손이 공망지(空亡地)에 있고 흉문괘(凶門卦)가 합하므로 자식과 인연이 없고 낳더라도 많이 상하거나 멀리 떨어져 살게 된다.

실제로 이 여명(女命)은 일찍이 결혼하여 아들 둘을 낳은 뒤 시집과 남편의 구박으로 쫓겨났으며 다시 재혼했으나 흉포한 남자를 만나서 폭력에 신음하다가 재혼한 남편이 주색패가(酒

色敗家)한 후에 다시 헤어졌고, 요식업을 하여 돈을 모으긴 했
으나 가까운 사람으로부터 사기를 당하여 파재(破財)하고 현재
독신으로 살아가고 있다.

부가(富家)에서 태어났으나 유산 하나 받지 못하고 부모대
(父母代)에 파가(破家)했다.

4. 실례 ④

乾命, 全斗煥 前大統領(1931년 12월 6일 午時生)

時日月年
戊癸辛辛(天盤 四)
午酉丑未(地盤 九)
陽遁小寒中元 八局
直吏 杜門
直符 天輔
時符頭 癸(甲寅旬中)

이 명조(命造)의 격국(格局)을 논하면 다음과 같다.

간궁(艮宮)에서 직부(直符) 癸가 戊와 합하여 천을회합(天乙
會合), 길인(吉人)이 도와 준다는 길격(吉格)을 이루고(天盤日
干과 地盤時干宮에 해당됨), 천반(天盤)의 시간(時干) 戊가 지반
(地盤) 丙과 합하고 생문(生門)과 동궁하고 있으므로 청룡회수
(靑龍回首)라는 길격(吉格)을 이루고 있다. 청룡회수(靑龍回首)
는 군신회좌(君臣回坐)라고 하여 일간 및 시간상(時干上)에 이
격(格)을 갖추면 관운이 대통한다.

손궁(巽宮)에 지반일간(地盤日干)이 천반(天盤)에 辛을 가하
여 천뢰화개(天牢華蓋)라는 진퇴양난의 흉격(凶格)을 겸하고
있으므로 길중(吉中)에 소흉(小凶)함이 있다고 할 수 있다. 비

<table>
<tr>
<td>休福天太死
門德芮陰門

辛癸　孫　日干　十三</td>
<td>生歸天六驚
門魂柱合門

乙己　孫　時支　五八</td>
<td>死遊天白開
門魂心虎門

丙辛　兄　歲月歲干干支　二一</td>
</tr>
<tr>
<td>景生天螣景　歲馬
門氣英蛇門

己壬　財　一二</td>
<td>丁　父　四九</td>
<td>開天天玄休　日馬
門医蓬武門

庚乙　世　七六</td>
</tr>
<tr>
<td>驚禍天直杜
門害輔符門

癸戊　財　月支　六七</td>
<td>傷絕天九傷
門体冲天門

壬庚　鬼　三十</td>
<td>杜絕天九生　空亡
門命任地門

戊丙　官　八五</td>
</tr>
</table>

록 전국(全局)이 상극(相尅)하고 있으나 중궁(中宮)에 쌍인(雙印)·쌍부모(雙父母)가 동하고 있으니 화살격(化殺格)으로 대길격(大吉格)에 속한다. 그러나 쌍금(雙金)이 부모로 되어 동하면 끝내 흉격(凶格)으로 변하고 마는 것이므로 부귀가 장구하지 못하다.

일진궁에 길문괘(吉門卦)가 중중(重重)하고 거생(居生)하므로 기초가 굳건하여 백흉(百凶)이 소멸한다.

관성궁(官星宮)에 기의(奇儀)가 길격(吉格)을 이루고 승왕(乘旺)하나 공망(空亡)·거공(居空)되어 있으므로 관직에 진출하나 공명을 지속하기 어렵다.

일진궁 천반(日辰宮天盤)에 재성(財星)이 임해 있고 재성궁(財星宮)이 거왕(居旺)하므로 처와 재물의 덕을 본다.

43세에 장군이 되어 1980년 8월 27일 제11대 대통령에 취임했던 전 전두환 대통령의 명조(命造)이다.

5. 실례 ⑤

乾命, 故 朴鍾哲 君(1965년 6월 29일 寅時生)

時日月年
壬壬癸乙(天盤 三)
寅午未巳(地盤 六)
陰遁大署上元七局
直吏 杜門
直符 天輔
時符頭 辛(甲午旬中)
截路空亡時에 속함

禍生天九生 害門英天門 丙辛 兄 歲支 九十	絶休天九傷 命門芮地門 癸丙 世 四五	絶景天白杜　　空 体門柱虎門　　亡 戊係庚 官 月干 月支 日八
天死天直休 医門甫符門 辛壬 孫 時干 日干 十九	 庚 財 三六	生傷天玄景　　空 氣門心武門　　亡 己戊 鬼 六三
福杜天螣開 德門冲蛇門 壬乙 孫 歲干 時支 五四	遊開天太驚 魂門任陰門 乙丁 父 二七	歸驚天六死 魂門蓬合門 丁己 父 七二

시간(時干)이 절로공망시(截路空亡時)에 속하고 중궁(中宮)에 태백(太白) 庚金이 동하고 일진궁에 형혹성인 병화(丙火), 흉문괘(凶門卦)가 중중(重重)하므로 흉사(凶死)할 것이 분명하다.

진궁(震宮)에 있는 일가과 시간(時干)이 흉사입옥격(凶蛇立獄

格)으로 흥격을 이루고 직부성(直符星)이 9(金)와 동궁하였으므로 흉명이 된다.

간궁(艮宮)에 천반(天盤)의 일간과 시간(時干)이 乙奇와 합하여 축수도화(逐水桃花)라는 흉격을 이루고, 육경(六庚)이 월간(月干)과 월지상(月支上)에 가해 있으므로 형제·친우에게 불리하다.

세간(歲干) 乙奇가 간궁(艮宮)에 거하여 목래토극격(木來土尅格)을 이루어 흉하니 부모에게 재난이 닥침이다. 이렇듯 사간(四干)·사진(四辰)이 모두 흉문괘(凶門卦)에 흉격을 이루었으니 어찌 온전하게 생명을 보전할 수 있겠는가. 서울대에 입학하여 1987년 1월 16일 시위중 친구의 소재지를 정확히 밝히지 않다가 물 고문으로 사망한 고 박종철 군의 사주국이다.

6. 실례 ⑥

乾命, 金某氏(1972년 6월 27일 辰時生)

時日月年
戊己丁壬(天盤 六)
辰巳未子(地盤 二)
陰遁立秋中元五局
直吏 死門
直符 天禽
時符頭 戊(甲子旬中)

일진궁이 승극(乘尅)·거사(居死)하고 상하가 상충하며 허방(虛方)에 거하고 있는데다가 일간이 己加己 복음연약(伏吟軟弱)·지호봉귀(地戶蓬鬼) 흉격이 겹치므로 수명 보전이 어렵고 우환·질액(疾厄)으로 고생하는 명이 된다.

驚天天太休 門医輔陰門 己　　日時　世　二 己　　干支　　　六 （1세~6세）	死遊天螣生 門魂英蛇門 癸　　　　　　七 癸　　兄　　　一 （19세）	生歸天直傷 門魂禽符門 辛　　　父月　四 辛　　　　支　四 （12~15세）
傷禍天六開 門害冲合門 庚　　　官　三 庚　　　　　五 （7~11세）	財 　　　　時　六 戊　　　干　二	開福天九杜 門德柱天門 丙　　　　父　九 丙　　　　　　九
休生天玄驚 門氣任武門 丁　　　鬼月　八 丁　　　干　十 （20~26세）	景絶天白死 門命蓬虎門 壬　孫　歲歲　五 壬　　　干支　三 （16~18세）	杜絶天九景 門体心地門 乙　　　　　　十 乙　　　孫　　八

　부모가 쌍금(雙金)으로 되어 월궁(月宮)에서 동하나 살성(殺星)이므로 오히려 화를 초래하고 중궁재귀(中宮財鬼)와 일진이 상충하며 전국(全局)이 상충극(相冲尅)·복음(伏吟)으로 되어 있으니 대흉격(大凶格)에 해당한다.

　일진상하(日辰上下)가 둔갑하여 중궁(中宮)에서 동하므로 두뇌가 비상하여 공부를 잘하였으나 정신 이상으로 학업을 중단하여 현재 병원에 입원 치료를 받고 있는 학생의 명(命)이다. 만약에 요수(夭壽)하지 않으면 부모에게 재화가 있게 된다.

7. 실례 ⑦

乾命, 安某氏 (1925년 9월 11일 亥時生)

時日月年

丁乙丙乙(天盤 二)
亥酉戌丑(地盤 八)
陰遁霜降中元八局
直吏 開門
直符 天心
時符頭 庚(甲申旬中)

休絕天太休　　咸 門命芮陰門　　池 丁　　　父　八 壬　　　　　二	開禍天螣生紅桃空 門害柱蛇門艷花亡 　　　　　殺殺 己　　父 日歲三 乙　　　干干七	杜生天直傷　　空 門氣心符門　　亡 庚　　兄 時十 丁　　　　干十
景遊天六開 門魂英合門 乙　　　財九 癸　　　　一	咸 　　　　　池 辛　　官 二 　　　　　八	生絕天杜九 門体蓬門天 丙　　世五 己　　　五
傷歸天玄驚 門魂輔武門 壬　財歲四 戊　　支六	驚天天白死 門医蓬虎門 癸　　月一 丙　孫干九	死福天九景 門德任地門 戊　　時月六 庚　孫支支四

　일진이 겸왕(兼旺)·승왕(乘旺)하고 길문(吉門)을 득하고 있으나 쌍오(雙五) 천강살(千罡殺)로 되어 있으므로 일진천지반(日辰天地盤) 상충이니 가정 불화·가정 파괴·횡액 살상의 상이다.

　일간(日干)에 진도화(眞桃花)와 홍염살이 동궁하고 있으므로 호색가라 한다. 아울러 일간 乙이 기의(己儀)와 합하여 유정밀의격(柔情密意格)을 이루고 있으므로 감추고 숨는 것을 좋아하고 색정을 탐함이 농후한 위인이다.

　경찰에 투신하여 공비 토벌중 부상을 입고 보훈 대상자로 연금을 받아 생활하고 있으며 노년에 이르기까지 외도를 즐겨서 호색가라는 소리를 듣는 사람이다.

8. 실례 ⑧

乾命, 李起鵬 前 國會議長(1896년 12월 20일 辰時生)

時日月年
庚庚辛丙(天盤 七)
辰辰丑申(地盤 三)
陽遁大寒上元三局
直吏 杜門
直符 天輔
時符頭 己(甲戌旬中)

驚絶天九驚 門体任地門 癸　　　時　世　三 己　　　支　　　七	開生天九開 門氣冲天門 戊　　　兄　　　八 丁　　　　　　　二	杜禍天直休　　空 門害輔符門　　亡 己　孫　時日歲　五 庚　　　干干支　五
傷歸天玄死 門魂蓬武門 丙　　　官　　　四 戊　　　　　　　六	父 庚　　　　　日　七 　　　　　　干　三	死絶天騰生　　空 門命英蛇門　　亡 丁　　　孫　　　十 壬　　　　　　　十
景遊天白景 門魂心虎門 辛　　　鬼　月　九 癸　　　　　支　一	休福天六杜 門德柱合門 壬　　　財　歲　六 丙　　　　　干　四	生天天太傷 門医芮陰門 乙　　　財　月　一 辛　　　　　干　九

일진의 천지반수(天地盤數)가 뒤바뀐 상태로 중궁(中宮)에서
동하므로 둔갑국(遁甲局)이라 하여 변화와 기교에 능한 자라
한다.

　　일진궁 천반(日辰宮天盤)에 부모가 동하고 중궁에 부모가 동하여 일진을 생조하므로 발전할 상이라 한다. 아울러 일진궁이 거생(居生)하고 관왕(冠旺)하므로 길격이라 할 수 있다.

　　자손에 흉문괘(凶門卦)가 중중(重重)하고 삼살(三殺)인 쌍오(雙五)로 되어 있으며 공망지(空亡地)에 거하므로 자식에게 재앙이 초래함을 알 수 있다.

　　시간(時干)과 일간(日干)이 전도형격(顚倒刑格)을 이루고 중궁(中宮)에 경금태백(庚金太白)이 동하고 기의(己儀)가 곤궁(坤宮)에 임하여 육의격형(六儀擊刑)이 되어 있으므로 본인 및 자식에게 대화(大禍)가 닥침이다.

　　세간(歲干)과 관성(官星)이 월기득사(月奇得使) 길격을 이루고 있으니 관직에 진출하여 공명을 기약할 수 있다.

　　국중(局中)의 7(火)이 왕생하므로 뜻이 크고 포부가 장대하다고 할 수 있으나 흉문괘(凶門卦)가 동궁하므로 선량한 면은 없다고 할 수 있다.

　　재성(財星)이 길문괘(吉門卦)에 승생(乘生)하니 처덕을 본다. 1960년 아들이 전가족을 총살했다.

9. 실례 ⑨

坤命 姜某氏(1961년 11월 3일 寅時生)

時日月年
壬丁庚辛(天盤　一)
寅丑子丑(地盤　八)
陰遁大雪下元一局
直吏　驚門
直符　天柱
時符頭　辛(甲午旬中)

<table>
<tr>
<td>杜絶玄
門命武

丙 日　　財　七
丁 干　　　　二</td>
<td>傷禍六　　鬼桃正
門害合　　門花綠

丁　　財　　二
己　　　　　七</td>
<td>驚生太　　　紅空
門氣陰　　　艶亡
（居）
乙　　鬼　　　九
己　　　　　　十</td>
</tr>
<tr>
<td>開遊白　　　自
門魂虎　　　刑
　　兄
庚　弟　　　八
丙　　　　　一</td>
<td>　　　　　　自
　　　　　　刑
孫
癸　　　　　一
　　　　　　八</td>
<td>景絶螣　　　空
門体蛇　　　亡
　　官
乙　歳　　　四
辛　干　　　五</td>
</tr>
<tr>
<td>死歸九　　華劫歳
門魂地　　蓋殺日
　　　　二馬
戊 月 歳 時　三
庚 干 支 支 世 六</td>
<td>生天九　　官咸
門医天　　劫池
　　父
壬　　　　十
戊　　　　九</td>
<td>休福直　　　貴
門德符　　　人
　　父
辛 時　　　五
壬 干　　　四</td>
</tr>
</table>

　일진궁이 승왕(乘旺)하나 거극(居尅)되어 있고 흉문괘(凶門卦)가 동궁한데다가 태백경(太白庚：金)이 가해 있으며 세궁(歲宮)·시궁(時宮)이 함께 동궁에 있으므로 불행한 명이다.

　일진궁이 쇠약한 반면에 재성(財星)이 극왕(極旺)하니 재화(財禍)를 당하게 되고 관성궁(官星宮)이 공망(空亡)되어 있고 乙加辛을 가하였으므로 남편의 덕이 전무하고 작첩하여 도주하게 된다. 아울러 여명(女命)이 중궁(中宮)에 자손이 수생(受生)하여 동하고 있으니 자식을 낳은 뒤에 남편과 이별하게 되는 명이다.

　일진궁에 세마(歲馬)·일마(日馬)가 있으니 항상 바쁘게 생활하게 된다.

　7(火)이 거왕(居旺)·겸왕(兼旺)하니 마음이 넓고 뜻이 높으니 남을 잘 도와 준다. 일간(日干)이 丁加己(성타구진격)에 도화(桃花)·흉문괘(凶門卦)가 동궁하므로 색란(色亂)을 필히 겪

게 된다고 본다.

직부(直符) 시간궁(時干宮)에 신가생(辛加生：흉사입옥격)이 있어 두 남자가 한 여자를 놓고 상쟁하는 꼴이니 평생 색정 문제로 고생하게 되고 관재구설이 불식(不息)하는 명이다.

제 8 편

일년신수국(一年身數局)

제1장

일년신수국(一年身數局) 정하는 방법

신수국(身數局)은 매년 생월(生月)·생일(生日)·생시(生時)로 사주(四柱)를 세워서 홍연국(洪煙局)을 작성한다. 포국방식(布局方式)은 평생사주국(平生四柱局)에 준한다.

그리고 신수국상(身數局上)에서 매월(每月)을 정하는 방법이 있으니 구궁십이지(九宮十二支)의 위치에 따라 정해진다. 그러므로 간궁(艮宮 : 丑寅)은 정월·12월, 진궁(震宮 : 卯)은 2월, 손궁(巽宮 : 辰·巳)은 3·4월, 이궁(离宮)은 5월, 곤궁(坤宮 : 未申)은 6·7월, 태궁(兌宮 : 酉)은 8월, 건궁(乾宮 : 戌亥)은 9·10월, 감궁(坎宮 : 子)은 11월이다.

洪局月別圖

巽 3·4月	离 5月	坤 6·7月
震 2월		兌 8月
艮 正月·12月	坎 11月	乾 9·10月

제2장

신수국(身數局)에서 행년궁(行年宮) 정하는 방법

일년 신수운(一年身數運)을 볼 때 행년궁(行年宮)을 정하는데 남녀별, 나이 닿는 궁(宮)에 정한다.

행년궁(行年宮)은 주로 일년 내의 외부적 환경의 유리함과 불리함, 그리고 사회 활동의 발전 여부를 판단하는 것이다.

행년궁(行年宮)을 정하는 방법은 남자와 여자가 상이하다. 남자는 1세를 이궁(离宮)에서 시작하여 순행(順行 : 시계방향)하며, 2세만은 곤궁(坤宮)을 건너뛰어 태궁(兌宮)에 2세를 붙여 건궁(乾宮)에 3세, 감궁(坎宮)에 4세, 간궁(艮宮)에 5세, 진궁(震宮)에 6세, 손궁(巽宮)에 7세, 이궁(离宮)에 8세, 곤궁(坤宮)에 9세 순으로 계속 붙여 나가는데 2세 이후 곤궁(坤宮)은 건너뛰지 않는다.

여자는 1세를 감궁(坎宮)에서 시작하여 역행(逆行 : 시계 반대방향)한다. 건궁(乾宮)에 2세, 태궁(兌宮)에 3세, 곤궁(坤宮)에 4세, 이궁(离宮)에 5세, 손궁(巽宮)에 6세, 진궁(震宮)에 7세, 간궁(艮宮)은 건너뛰고 감궁(坎宮)에 8세 순으로 계속 붙여 나가는데 8세 이후에는 간궁(艮宮)을 건너뛰지 않는다.

행년궁(行年宮)에 흉문(凶門)·흉괘(凶卦)가 중중(重重)하고 공망(空亡)되어 있거나 천·지반(天·地盤)이 수극(受尅)·거사(居死)되어 있으면 일년 동안 재수가 없고 특히 사회 활동을 하는데 지장을 많이 받게 되고, 외부적인 모든 일이 순조롭지 못하게 된다. 그러나 일진궁이 왕생하여 신수국(身數局)이 길격으로 되어 있으면 흉하지만은 않다.

행년궁(行年宮)이 관귀궁(官鬼宮)에 당도하고 있으면서 일진궁이 쇠약하면 일년 동안 흉사가 자주 발생한다.

행년궁(行年宮)이 수생(受生)되어 있고, 길문괘(吉門卦)가 있으며 일진궁이 왕생하면 일년 동안 재수가 대통한다.

행년궁(行年宮)이 관귀(官鬼)에 있으면 질병·사고·관재 등의 문제가 있다.

행년궁(行年宮)이 관성궁(官星宮)에 있으면 직업·명예 등의 문제가 발생한다.

행년궁(行年宮)이 부모에 있으면 문서·서류·부모·인기 등의 문제가 발생한다.

행년궁(行年宮)이 형제에 있으면 손재·처·친구·동업 등의 일이 있다.

행년궁(行年宮)이 자손에 있으면 자식·조카·구재·직업 등의 일이 있다.

행년궁(行年宮)이 재성(財星)에 있으면 여자·처첩·재물·손재 등의 일이 있다.

그러나 이상의 길흉은 일진궁의 왕생과 쇠약함을 살핀 뒤에 판단해야 한다.

男子 行年宮

7, 15. 23, 31, 39, 47, 55 巽	1, 8, 16, 24, 32, 40, 48, 56 离	9, 17, 25, 33, 41, 49, 57 坤
6, 14, 22, 30, 38, 46, 54 震	男命	2, 10, 18, 26, 34, 42, 50, 58 兌
5, 13, 21, 29, 37, 45, 53 艮	4, 12, 20, 28, 36, 44, 52, 60 坎	3, 11, 19, 27, 35, 43, 51, 59 乾

女子 行年宮

6, 13, 21, 29, 37, 45, 53 巽	5, 12, 20, 28, 36, 44, 52, 60 离	4, 11, 19, 27, 35, 43, 51, 59 坤
7, 14, 22, 30, 38, 46, 54, 震	女命	3, 10, 18, 26, 34, 42, 50, 58 兌
15, 23, 31, 39, 47, 55 艮	1, 8, 16, 24, 32, 40, 48 坎	2, 9, 17, 25, 33, 41, 49, 57 乾

제3장
신수국(身數局)의 판단(길흉론)

① 일진이 왕생하고 경문(景門)·개문(開門)이 동궁하고 있으면 희소식과 집안에 경사가 있게 된다.

일진궁에 경문(驚門)·유혼(遊魂)·역마(驛馬)가 가임(加臨)하고 있으면 출입과 이동이 빈번하다.

일진이 수극(受尅)되어 있고 절체(絶体)가 동궁하면 육친상(六親喪)을 당하기 쉽다.

일진천반(日辰天盤)에 형제가 임하면 친구·동료와 많이 어울리게 되고 동업 문제가 생기며 손재수도 있게 된다.

일진천반(日辰天盤)에 관귀(官鬼)가 임하고 일진이 거극(居尅)·승극(乘尅)되어 있으면 사고·질액(疾厄) 등이 있다.

일진에 사문(死門)·절명·상문(傷門)·화해(禍害)가 동궁하고 있으면 만사 불통되니 근신함이 이롭다.

어느 육친이든지 사문(死門)·절명·상문(傷門)·화해(禍害)가 가임(加臨)하면 흉한 것이니 주로 상사(喪事), 질액수(疾厄數)로 본다.

일진궁이나 중궁(中宮)에 세마(歲馬)·일마(日馬)·지살(地殺) 등이 가하면 원행(遠行)할 수 있고 여행·이사 등을 한다고 본다. 세궁(歲宮)과 월궁(月宮)에 있어도 마찬가지로 본다.

일진의 천지반(天地盤)의 수가 동일하고 역마가 일진과 중궁(中宮)에서 동하면 이동·이사수가 발생한다.

일진의 천지반(天地盤)이 상충하고 있거나 7(火)·9(金)로 되어 있으면 이동·이사하게 된다.

② 일진궁이 수생(受生)·거왕(居旺)·승왕(乘旺)하고 재성궁(財星宮) 또한 왕생(旺生)하고 길문괘(吉門卦)가 동궁하면 구재대길(求財大吉)·득재(得財)·득처(得妻)하게 된다.

재성궁(財星宮)은 공망(空亡)·쇠사지(衰死地)에 있고 재귀궁(財鬼宮)은 사진(四辰)에서 동하여 왕(旺)하면 작첩·연애 문제가 발생한다. 또는 손재수로도 본다.

재귀(財鬼)가 왕생하여 관귀(官鬼)를 생하고 일진이 쇠약하면 질액(疾厄)·손재·재화(財禍) 등을 당하게 된다.

중궁(中宮)에서 재성(財星)이 동하고 일진이 수생(受生)·거왕(居旺)하면 득재(得財)·득처(得妻)한다. 또는 여자 문제로 고심한다. 세궁(歲宮)에서 재성(財星)이 동하고 있어도 동론(同論)한다.

세궁(歲宮)이 월궁(月宮)의 재성(財星)을 생하고 길문괘(吉門卦)가 동궁하면 집안에 결혼 등의 경사가 있게 된다.

일진궁이나 월궁(月宮)이 7(火)·9(金)로 되어 있어 중궁 관귀(中宮官鬼)를 생하면 하수인에게 음해를 당하기 쉽다.

③ 세궁(歲宮)에 관귀(官鬼)가 겸왕(兼旺)하고 있으면 일년 동안 흉사가 자주 발생한다.

세궁(歲宮)에 관귀(官鬼)가 쌍오(雙五)·쌍십(雙十)·쌍칠(雙七)·쌍이(雙二)·쌍사(雙四)·쌍구(雙九)로 되어 동하면 대액(大厄)을 당하게 된다.

세궁(歲宮)이 중궁(中宮)을 생하고 중궁(中宮)이 월궁(月宮)의 관귀(官鬼)를 생하면 대흉하다.

국중(局中)에 재성(財星)과 자손이 왕왕(旺旺)한 때는 득재(得財)·득처(得妻)하게 되는데 일진이 왕생한 연후라야 그렇고 쇠약하면 손재수로 본다.

관성(官星)·관귀(官鬼)가 중궁(中宮)에서 동하면 관직·구직·명예 등의 문제가 발생하는데 이때 일진궁이 쇠약하면 관재구설·질병·사고 등이 생긴다.

④ 자손이 중궁(中宮)이나 세궁(歲宮)에서 왕동(旺動)하고 관성(官星)이 거극(居尅)·수극(受尅)·승극(乘尅)되어 있으면 실직·명예 실추·사업 부진 등의 흉사가 발생하는데 공망(空亡)되어 있어도 동론(同論)한다.

쌍금(雙金)·쌍화(雙火)·쌍수(雙水)가 중궁(中宮)에서 동하면 설령 부모라 할지라도 흉재가 발생하게 된다.

일진궁이 쌍오(雙五)·쌍칠(雙七)·쌍구(雙九)로 되어 있으면 이사·이동, 원행(遠行), 가정 불화, 동료·친구 문제, 형제간 불화, 횡액·질병 등의 흉사가 발생하는데 일진에 길문괘(吉門卦)가 동궁하고 일진이 거왕생(居旺生)·승왕생(乘旺生)되어 있으면 무방하다.

세궁(歲宮)과 중궁(中宮)이 7(火)·9(金)로 되어 있어 상극(相尅)하면 관재구설·시비수 등이 발생한다.

자손궁이 공망(空亡)되어 있거나 수극(受尅)·거극(居尅)·승극(乘尅)되어 있으면 득자(得子)에 불리하고 흉문괘(凶門卦)가 가중되면 낙태·유산된다.

자손이 쌍금(雙金)으로 되면 득자(得子)에 불리하니 낙태수가 있다.

재성(財星)이 거극(居尅)·수극(受尅)·승극(乘尅)되어 있거나 공망(空亡)되어 있으면 손재하기 쉽고 처와 불화 또는 처에게 질병이 생기는데 흉문괘(凶門卦)가 동궁한즉 대흉하다.

관성궁(官星宮)이 공망(空亡)되거나 거극(居尅)·수극(受尅)·승극(乘尅)되어 있고 자손이 상극(相尅)하면 실직하기 쉽고 구직에 어려움이 있다.

어느 육친을 막론하고 삼살성(三殺星)으로 되어 동하면 해당 육친에게 재앙이 닥치게 된다.

쌍인(雙印)이 중궁(中宮)이나 세궁(歲宮)에서 동하고 있으면 운수 대통이라 하나 부모수가 쌍금(雙金)·쌍화(雙火)·쌍수(雙水)·쌍토(雙土)로 되어 있으면 대액란(大厄亂)을 당하기도 한다.

일진궁의 천지반(天地盤)이 상충하고 일진수와 재성수(財星數)가 상충하면 부부 불화하여 이별하기도 한다. 혹은 손재수로도 본다.

일진수가 관귀(官鬼)를 상충하면 질액(疾厄)이 있고 관성(官星)을 충(冲)하면 직업 변동이 있게 된다.

⑤ 丙·庚이나 7(火)·9(金)가 세간(歲干)이나 세지궁(歲支宮)에서 상전(相戰)하고 있으면 집안에 우환이 발생하고 부모에게 재난이 닥친다.

일간에 丙·庚이 가하거나 일진궁이 7(火)·9(金)로 되어 중궁(中宮)이나 세궁(歲宮)과 상전(相戰)하면 질병·손재·내환·관재·화재 등의 흉액이 있게 된다.

시간(時干)과 시지궁(時支宮)에 7(火)·9(金)·丙·庚이 가임(加臨)하면 자식·수하인(手下人)·육축(六畜) 등에게 재액이 닥친다.

중궁(中宮)에 丙·庚·7(火)·9(金)가 가하여 있으면 가내 우환이 발생하게 되니 세궁(歲宮)의 육친에게 흉액이 크다.

⑥ 재성(財星)이 왕동(旺動)하고 일진천반(日辰天盤)에 재성(財星)이 임하고 일간(日干) 또는 행년(行年)이 재성궁(財星宮)에 있으면 처와 재물에 관한 문제가 발생하는데 일진궁이 왕생하면 구재(求財)·구처(求妻)·구직(求職)에 대길운이다.

관성(官星)이 왕동(旺動)하고 일진천반(日辰天盤)에 관성(官星)이 임하고 일간, 또는 행년(行年)이 관성궁(官星宮)에 있으면 사업·직업·구직·관청에 관한 문제가 발생하는데 일진이 승왕(乘旺)·거왕(居旺)하고 관대(冠帶)·제왕지(帝旺地)에 있으면 직업·사업상·관직사에 대통운(大通運)이다.

형제가 왕동(旺動)하고 일진천반(日辰天盤)에 형제가 임하고 일간 또는 행년(行年)이 형제궁에 있으면 동업, 형제·친우와의 불화, 손재, 상처(傷妻) 등의 문제가 발생하는데 일진과 자손이 왕생하면 득재(得財)에 길하고, 관성(官星)이 왕생하면 관직·구직에도 길하다. 다만, 구처(求妻)에는 불리하다.

관귀(官鬼)가 왕동(旺動)하고 일진천반(日辰天盤)에 관귀(官鬼)가 임하고 일간 또는 행년(行年)이 관귀궁(官鬼宮)에 있으면 질액(疾厄)·내환·손재·횡액 등의 흉사가 발생하는데 이때 일진궁이 거왕(居旺)·승왕(乘旺)하거나 중궁(中宮)·세궁(歲宮)의 생조(生助)를 받아 왕생하면 관직에 길하며 특히 군인·경찰·검찰·사법 계통에 관해서 길하다.

자손이 왕동(旺動)하고 일진천반(日辰天盤)에 자손이 임하고 일간 또는 행년(行年)이 자손궁에 있으면 득자(得子)·육축(六畜)·수하인(手下人)·구인(求人)·구재(求財)에는 길하고, 구직·관직사에는 흉하다.

⑦ 부모궁에 사문(死門)·절명이 동궁하면 부모에게 흉액이 있고 학업·문서·서류 등도 불리하다. 세궁(歲宮)에 사문(死門)·절명이 있고 중궁(中宮)에서 부모가 동하면 부모상을 당하기 쉽다.

세궁(歲宮)의 부모가 중궁(中宮)에서 동하고 있는 자손을 극(尅)하면 부모상을 당한다.

중궁(中宮)의 부모가 세궁(歲宮)에 있는 자손을 극하면 부모상을 당하기 쉽다. 아울러 문서와 관계된 일도 불리하다.

재성(財星)이 왕동(旺動)하고 부모가 쇠약하면 부모에게 흉액이 있게 된다.

중궁(中宮)의 7(火)·9(金)가 부모수 7(火)·9(金)를 극(尅)

하면 부모에게 우환이 생긴다.

9(金) 관귀(官鬼)가 丙이나 庚을 가하여 중궁(中宮)에서 동하고 세궁(歲宮)에 있는 부모를 생조(生助)하면 부모에게 질병이 따르고, 문서와 관계된 일도 흉하다.

세지궁(歲支宮)이나 부모궁이 공망(空亡)되어 있을 때 이동하거나 이사하면 손실이 많다.

세궁(歲宮)과 부모궁이 천지반(天地盤)이 상극(相剋)·상충(相冲)하면 이택(移宅)·이동하게 된다. 아울러 길문괘(吉門卦)가 동궁하면 길이(吉移)이고, 흉문괘(凶門卦)가 동궁하면 불리하다.

부모의 길흉은 대개 장남의 사주로 논한다. 일진수와 부모수가 상충하면 부모와 이별하거나 충돌 시비가 있다.

⑧ 대운이 형제궁에 있으면 형제·동료에 관한 일이 있고, 구재(求財)·구처(求妻)에는 불리하다.

일년신수국상(一年身數局上)에서 형제궁에 사문(死門)·절명이 동궁하면 형제·친우상을 당한다.

월간(月干)과 월지(月支)에 사문(死門)·절명이면 형제상사(兄弟喪事)로 본다.

형제궁에 절체(絶体)·화해(禍害)·상문(傷門)이 동궁하면 형제상사(兄弟喪事)로 본다.

형제가 왕동(旺動)하고 재성(財星)이 쇠약하면 형제·동료로 인해서 손재하기 쉽고, 득처사(得妻事)는 불성된다.

일진천반(日辰天盤)이나 사진(四辰)에서 형제가 동하면 형제·친우를 많이 만나고 동업하는 운이라고 한다.

형제가 쌍토(雙土)·쌍화(雙火)·쌍금(雙金)으로 되어 있으면 형제가 흉사하거나 몸을 상한다.

⑨ 총공망(總空亡)이 되면 일년간 재수가 없다.

일진천반(日辰天盤)이 5(土)이고 지반(地盤)이 3(木)인데 재성궁(財星宮)의 천반(天盤)이 3(木)이고 지반(地盤)이 5(土)로 되어 있으며, 일진에 戊己 기의(奇義)가 가해 있고 재성(財星)에도 戊·己가 임해 있으면 재임일(財臨日)이라고 하여 득재(得財) 대길하다.

庚을 남자로 보고 乙은 여자로 보므로 乙·庚 양궁이 상생(相生)하면 부부 화합하고 상극(相尅)하면 불화한다. 또한 庚에 乙이 가하여 있어도 부부간에 색정 문제가 야기되고, 乙에 辛이 가하여 있으면 색란(色亂)이 있게 된다.

중궁(中宮)은 산실이라 하니 관귀(官鬼)가 동하고 있으면 자식 생산에 흉함이 있게 된다.

일간이 자손궁에 있으면 손아랫사람·자식에 관한 일이 있고, 재성궁(財星宮)에 있으면 재물·처에 관한 일이 있고, 형제궁에 있으면 친우·형제·손재수 등의 일이 있고, 관귀궁(官鬼宮)에 있으면 질액(疾厄)·관재 등의 일이 있고, 관성궁(官星宮)에 있으면 관청·관직·구직에 관한 일이 있게 되니, 길문괘(吉門卦)가 동궁하고 길격을 이루고 일진이 왕생하면 길하고, 흉문괘(凶門卦)가 동궁하고 일진이 쇠약하면 흉한 것이다.

부모는 내괘(內卦)에 있고 일진이 외괘(外卦)에 있으면 부모 곁을 떠나 별거하게 된다.

일진이나 일간이 손궁(巽宮)에 있어 壬癸 기의(奇儀)가 가임(加臨)해 있으면 형액을 당하게 된다.

일진천지반(日辰天地盤)이 자형살(自刑殺)·삼형살(三刑殺)로 되어 있으면 형액수(刑厄數)가 있게 된다.

일간이나 일진에 유혼(遊魂)이 동궁하고 있으면 출입이 빈번하다.

관귀(官鬼)가 재성천반(財星天盤)에 임하거나 관귀천반(官鬼天盤)에 재성(財星)이 임해 있으면 재생귀(財生鬼)라 하여 재화(財禍)·손재가 심하고 색란(色亂)이 있다.

⑩ 중궁(中宮)에서 자손이 동하고 세궁(歲宮)이나 일진궁에 생문(生門)·생기(生氣)가 동하면 잉태하여 득자(得子)하게 된다.

세월궁(歲月宮)에 생문(生門)·생기(生氣)가 동궁하면 잉태하게 된다.

일진궁이 태지(胎地)에 거하여 왕생하고 세궁(歲宮)의 생(生)을 받으면 득자(得子)하게 된다.

시지(時支)·시간궁(時干宮)에 생문(生門)·생기(生氣)가 동궁하면 득자(得子)한다.

태지(胎地)에 자손이 거하고 세월궁(歲月宮)에 생문(生門)·생기(生氣)가 동궁하면 잉태하여 득자(得子)하게 된다.

쌍수(雙水)가 중궁(中宮)에서 동할 때 잉태하면 쌍아(雙兒)를 출산하게 될 가능성이 높다.

태궁(胎宮)에 생문(生門)·생기(生氣)가 동궁하면 쌍태(雙胎)라 한다.

자손수가 쌍립(雙立)하여 있으면 쌍태(雙胎)라 한다.

세궁(歲宮)·중궁(中宮)·일진궁에 양수(陽數)·양의(陽儀)가 중중하면 득자(得子)하고, 음수(陰數)·음의(陰儀)가 중중하면 득녀(得女)하게 된다. 또는 일진궁이나 중궁(中宮)에 庚·戊 등이 가임(加臨)하면 득자(得子)라 하고, 乙·丁 등이 가임해 있으면 득녀(得女)라 한다.

재성궁(財星宮)이 수생(受生)되어 왕(旺)하면 순산한다.

일진 상하가 상생(相生)하면 순산한다.

태지(胎地)에 관귀(官鬼)가 있으면 낙태·사태수(死胎數)가 생긴다.

세궁(歲宮)이 일진, 자손을 충극(沖剋)하면 낙태라 한다.

일진 상하가 상비(相比)되어 있으면 출산이 지연된다.

일진천반(日辰天盤)이 지반(地盤)을 극(剋)하면 산모가 불리하고 지반이 천반을 극하면 태아가 불리하니 각각 흉함이 있다.

일진천반(日辰天盤)에 자손이 임하고 사진(四辰) 중에서 자손이 동하면 잉태하게 된다.

자손수가 쌍금(雙金)·쌍토(雙土)·쌍칠(雙七)로 되어 동(動)하면 낙태·사태(死胎) 등 태아 및 산모에게 흉액이 있다.

행년궁(行年宮)이 태궁(胎宮)을 충극(沖尅)하면 출산이 불가능하다.

⑪ 일진궁(日辰宮)과 세궁(歲宮)·중궁(中宮)이 상생(相生)하면 길격이고, 상극(相尅)·상충하면 흉격이 된다. 아울러 이궁천반(离宮天盤)이 감궁지반(坎宮地盤)을 생하면 길하고 극충(尅冲)하면 흉한 것이다. 신수국(身數局)에서는 이것을 잘 살펴보아야 한다.

일진궁이 승왕생(乘旺生)·거왕생(居旺生)·수생(受生)하고 길문괘(吉門卦)가 동궁하고 일간에 기의길격(奇儀吉格)을 이루고 있으면 일년간 운수가 대통한다.

세궁(歲宮)·중궁(中宮)에 관성(官星)이나 재성(財星)이 왕동(旺動)하고 있으며 일진이 승왕(乘旺)·거왕(居旺)하면 관직사(官職事)·구재사(求財事) 등에 모두 길하다. 특히, 관성수(官星數)가 3·8(木)로 되어 왕생하면 관직 진출에 대길하다.

일진수가 1·6(水) 또는 5·10(土)으로 되어 있으면 일년간 고독하게 지내기 쉽고, 일진이 목욕지(沐浴地)에 거하면 색정에 빠져 망신하게 된다.

일진수가 1·6(水) 또는 3·8(木)이면서 간궁(艮宮)에 거하고 있으면 불심(佛心)으로 수도함이 길하다.

일진수가 1·6(水)이고 기의(奇儀) 壬·癸가 가하면 주색을 조심해야 이롭다.

일진궁이 왕생하고 경문(景門)·생기(生氣)가 동궁해 있을 때, 일간이 자손궁에 거하여 왕생하고 경문(景門)·생기(生氣)

가 동궁해 있을 때, 행년궁(行年宮)이 자손에 있고 일진에 경문
(景門)·생기(生氣)가 있을 때에는 가정이 화목하고 식구를 더
하는 혼인 경사가 있게 된다.

일진궁이 쌍비(雙比)되어 있고 중궁(中宮)·곤궁(坤宮)·세궁
(歲宮)·일간(日干) 등지에 역마·지살(地殺)이 있으면 가택 이
동수가 있다.

일진이 7(火)·9(金) 상극(相尅)하거나 중궁(中宮)이 7(火)·
9(金) 상극(相尅)하고 있고 역마·유혼(遊魂)이 임해 있으면 가
택이 이동한다.

부모궁에 역마·지살(地殺)·유혼(遊魂) 등이 중중(重重)하면
가택 이동수가 있는데 그렇지 않으면 재액이 침범하게 된다.

세궁(歲宮)·월궁(月宮)·일진궁(日辰宮)의 상하가 상충하고
역마·유혼(遊魂)이 동궁하고 있으면 가택이 불안하고 이사할
수 있고, 그렇지 않으면 관재신액(官災身厄)을 당한다.

일진궁이 내괘(內卦 : 艮·坎·震·巽宮)에 있고 재성궁(財星宮)
이 외괘(外卦 : 离·坤·兌·乾宮)에 있거나 이와 반대로 되어 있으
면 부부간에 불화하여 별거하고, 일진궁과 재성궁(財星宮)이 대
충궁(對沖宮)에 있으면 가정이 불화하고 이별하기도 한다.

일진궁 지반수가 1·6(水)이고 천반이 5·10(土)으로 되어 극
하면 부부간에 화합하지 못한다.

일진수가 3·8(木)로 손궁(巽宮)에 거하여 중궁(中宮)의 극
(尅)을 받고 있으면 만사 불통이니 근신함이 길하고 색란(色
亂)에 유의해야 한다.

사진궁(四辰宮)에 형살(刑殺)이 중중(重重)하면 관재구설이
따르고, 일진이 쌍금(雙金)·쌍화(雙火)·7(火)·9(金)로 되어 있
으면 형액수(刑厄數)가 발생한다.

사진궁(四辰宮)에 원진살(怨嗔殺)이 중중(重重)하면 사회 진
출이 막히고 신용이 땅에 떨어지며 가정이 불화한다.

사진궁(四辰宮)에 천예(天芮)·천주(天柱)·백호(白虎)·현무(玄武)·등사(螣蛇) 등의 흉성(凶星)이 중중(重重)하면 관재구설·시비수가 발생한다.

복음(伏吟)·반음국(反吟局)은 모두 흉격이 된다. 그러나 화살격(化殺格)이 되어 화길(化吉)한 경우가 있으니 잘 살펴보아야 한다.

제 4 장

일년신수국(一年身數局)에서의 재성론(財星論)

　재성(財星)이 중궁(中宮)에서 동하면 금전·여자 문제가 발생되는데 일진이 왕생하면 구처(求妻)·구재사(求財事)가 순성(順成)된다.

　일진이 왕생하고 세궁(歲宮)이나 중궁(中宮)에서 쌍재(雙財)가 동하면 구처(求妻)에 길하고 득재(得財)하게 된다.

　사진(四辰) 중에서 쌍자손(雙子孫)이 동하여 재성(財星)을 생하고 있으면 득재대길(得財大吉)하다.

　국중(局中)에 쌍재(雙財)가 동하거나 재성(財星)이 왕생하고 있으며 일진이 쇠약하면 일진을 생조(生助)하는 달에 득재(得財)하게 된다. 예를 들어서 일진수가 4·9(金)이면 辰·戌·丑·未·戊·己月에 득재(得財)한다는 것이다.

　일진이 왕생하고 재성(財星)이 승극(乘尅)되어 쇠약하면 재성(財星)을 생조(生助)해 주는 달에 득재(得財)하게 된다. 예를 들어서 재성수(財星數)가 5·10(土)이면 丙·丁·巳·午月에 득재(得財)한다는 것이다.

　세궁(歲宮)에서 쌍재(雙財)가 동하고 중궁(中宮)·월시궁(月時宮)에 쌍인(雙印)이 동하면 대재(大財)를 얻을 수 있다.

　세궁(歲宮)·중궁(中宮)에서 재성(財星)이 동하면 재물의 거래가 빈번하고 연애 문제도 있게 된다.

　일진이 왕생하고 월궁(月宮)에 있는 재성(財星)을 세궁(歲

宮)이 생하면 득재(得財)한다.

일진이 왕생하고 세궁(歲宮)의 재성(財星)을 월궁(月宮)이 생하면 득재(得財)한다.

일진이 왕생하고 세월궁(歲月宮)이 함께 재성(財星)을 생조(生助)하면 대재(大財)를 득한다.

재성(財星)이 왕생하고 경문(驚門)·유혼(遊魂)·역마가 동궁하면 재물의 출입이 많아지고 투자하는 일로 분주하다.

자손이 쇠약하고 공망(空亡)되어 있으면 재물로 인한 근심이 있고 득재(得財)하기 어렵다.

재성(財星)이 예기궁(洩氣宮)에 있으면 재물의 낭비가 있게 된다.

세궁(歲宮)이 재성(財星)을 생하면 관청·관직사(官職事)와 관련된 재물로 본다.

세궁(歲宮)이나 중궁(中宮)이 재성(財星)을 극하면 관청과 관련된 손재수로 본다.

재성(財星)이 겸왕(兼旺)·수생(受生)·승왕생(乘旺生)하더라도 거극(居尅)·거사(居死)되어 있으면 처음에는 득재(得財)하게 되지만 후에 손재한다.

세궁(歲宮)이 중궁(中宮)의 재성(財星)을 극하면 손재한다.

중궁(中宮)이 세궁(歲宮)의 재성(財星)을 극하면 구재(求財)에 불리하다.

세궁(歲宮)이 월(月)의 재성(財星)을 극하면 손재한다.

세월궁(歲月宮)이 함께 재성(財星)을 극하면 손재가 심하다.

쌍칠(雙七)·쌍오(雙五)·쌍구(雙九)가 재성(財星)이 되어 동하면 재화(財禍)가 발생한다.

쌍칠(雙七)·쌍구(雙九)가 재성(財星)을 상충하면 재화(財禍)를 당한다.

재성(財星)이 공망지(空亡地)에 있으면 타인과 금전 거래를

삼가는 것이 유리하다.

  일진천반(日辰天盤)이나 중궁(中宮)·행년궁(行年宮)에 재성(財星)이 임하면 구재사(求財事)에 길한데 금전·연애 문제가 겸하여 일어난다.

  사진(四辰)에서 형제가 왕동(旺動)하고 있으면 형제·동료로 인하여 손재하게 된다.

  일진이 상비(相比)되어 있고 행년궁(行年宮)이 형제에 당도해 있으면 손재하게 된다.

  재성궁(財星宮) 천반(天盤)에 관귀(官鬼)가 임해 있으면 손재·재화(財禍)가 발생한다.

  재성(財星)이 쌍금(雙金)으로 되어 있으면 득재(得財) 후에 재화(財禍)를 당한다.

  신수국(身數局)에서 재성수(財星數)가 5·10(土)이면 부동산·곡식류를 취급함이 길하고, 재성수(財星數)가 1·6(水)이면 수산물·주류 등에 관계하면 길하고, 재성수(財星數)가 2·7(火)이면 전기 제품·담배·소금·고추·화구(火口) 등과 관련된 일을 하면 득재(得財)에 유리하고, 재성수(財星數)가 4·9(金)면 철물·기계·금은·보리 등을 취급함이 유리하고, 재성수(財星數)가 3·8(木)이면 의류·섬유·채소류·지물 등을 취급하면 득재(得財)에 유리하다.

  중궁(中宮)의 재성(財星)이 대충방(對冲方)이나 세궁(歲宮)에 있는 관귀(官鬼)를 생하여 관귀(官鬼)가 왕생하면 여자로 인하여 재화(財禍)를 당하기 쉽다.

제 5 장
신수국(身數局)의 경험

1. 실례 ①

坤命(1963年 10月 28日 戌時生)

1991년(辛未) 身數局

時日月年

庚丁己辛(天盤 七)

戌未亥未(地盤 三)

陰遁小雲下元二局

時符頭 壬(甲辰旬中)

(신수국은 평생사주국과 동일한 방법으로 포국 작성함.)

본(本) 신수국(身數局)은 간(艮 : 寅·丑)·진(震 : 卯)궁이 공망(空亡)되고 중궁지반수(中宮地盤數)가 3(木)이므로 총공(總空)이라 한다. 그러므로 일년간 재수 불통(財數不通)한다.

일진천지반(日辰天地盤)이 상충하고 있으니 이사할 수다.

중궁(中宮)에서 木鬼가 동하고 일진궁이 쌍오(雙五) 천강살(天罡殺)로 되어 있으니 흉액이 닥침이다.

일간이 중궁에 있으니 본인으로 인한 문제가 있는데 일간 丁이 곤궁(坤宮)으로 나가서 癸加丁 등사요교격(螣蛇妖嬌格) 흉격을 이루고 있으니 흉사가 있다.

월궁(月宮)·시궁(時宮)에서 자손이 9(金) 살성(殺星)으로 동하므로 잉태하면 낙태·유산하게 된다.

이궁(离宮) 천반(天盤)과 감궁지반(坎宮地盤)이 상충하고 있으니 거동한즉 불리하다.

재성(財星)이 공망(空亡)되어 있으니 손재수가 있고 투자하는 일에는 불리하다.

행년궁(行年宮)이 부모에 있으니 일년간 외부의 일은 부모, 문서, 관청사 등과 관련된 일이 길하다. 또는 이와 같은 문제가 발생하게 된다.

일진과 세궁(歲宮)이 쌍오살성(雙五殺星)으로 되어 동하니 火土旺 절에 흉액이 있다고 본다.

국중(局中)에 부모궁이 수생(受生)·거왕(居旺)하여 있으므로 대화(大禍)는 아니라고 본다.

2. 실례 ②

坤命(1970年 8月 1日 亥時生)

1992年(壬申) 運數
時日月年
己丙戊壬(天盤 五)
亥子申申(地盤 四)
陰遁處署下元七局
直吏 杜門
直符 天輔
時符頭 辛(甲午旬中)

일진천반(日辰天盤)에 자손이 임하고 생문(生門)·생기(生氣)가 동궁하였으며 중궁(中宮)에서 자손이 庚을 가하여 승왕(乘

<table>
<tr>
<td>杜歸直
門魂符
胎・養
己
辛　　　官　一八
(3・4月)</td>
<td>傷福九
門德天
胞
丁　　鬼　六
丙　　　三
(5月)</td>
<td>驚天九
門医地　　　空亡
死・葬
乙　　　財
癸　　　日　歲　三
　　　　支　支　六
(6・7月)</td>
</tr>
<tr>
<td>開絶螣
門体蛇
生
戊　父
壬　母　二七
(2月)</td>
<td>庚　　孫　五
　　　　　四</td>
<td>景遊白
門魂虎　　　空亡
病
壬　　財　八一
戊
(8月)</td>
</tr>
<tr>
<td>死絶太
門命陰　　行年宮
浴帶　父
癸　　母　七
乙　　　　二
(12・正月)</td>
<td>生生六
門氣金
冠
丙　　日　世　四五
丁　　干　　　五
(11月)</td>
<td>休禍玄
門害武
旺・衰
辛　　兄　時　九
己　　弟　支　十
(9・10月)</td>
</tr>
</table>

旺)・거왕(居旺)하므로 필히 득남하게 된다. 고로 乙巳月에 득
자(得子)하였다. 자손이 중궁(中宮)에서 동하니 자손수 그대로
보게 되므로 4월에 출생한다. 또한 전국(全局)이 수생(受生)하
고 있으므로 순산이라 한다.

3. 실례 ③

乾命(1962年 4月 18日 亥時生)

1991年(辛未) 身數局

時日月年

己辛癸辛(天盤 五)

亥丑巳未(地盤 一)
陽遁小滿中元二局
直吏 死門
直符 天禽
時符頭 辛(甲午旬中)

開生　　　　　空 門氣　　　　　亡 　　　養·生 癸　父　月　一 庚　　　支　五 　　　(3·4月)	休絶 門体 　　　　　浴 壬　　　　父　六 丙　　　　　　十 　　　(5月)	景絶 門命 　　　　　冠帶 乙　　　財鬼　歲三 戊辛　　　　　支三 　　　(6·7月)
杜福　胎　　　行 門德　　　　　年 　　　　兄 辛　　弟　時　二 己　　　　干　四 　　　(2月)	孫 辛　　歲日五 　　　干干一	驚禍 門害 　　　　　　旺 丁　　　　　財八 癸　　　　　　八 　　　(8月)
死天九 門医天 　　　胞·葬(鬼) 丙　　　世七 丁　　　　　九 　　　(12·正月)	生歸 門魂 　　　　死 庚　　　官四 乙　　　　　二 　　　(11月)	傷遊 門魂 　　　衰·病 己　　鬼　時九 壬　　　支七 　　　(9·10月)

　일진천반(日辰天盤)에 관귀(官鬼)가 임하고 일진·시지(時支)·상하가 7(火)·9(金) 상전(相戰)하고 있으며 월(月)의 부모가 거공(居空)되어 있고 일진궁이 승극(乘剋)되어 있으니 흉사가 자주 발생하는 흉년임을 알 수 있다.

　자손이 중궁(中宮)에서 동하니 자식에 관한 일이 있는데 거극(居剋)·수극(受剋)되어 있고 시지궁(時支宮)이 관귀궁(官鬼宮)에 있고 시간(時干)이 태지(胎地)에 있으니 잉태하여 낙태·

유산하게 된다.

세궁(歲宮)의 재귀(財鬼)가 쌍립(雙立)하여 동하니 일진수와 상충한다. 그리고 재성궁(財星宮)에 丁加癸 주작투강격(朱雀投江格)을 이루고 있으니 문서 구설수요, 재귀궁(財鬼宮)에 乙加辛 청룡도주격(靑龍逃走格)을 이루고 있으니 재물의 손해가 태다(太多)하다. 아울러 행년(行年)이 형제궁에 있으니 사람으로 인한 손재가 필히 있다.

세궁(歲宮)의 재귀(財鬼)가 쌍립(雙立)하여 중궁자손(中宮子孫)의 생조(生助)를 받고 있으니 대재(大財)가 보인다고는 하지만 재성(財星)이 거극(居剋)되어 있고 흉문괘(凶門卦)·흉격을 대(帶)하고 있으며, 일진궁이 왕생하지 못하였으므로 득재(得財)하지 못하고 오히려 손재를 당하니 취하지 않는 것만 못하다.

庚寅(正月)·辛卯(二月)월에 재왕월(財旺月)이라 득재(得財)하고, 癸巳·甲午月에 손재가 심하다. 巳·午(火)는 관귀(官鬼)이므로 재귀(財鬼)가 생귀(生鬼)하니 손해를 보게 된다. 재수가 3·8(木)이니 지물·의류·과일·목재 등을 취급함이 유리하다.

4. 실례 ④

乾命(1965年 10月 3日 酉時生)

1990年(庚午) 身數局
時日月年
辛戊丁庚(天盤 六)
酉子亥午(地盤 三)
陰遁小雪中元八局
直吏 傷門
直符 天冲
時符頭 癸(甲寅旬中)

開門絶体　死葬 丙壬　官　二七	驚門生氣　病 戊乙　鬼　七二	傷門禍害　旺衰　空亡 癸丁辛　父　月干　四五
杜門歸魂　胞 庚癸　孫　三六	日馬 辛　財　時干　六三	休門絶命　冠　行年　空亡 壬己　父　時支　九十
生門遊魂　胎養 己戊　孫　日干　八一	死門福德　生　桃花　(父) 丁丙　世　五四	景門天医　浴帯　歳馬 乙庚　歳干　月支　十九

　일진천반(日辰天盤)에 부모가 임하고 행년(行年)·시지(時支)가 부모궁에 있으니 필히 당년에 문서·학업·부모에 관한 일이 있다고 본다. 부모궁이 공망(空亡)되고 흉문괘(凶門卦)가 동궁하고 세간(歲干) 또한 일기피형(日奇被刑)·대격(大格)을 이루고 있으니 문서와 관계된 일이 불발(不發)하고 부모에게 흉액이 있음이다.

　중궁(中宮)에 재성(財星)이 수생(受生)·승왕(乘旺)하고 일진궁에 도화살(桃花殺)이 들었으니 필히 연애사(戀愛事)가 있다.

　일진궁이 쇠약하므로 구재(求財)·구처(求妻)에 불리하니 취하지 않음이 유리하다.

　일진궁의 대충방(對冲方)인 이궁(离宮)에서 관귀(官鬼)가 거왕(居旺)·겸왕(兼旺)하고 중궁재성(中宮財星)의 생조(生助)를 받으니 관귀(官鬼)가 태왕(太旺)하다. 그러므로 여자로 인한 재화(財禍)를 당하게 되는데 중궁재성(中宮財星)이 세귀(歲鬼)를 생하기 때문이다. 귀왕월(鬼旺月)인 巳·午月에 재화(財禍)가 닥침이다.

월궁(月宮)에서 형제가 단구(單九)로 되어 욕지(浴地)에 거하고 있고 일기피형격(日奇被刑格)을 이루어 형제·친우가 색정문제로 구설이 분분하다.

5. 실례 ⑤

乾命(1917年 9月 30日 寅時生)

1979年(己未) 身數局
時日月年
戊庚乙己(天盤 二)
寅寅亥未(地盤 八)
陰遁立冬下元三局
直吏 景門
直符 天英
時符頭 己(甲戌旬中)

이 신수국(身數局)의 주인공은 고(故) 박 대통령으로 기미년(己未年) 10월 26일 측근자에게 총살당하였는바 일년 신수를 보면 과연 대흉년임을 알 수 있다.

세궁(歲宮)에 쌍십(雙十) 관귀(官鬼)가 동하여 중궁(中宮) 자손과 상극(相剋)하고, 중궁(中宮)에 丙(火)이 가해 있다.

일간(日干)·세간(歲干)이 庚加丙 태백입형격(太白入熒格)을 이루고 있으므로 대흉액이 닥침을 알 수 있다. 또한 일진지반(日辰地盤)이 중궁천반(中宮天盤)을 충극(冲剋)하고, 일진천반(日辰天盤)이 중궁지반(中宮地盤)을 충극(冲剋)하므로 만사 불통이라 한다.

일진궁(日辰宮)·시궁(時宮)·세궁(歲宮)에 등사(螣蛇)·백호

開絕九 門命天　　　行年 癸　　財　月　八 乙　　　　干　二	驚禍九 門害地　　　空亡 　　　　　　（居） 丁　　　財　三 辛　　　　　七	傷生白 門氣虎　　　空亡 庚　　鬼　歲　歲　十 己　　　　干　支　十
杜遊直 門魂符 己　　兄　九 戊　　　　一	 孫　二 丙　　　八	休絕玄 門体武 壬　　官　五 癸　　　　五
生歸騰 門魂蛇 辛　　時　世　四 壬　　支　　　六	死天太 門医陰 乙　　父　日　一 庚　　　　干　九	景福六 門德合 戊　　父　月　六 丁　　　　支　四

(白虎)가 동궁하니 혼란의 상이 되어 불길하고, 행년궁(行年宮)이 재귀궁(財鬼宮)에 당도하여 절명을 대(帶)하고 있으며, 일진궁과 상충극(相冲尅)하고 있으니 외부의 일이 불통됨이다.

국중(局中)에 천강살성(天罡殺星)이 관귀(官鬼)가 되어 세궁(歲宮)에서 동하고 재성(財星)이 거왕(居旺)·수생(受生)하므로 살상을 면하기 어려운 것이다.

귀왕월(鬼旺月)인 갑술월(甲戌月)에 사망하였다.

6. 실례 ⑥

乾命(1973年 12月 12日 酉時生)

1989年(己巳) 身數局

時日月年

辛癸丁己(天盤 一)

酉酉丑巳(地盤 一)
陽遁小寒中元八局
直吏 杜門
直符 天輔
時符頭 癸(甲寅旬中)

休生九 門氣地 戊 癸　財　日干 歲支 七五	生絕九 門体天 壬 己　財　歲干 二十	死絕直　　行年 門命符　　　兄 癸 辛 丁　時干 月干 九三
景福玄 門德武 庚 壬　鬼　八四	父 一一 丁	開禍螣 門害蛇　　（鬼） 己 乙　時支 世 四八
驚天白 門医虎 丙 戊　官　月支 三九	傷歸六 門魂合 乙 庚　孫　十二	杜遊太　　空亡 門魂陰 辛 丙　孫　五七

　일진천반(日辰天盤)에 관귀(官鬼)가 임하고 개문(開門)이 생귀(生鬼)하여 일진지반(日辰地盤)을 충극(冲尅)하고 있으면 질액(疾厄)·흉사를 당한다고 본다.

　중궁(中宮)에서 쌍인(雙印)이 동하나 승극(乘尅)·거극(居尅) 당하여 쇠약한 상태이니 일진궁을 왕생하지 못한다. 그러므로 문서·소송 등의 일이 발생하나 순조롭게 진행되지 못한다.

　행년(行年)이 형제궁에 있고 사문(死門)·절명이 동궁에 있으니 형제 또는 본인에게 흉액이 닥치거나 손재수가 있다.

　일간이 곤궁천반(坤宮天盤)에 임하여 癸加丁 등사요교(螣蛇妖

嬌) 흉격을 이루고 있으니 재난에서 빠져 나오기 어려운 격이 되었다.

세궁(歲宮)·월궁(月宮)·행년궁(行年宮)의 천지반(天地盤)이 상충하고 있으니 동분서주·좌불안석격이라 매사에 자중함이 이롭다.

중궁(中宮)에 쌍인(雙印)이 동하므로 부모·문서·인신(印信)에 관한 일이 발생하는데 丁이 가하였으므로 쇠약하나 희소식을 기다릴 수 있다.

월궁(月宮)·세궁(歲宮)·시궁(時宮)에 등사(騰蛇)·백호(白虎) 등의 혈상성(血傷星)이 동궁하였으니 근신함이 이롭다. 동(動)한즉 살상을 초래하기 때문이다.

세궁(歲宮)의 재성(財星)이 수생(受生)·거생(居生)·승왕(乘旺)하므로 극왕(極旺)한데 재(財)가 극왕(極旺)하고 일진궁이 쇠약하면 재화를 당한다 했으니 재물을 취한즉 흉액을 당하게 된다. 또는 흉액을 당하고 나서 득재(得財)하기도 한다. 그러나 행년궁(行年宮)이 형제에 임하였으니 손재가 많게 된다.

귀왕월(鬼旺月)인 庚午月(五月)에 수족을 절단당하여 辛未月·壬申月·癸酉月 동안 병원에 입원하여 고통이 심했으며, 재해 보상 소송을 걸어서 충분한 보상을 받아내었다(官鬼가 金이므로 庚·辛·申·酉月을 鬼旺月이라 하고, 이와 같은 달에 흉사가 발생된다).

7. 실례 ⑦

乾命(1966年 3月 8日 辰時生)

1992年(壬申) 身數局
時日月年
壬丙甲壬(天盤 四)
辰辰辰申(地盤 六)

陽遁清明中元一局
直吏 傷門
直符 天冲
時符頭 庚(甲申旬中)

傷禍九 門害地 戊辛　時支月支 世　十十	杜絶九 門命天 丙乙　兄　五五	開絶直 門体符 庚 己壬　鬼 歳支　二八
驚天玄 門医武 癸庚　孫　一九	時月歳 干干干 壬　財　四六	生生螣 門氣蛇 辛丁　官　七三
休福白 門德虎 丁丙　孫 空亡　六四	景遊六 門魂合 己戊　父　三七	死歸太 門魂陰 乙癸　父 行年　八二

　일진궁이 쌍립(雙立)하고 부모궁에 유혼(遊魂)이 동궁하므로 필히 당년에 가택이 이동하게 된다.

　일진궁(日辰宮)·월궁(月宮)·시궁(時宮)이 쌍립하고 승왕(乘旺)·거왕생(居旺生)하니 중궁(中宮)에서 왕동(旺動)하는 재귀(財鬼)를 득재(得財)할 수 있다.

　일진궁의 상하, 형제궁의 상하가 상충하고 쌍십(雙十), 쌍오(雙五), 천강살(天罡殺)로 되어 동하니 직업상에 변화수요, 타인과 충돌 시비수 또는 형제·친우로 인한 손재수, 흉액수라 할 수 있고, 동업상의 동료 문제가 발생한다고 본다.

　행년(行年)이 부모궁에 있으므로 부모·문서·소송 등에 관한 일이 있다. 중궁(中宮)에 재귀(財鬼)가 수생(受生)하고 임의(壬儀)가 가하여 동하니 재물·여자에 관한 일에 길하니 득재(得財)할 수다. 아울러 세간(歲干)·월간(月干)·시간(時干)이 중궁재귀궁(中宮財鬼宮)에 임하므로 의외의 재물을 취하게 되고 득처(得妻)하게 된다(財鬼는 첩을 의미하므로 본처는 아니라 한다).

부모궁에 유혼(遊魂)이 동궁하였으므로 부모가 분주하게 출입하게 된다.

중궁(中宮)에 재귀(財鬼)가 동하고 일진이 왕생하여 재물을 얻는다고는 하지만 세궁(歲宮)의 관귀(官鬼)가 중궁(中宮)의 재물을 흡수하는 꼴이므로 귀왕월(鬼旺月)에 손재가 태다하다. 즉, 寅·卯·甲·乙月이 된다.

일진·월궁(月宮)·시궁(時宮)에 상문(傷門)·화해(禍害) 등의 흉문괘가 동궁하였으니 질액(疾厄)·횡액을 조심해야 한다. 귀왕월(鬼旺月)인 寅·卯·甲·乙月이 된다. 丙·丁·巳·午月에는 문서상에 좋은 일이 생기고 구재(求財)에 길하다.

일간이 丙加乙 염양려화(艶陽麗花), 丁加丙 상아분월(嫦娥奔月) 등의 길격을 이루어 경사가 있고 기쁜 일이 생긴다.

부모궁이 수생(受生)되어 있으나 극지(尅地)에 거하고 궁이 문을 극(尅)하며 공망(空亡)되어 있으므로 壬·癸·亥·子月에 부모·문서와 관련된 일에 흉함이 있으니, 이 달에 부모는 근신하고 문서와 관계된 일은 보류함이 유리하다.

8. 실례 ⑧

坤命(1964年 11月 11日 戌時生)

1991年(辛未) 身數局
時日月年

丙庚庚辛(天盤 七)
戌辛子未(地盤 二)
陰遁大雪下元一局
直吏 生門
直符 天任
時符頭 庚(甲申旬中)

<table>
<tr>
<td>死天九
門医天

丙
丁　孫　三六</td>
<td>景遊九
門魂地

丁
己　孫　八一</td>
<td>休歸白
門魂虎　(父)

己
乙　歲支 世 五四</td>
</tr>
<tr>
<td>生禍直
門害符

庚
丙　父 時干 四五</td>
<td>歲馬

鬼
癸　七二</td>
<td>驚福玄
門德武

乙
辛　兄 歲干 十九</td>
</tr>
<tr>
<td>開生螣
門氣蛇　空亡

戊
庚　父 月干日干 九十</td>
<td>杜絕太
門命陰

壬
戊　財 月支 六三</td>
<td>傷絕六
門体合　日馬

辛
壬　財 時支 一八</td>
</tr>
</table>

　행년궁(行年宮)이 자손에 있으므로 수하인(手下人)·자식에 관한 일이 발생하는데 관직에는 불길하다.

　중궁(中宮)에 관귀(官鬼)가 겸왕(兼旺)하고 월시궁(月時宮) 재성(財星)의 왕조(旺助)로 인해 관귀(官鬼)가 왕왕(旺旺)하니 관운이 대통하고 질액(疾厄) 등의 흉사도 있다고 보며 남자 문제로도 본다.

　월(月)과 시(時)에서 재성(財星)이 수생(受生)·거생(居生)· 승생(乘生)하여 왕동(旺動)하나 흉문괘가 동궁하고 공망(空亡)

되어 있으니 손재수로 본다. 중궁 관귀(中宮官鬼)를 생하는 까닭에 관(官)으로 인한 손재라 한다.

세궁(歲宮)·일진궁이 동궁에 있어 천반(天盤)에 부모의 생조(生助)를 받고 거왕(居旺)하니 기초가 굳건한 편이므로 중궁 관귀(中宮官鬼)를 제압할 수 있다.

중궁(中宮)에 관(官)이 동하고 재성(財星)이 왕생하고 있으면 득재(得財)·득관(得官)하여 공명을 드높인다고 하나 일진궁이 왕생한 연후라야 취할 수 있는 것이다.

시간(時干)이 직부(直符)를 가하여 甲加丙 청룡반수(靑龍返首)라는 길격을 이루고 손궁천반(巽宮天盤)으로 비래(飛來)하여 丙加丁 삼기순수(三奇順遂) 길격을 이루고 있으니 만사순성(萬事順成)의 때가 왔다고 할 수 있다.

전국(全局)이 상생(相生)하고 일진과 세궁(歲宮)이 왕생하고 시간(時干)·일간(日干)이 길격을 대하고 있으므로 중궁관귀(中宮官鬼)가 왕동(旺動)하나 능히 관권(官權)을 취할 수 있는 것이다.

중궁(中宮)과 월궁(月宮)에 역마가 동하고 있으니 당년에 관직사·이성 문제로 분주하게 활동하게 된다. 辛未年에 시의원에 당선되고 결혼한 사람의 신수국이다.

제6장

월국론(月局論)

1. 월국포국법(月局布局法)

월국(月局)은 매달의 운수를 보기 위해 작국(作局)하는데 매년 매월 생일 생시로 사주를 세워서 홍국(洪局)을 포국한다. 포국 방법은 평생국과 동일하다. 해석하는 방법도 평생국·신수국에서와 동일하므로 응용의 묘가 있다 하겠다.

월국(月局)은 필히 당년 신수국과 비교하여 판단해야 길흉이 분명히 가려진다. 또한 신수국상에도 매월이 정해져 있으니 참론(參論)해야 할 것이다.

신수국이 흉격을 이루고 월국(月局) 또한 흉격이면 그 달이 대흉하고, 신수국이 길격을 이루고 월국(月局)이 길하면 대길한 한달이 된다. 신수국이 길격을 이루고 월국(月局)이 흉하면 무방한 것이다.

대운이 관귀(官鬼)·사문(死門)·절명에 있고 신수국에서 관귀(官鬼)가 왕동(旺動)하는데 월국(月局)에서도 관귀(官鬼)가 태왕(太旺)하면 대화(大禍)를 당하게 된다.

평생국에는 각궁지반수(各宮地盤數)에 따라 정해지는 대운이 있고, 신수국에는 각 궁의 십이지에 의해 정해지는 매월이 있으며, 월국(月局)에는 각 궁마다 매 일진이 정해진다. 예를 들어 음력 3월의 월국(月局)을 작성한다면 3월 초1일의 일진이 무엇인가를 본다. 寅이라면 간궁(艮宮 : 丑寅)에 1일, 진궁(震宮 : 卯)에 2일, 손궁(巽宮 : 辰巳)에 3·4일 순으로 매 일진에 따라 각 궁에 매일을 정하게 된다.

2. 월국의 실례

乾命(1965년 10월 3일 酉時生)

1992년(壬申) 正月의 月局
時日月年
己壬壬壬(天盤 六)
酉子寅申(地盤 五)
陽遁立春上元八局
直吏 傷門
直符 天冲
時符頭 壬(甲辰旬中)

정월 초1일의 일진이 庚戌이므로 건술궁(乾戌宮)에 1·2일, 감자궁(坎子宮)에 3일 등으로 일진에 따라 정한다. 양력으로는 2월 4일이 음력 정월 초1일이므로 건술궁(乾戌宮)에 4일, 감자궁(坎子宮)에 5일 등으로 정한다.

정월국(正月局)을 전체적으로 논하면 다음과 같다.

일진이 거왕(居旺)하고 천반(天盤)에 관성(官星)이 임하고 중궁(中宮)에 관성(官星)이 동하므로 직업·명예·사업 등에 관한 일이 발생하게 된다. 아울러 세궁(歲宮)·시궁(時宮)에서 재성(財星)이 동하므로 구직·명예사(名譽事)에 길함이 있고 쌍자손(雙子孫)이 왕생하고 있으니 필히 득재(得財)하게 된다.

부모궁에 경문(景門)·복덕이 동궁하므로 문서사(文書事)에 희소식이 있겠으니 수극(受尅)·거극(居尅)되어 있으므로 실리

<table>
<tr>
<td>杜歸九
門魂天

戊
癸　　父　二九
(10, 11, 22, 23)</td>
<td>景福直
門德符

壬
己　　父　七四
(12, 24)</td>
<td>休天螣
門医蛇

　　　財　歲四
癸
辛 丁　支七
(13, 14, 25, 26)</td>
</tr>
<tr>
<td>開絶九　　空
門体地　　亡
　　孫
庚　　日月歲三
壬　　干干干八
(9, 21)</td>
<td>

　　官 六
丁　　　五</td>
<td>傷遊太
門魂陰
　　財
己　　時九
乙　　支二
(15, 27)</td>
</tr>
<tr>
<td>生絶玄　日歲空
門命武　馬馬亡
　孫
丙　　月八
戊　　支三
(7, 8, 19, 20)</td>
<td>死生白
門氣虎
乙　　世五
庚　　　六
(6, 18)</td>
<td>驚禍六
門害合
　　兄十
辛　　一
丙
(4, 5, 16, 17, 28, 29)</td>
</tr>
</table>

(實利)는 없다.

　일진궁의 상하가 반대로 되어 중궁(中宮)에서 동하면 둔갑국(遁甲局)이라 하여 변동이 많고 출입이 많으므로 친우·동료를 많이 상대하는 운이다.

　일간이 庚加壬(甲), 흉격, 壬(甲)加己 흉사입옥격(凶蛇入獄格)을 이루고 있으니 때를 기다려 자중함이 이롭다.

　감궁(坎宮)에서 6·18일 운을 보니 일진에 해당한다. 본인 문제, 친우·동료를 만나는 일, 손재수 등이 생기고 천반(天盤)에 관성(官星)이 있으므로 직업·명예 등의 문제가 있게 된다.

　간궁(艮宮)에서 7·8·19·20일의 운을 보게 된다. 자손이 왕생하므로 하수인을 만나거나 자식 문제·질병 치료 등의 문제가 있게 되는데 역마가 동하므로 출행할 일이 생긴다. 또한 득재수

(得財數)라 한다.

진궁(震宮)에서 9·21일의 운을 본다. 손아랫사람을 만나고 구재(求財)에 길한 날이 된다. 구직에는 불리하다.

손궁(巽宮)에서 10·11·22·23일의 운을 본다. 부모궁이므로 부모 형제를 만나게 되고 문서에 관한 일이 있다. 두문(杜門)·귀혼(歸魂)이 동궁하였으므로 출행할 일이 없고, 출행한즉 막힘이 많다. 상하가 화금상극(火金相尅)하고 있으니 자중해야 좋은 날이다.

이궁(离宮)에서 12·24일의 운을 본다. 부모궁에 길문괘가 동궁하니 문서사(文書事)가 길하고 부모 형제를 만남에 길한 일진이 된다.

곤궁(坤宮)에서 13·14·25·26일의 운을 본다. 재성궁(財星宮)이므로 구재(求財), 여자 등과 관련된 일이 있는데 길문괘가 동궁하므로 이성 상대운이 길하고 구재(求財)에도 좋은 날이다.

태궁(兌宮)에서 15·27일의 운을 본다. 재성궁(財星宮)에 흉문괘가 동궁하였으니 금전·여자와 관련된 일이 있는데 상하 상합(相合)하여 비겁(比劫) 형제로 변하였으므로 손재하게 된다.

건궁(乾宮)에서 4·5·16·17·28·29일의 운을 본다. 형제궁이므로 친우·형제를 만나고 돈 쓸 일이 생기며 여자와 시비수가 있기 쉽다.

제 7 장
일국론(日局論)

1. 일국포국법(日局布局法)

일국(日局)은 매년 매월 매일, 그리고 자신이 태어난 시간인 생시로 사주를 세워서 평생사주국(平生四柱局)과 같은 방법으로 홍국(洪局)을 포국 작성하는데 홍국팔문신장(洪局八門神將)과 팔괘생기(八卦生氣)만을 사용한다.

일국(日局)은 사주국이나 신수국과 동일한 방법으로 해석하고 당년도의 신수국과 당월의 월국(月局)을 비교하여 판단함으로써 보다 정확한 추단을 할 수 있는 것이나 단지 일국(日局)만으로도 매일의 운수는 충분히 감지할 수 있을 것이다.

신살(神殺)은 역마·충(沖)·합(合)·공망(空亡) 등을 주로 활용한다.

2. 일국의 판단

① 당일의 운수가 대길한 때
전국(全局)이 수생(受生)되어 있고 일진수가 왕생할 때.
일진궁에 길문괘가 동궁하고 일진수가 승왕(乘旺)·거왕(居旺)·수생(受生)하고 있을 때.
세궁(歲宮)과 시궁(時宮)이 일진궁을 생조(生助)하고 있을 때.

중궁(中宮)이나 사진(四辰)에서 쌍부모(雙父母)가 동할 때.

일진이 승왕(乘旺)·겸왕(兼旺)·거왕생(居旺生)·수생(受生)되어 있을 때.

② 당일의 운수가 불길한 때

전국(全局)이 상극·상충되어 있고 일진수가 쇠약할 때.

일진궁에 흉문괘가 동궁하고 일진수가 승극(乘尅)·거극(居尅)·거사(居死)·수극(受尅)되어 있을 때.

세궁(歲宮)이나 시궁(時宮)이 일진수를 충극(冲尅)하고 있을 때.

중궁(中宮)이나 사진(四辰)에서 관귀(官鬼)가 동할 때.

중궁(中宮)이나 사진(四辰)에서 삼살성(三殺星)이 동할 때.

일진과 중궁(中宮)이 7·9(火·金)로 상극하고 있을 때.

시간이 일진을 극(尅)할 때.

일진이 공망(空亡)되고 쇠약할 때.

시지수(時支數)가 일진수를 충극(冲尅)하고 있을 때.

쌍금(雙金)이 중궁(中宮)이나 세궁(歲宮)에서 동할 때.

세궁(歲宮)이 월궁(月宮)을 극(尅)하고 월궁(月宮)이 일진이나 시궁(時宮)을 극하고 있을 때.

중궁(中宮)이 7·9(火·金)로 되고 세궁(歲宮)도 7·9(火·金)로 되어 상극하고 있을 때.

세궁(歲宮)·중궁(中宮)·일진궁이 각각 삼살성(三殺星)을 구비했을 때.

홍국팔문(洪局八門)이 복음(伏吟)으로 되어 있을 때.

일진이 쌍금(雙金)으로 되어 있을 때, 또는 쌍칠(雙七)·쌍오(雙五)로 되어 있을 때 용사(用事)한즉 흉하다.

③ 쌍인(雙印)이 중궁(中宮)이나 세궁(歲宮)·월궁(月宮)·시궁(時宮)에서 동하면 부모 형제가 나를 찾아오거나 만나는데, 일진이 승왕(乘旺)하면 당일 운수가 대길이다. 또는 학업·문서·서류·부모에 관한 문제가 발생한다.

봄과 여름에 1·6(水) 쌍인(雙印)이면 나에게 주식(酒食)이 들어오고, 가을과 겨울에 2·7(火) 쌍인(雙印)이면 나에게 주식(酒食)이 들어온다.

쌍인(雙印)이 쌍칠(雙七)·쌍금(雙金)으로 되어 있으면 처음에는 길하나 나중에 흉하게 된다.

쌍인(雙印)이 국중(局中)에서 동할 때에는 응시(應試)·서류 제출, 허가·신고 등의 일과 부모를 뵙는 일 등을 함에 대길하나, 아랫사람을 구하거나 구자(求子) 등의 일에는 불리하다.

일진·세궁(歲宮)·월궁(月宮)·시궁(時宮)·중궁(中宮) 등의 천반(天盤)에 부모가 임해 있고 일진궁이 왕생할 때와 단인(單印)이 중궁(中宮) 또는 사진(四辰)에서 동하고 있어도 이와 같이 논한다.

④ 쌍자손(雙子孫)이 중궁(中宮)이나 사진(四辰)에서 동하면 손아랫사람·하수인·동생·조카 등이 나를 찾아오거나 만나게 되고, 아랫사람이나 자식에 관한 문제가 있게 되는데 이때 일진이 승왕(乘旺)·거왕생(居旺生)하면 아랫사람을 구하거나 찾아보는 데 길하고 금전을 구하는 데에도 길하다. 그러나 직업을 구하는 일이나 관청에 관계되는 일에는 불리하다.

일진천반(日辰天盤)이나 사진천반(四辰天盤)에 자손이 임해 있을 때와 단자손(單子孫)이 중궁(中宮) 또는 사진(四辰)에서 동하고 있을 때에도 이와 같이 논한다. 그리고 자손은 의원(医員)이라 하니 자손이 왕동(旺動)하는 날에 의원(医員)을 만나 치료를 받으면 치유가 빠르다.

⑤ 쌍관성(雙官星)이 중궁(中宮)이나 사진(四辰)에서 동하면 남자 손님이 나를 찾아오거나 만나게 되고, 관청·명예·구직 등의 문제가 있게 된다. 이때 일진궁이 왕생하면 관청사(官廳事)·구직·명예사(名譽事) 등에 대길하다.

일진이 쇠약하면 건강이 나쁘고 망신당하기 쉽고 구설수가 생긴다.

일진천반(日辰天盤)이나 사진천반(四辰天盤)에 관성(官星)이 임해 있을 때에도 이와 같이 논한다.

관성(官星)이 공망(空亡)되면 명예가 땅에 떨어지고 구직에 흉하다.

단관성(單官星)이 중궁(中宮)이나 사진(四辰)에서 동하고 있어도 마찬가지로 본다.

여자일 경우에는 남자를 만나고 이성 상대에 길하다.

⑥ 쌍귀(雙鬼)가 중궁(中宮)이나 사진(四辰)에서 동하고 있으면 남자 손님이 나를 찾아오거나 만나게 되는데, 직업·관청·경찰·질병 등의 문제가 있게 된다. 이때에 일진궁이 왕생하면 (乘旺·居旺·乘旺·受旺) 길하나 쇠약하면 시비 구설수·건강 불리 등의 불상사가 발생한다. 이럴 때에는 자중함이 최선책이다.

단귀(單鬼)가 중궁(中宮)이나 사진(四辰)에서 동하고 있을 때에도 이와 같이 논한다.

쌍금(雙金)·쌍화(雙火)가 관귀(官鬼)로 되어 동하거나 중궁(中宮)에서 7·9(火·金) 단귀(單鬼)가 동할 때에는 매사에 불리하니 경거망동을 삼감이 좋다. 여자에겐 관성(官星)과 관귀(官鬼)가 남자이므로 남자를 만나는 운이라 한다.

⑦ 일진궁 천반(天盤)에 형제가 임하고 중궁(中宮)이나 세궁(歲宮)·월궁(月宮)·시궁(時宮) 등지에서 형제가 동하면 친우·동료·형제 자매가 나를 찾아오거나 만나는데, 동료·동업자를 만나서 의논하거나 형제·친우와 어울리는 데에는 길하나 이성을 만나는 일, 금전에 관계되는 일 등에는 불리하다. 이때 재성(財星)이 왕생하여 동하고 있으면 길하지만 재성(財星)이 공망(空亡)되거나 쇠약하면 이성간의 만남에 방해를 받거나 손재하게 된다. 또는 돈을 쓸 일이 생기거나 낭비하게 된다.

형제궁은 일진과 동일하게 본다.

⑧ 쌍재(雙財)가 중궁(中宮)이나 사진(四辰)에서 동하면 여자 손님이 나를 찾아오거나 만나게 되는데, 재물·여자·결혼(남자일 경우) 등의 문제가 발생한다. 이때 일진궁이 왕생하면 재물을 얻거나 이익을 취할 수 있고, 득첩(得妾)하게 되는데 아울러 구직에도 길하다. 그러나 문서·서류 제출·허가 신고·인기 등의 일에는 불리하다.

재성(財星)과 일진수가 상충하면 부부간에 다툴 일이 생기고 이성간에 마찰이 있게 된다.

일진수가 쇠약하면 손재하거나 여자로 인하여 피해를 보게 된다.

일진천반(日辰天盤)과 사진천반(四辰天盤)에 재성(財星)이 임해 있거나, 단재성(單財星)이 중궁(中宮)이나 사진(四辰)에서 동하고 있을 때에도 이와 같이 논한다.

⑨ 국중(局中)에서 육친이 쌍으로 되어 있을 때 외출하면 도중에 육친에 관계되는 사람을 상봉하게 된다.

국중(局中)에서 삼살성(三殺星)인 쌍오(雙五)·쌍칠(雙七)·쌍금(雙金) 등이 동하고 있으면 누가 나를 찾아오거나 출행중에 만나게 되는데, 구설시비를 조심해야 한다.

중궁(中宮)에서 재성(財星)이 1·6(水)으로 되어 동하면 해괴한 일을 목격하게 되는데, 주로 음란한 장면과 추잡한 장면을 보게 된다. 아니면 화류계 여성과 동행하는 운이다.

일진의 천지반수(天地盤數)가 상충하면 가정 내에서 다툴 수가 있고 또는 외출하게 된다. 특히 부부 싸움을 하기 쉽다.

⑩ 일진궁에 세마(歲馬)·일진(日辰)·지살(地殺)이 있으면 외출할 일이 생긴다.

일진궁에 유혼(遊魂)과 역마가 있으면 출행하게 된다.

세궁(歲宮)과 시궁(時宮)에 역마·지살(地殺)이 있으면 출행한다.

중궁(中宮)에 역마·지살(地殺)이 임하면 외출하게 된다.

일진의 천지반수(天地盤數)가 상충을 작하면 타인과 충돌하여 싸우기 쉽고 친구가 찾아와서 외출하게 된다.

중궁(中宮)에 1·6(水) 쌍귀(雙鬼)가 동하면 질병을 얻을 수가 있다(여자일 경우에는 심하게 나타난다). 또는 음란한 여자를 만나게 된다.

일진의 천지반(天地盤)이 뒤바뀐 상태로 중궁(中宮)에 들어가 있으면(遁甲局이라 함) 누가 나를 찾아오거나 만나게 되고 복잡하고 변화무쌍한 날이 된다.

일진수가 재성(財星)을 상충하면 처 또는 여자와 다투게 된다.

전국(全局)이 상충·상극되어 있으면서 일진이 쇠약하면 정신이 혼미해지기 쉽고 실수를 많이 한다(일진이 쇠약하고 官鬼가 旺動할 때도 마찬가지임).

일진궁의 천지반(天地盤)이 육합(六合)·삼합(三合)되어 있으면 누가 나를 찾아오거나 만나게 되는데, 재성(財星)이 왕동(旺動)하면 여자라 하고 관성(官星)이 왕동(旺動)하면 남자라 한다.

해당 월국(月局)이 길격을 이루고 있으면 일국(日局)이 흉하더라도 평온하다. 월국(月局)이 흉격을 이루고 일국(日局)이 길하면 소흉(小凶)하다.

월(月)과 일국(日局)에 관귀(官鬼)가 왕동(旺動)하고 있으면 대흉하다.

형제가 비록 일진천반(日辰天盤)과 사진(四辰)에서 동하고 있더라도 공망(空亡)을 맞으면 동료·친우를 만나지 못한다. 다른 육친도 이와 같이 논한다.

일진 및 중궁(中宮)에 역마·지살(地殺)이 중중(重重)한 날에 출행하면 순조롭게 진행할 수 있으나 역마·지살(地殺)이 동하지 않은 날에 출행하면 일이 지체되고 막힘이 많아 순조롭게 출행하지 못한다.

일진이나 시지궁(時支宮)이 공망(空亡)되면 출행용사(出行用事)에 대기(大忌)한다.

일진은 지반수(地盤數)만 보는 것이 아니고 천반(天盤)의 일진수도 함께 보아 판단한다.

봄과 여름에 쌍수(雙水 : 1·6)가 중궁(中宮)에서 동하면 주식(酒食)이 들어온다.

3. 일국의 실례

① 乾命 亥時生(1990年 5月 5日)

時日月年
丁庚庚庚(天盤 七)
亥午辰午(地盤 四)
陽遁局

生歸 門魂 兄　月支 三八	傷福　地 門德　殺 歲支 世 八三	驚天 門医 父 五六
死絶 門体 孫 四七	馬鬼 伏伏 官 七四	休遊 門魂 父 十一
開絶 門命 孫 九二	杜生 門氣 財 六五	景禍　空 門害　亡 財　時支 一十

일진에 지살(地殺)이 있고 중궁(中宮)의 복마(伏馬)가 충(冲)으로 튀어나오므로 출행할 일이 생기는 날이다.

일진천반(日辰天盤)과 월궁(月宮)에 형제가 왕동(旺動)하므로 동료·친우를 상봉하고 손재하는 날이다.

중궁(中宮)의 복귀(伏鬼)가 월지(月支)의 충(冲)을 받아 발동하게 된다.

3·8(木)이 겸왕(兼旺)하면 꺾일 염려가 있는 것이니 중궁(中宮)의 9(金) 관귀(官鬼)가 승생(乘生)·거생(居生)하고 시궁(時宮) 재귀(財鬼)의 생조(生助)를 받아 극히 흉한 일진임을 알 수 있다. 또한 시지(時支)가 공망(空亡)되어 있으므로 가흉(加凶)하다.

결국 9(金) 관귀(官鬼)가 중궁(中宮)에서 동하고 일진이 거쇠(居衰)하므로 근신함이 이롭다.

1990年 5月 5日 동료를 만나러 오토바이를 타고 출행하던 중 충돌 사고로 다리 및 허리 부상을 입은 사람이다.

일진이 겸왕(兼旺)하고 중궁천반(中宮天盤)에 자손이 임했으면서 상문(傷門) 木氣가 일진을 생조(生助)하므로 사망하는 데까지는 이르지 않았던 것이다.

천반일진(天盤日辰)이 손궁(巽宮) 허방(虛方)에 거하고 있음에 주의해야 한다.

② 乾命 寅時生(1979年 10月 26日)

時日月年
庚丙甲己(天盤 八)
寅寅戌未(地盤 七)
陰遁局

<table>
<tr>
<td>開遊
門魂

財 四一</td>
<td>驚天
門医

財 九六</td>
<td>傷福
門德

孫 歲六
支九</td>
</tr>
<tr>
<td>杜絕
門命

兄 五十</td>
<td>

父 八七</td>
<td>休歸
門魂

孫 一四</td>
</tr>
<tr>
<td>生絕
門体

時 世十
支 五</td>
<td>死禍
門害

官 七八</td>
<td>景生 空
門氣 亡

鬼 月二
支三</td>
</tr>
</table>

세(歲)가 월(月)을 극(尅)하고 월(月)이 일시(日時)를 극(尅)하고 홍국팔문(洪局八門)이 복음(伏吟)되어 있으며 세(歲)·중(中)·일(日)이 각각 삼살(三殺)로 되어 있으니 동한즉 대흉액을 초래할 수 있는 날이다. 관귀(官鬼)가 공망(空亡)되어 있으나 세궁(歲宮)에서 충(冲)하므로 발동한다. 중궁(中宮)에서 부모가 동하나 세궁(歲宮)과 7·9(火·金) 상극하고, 세궁(歲宮)의 지반수(地盤數)와 팔문(八門)과 팔괘, 그리고 궁이 상극하고 있으니 흉하다.

일진이 상비(相比)되어 있으니 동료들과 어울리는 날이며, 형제궁이 심히 쇠약한 지경에 놓여 있으니 본인에게 흉함이 있다. 그러므로 조용히 물러앉아 흉일(凶日)을 피함이 이롭다.

③ **坤命 未時生(1992年 2月 25日)**

時日月年
乙辛壬壬(天盤 一)
未未寅申(地盤 二)
陽遁局

<table>
<tr>
<td>生天
門医

孫　七
　　六</td>
<td>遊傷
魂門

孫　二
　　一</td>
<td>歸驚　　地
魂門　　殺

時　世　歲　九
支　　支　四</td>
</tr>
<tr>
<td>死禍
門害

父　八
　　五</td>
<td>　　日
　　馬

鬼　一
　　二</td>
<td>福休
德門

兄　四
　　九</td>
</tr>
<tr>
<td>開生
門氣

父　月　三
　　支　十</td>
<td>絶杜　　馬
命門

財　十
　　三</td>
<td>絶景　　空
体門　　亡

財　五
　　八</td>
</tr>
</table>

사진천반(四辰天盤)에 연지(年支)의 지살(地殺)이 있고 중궁(中宮)에 일마(日馬)가 가하였으므로 외출하게 된다.

일진이 상비(相比)되어 있고 중궁(中宮)에 귀(鬼)가 동하므로 남자 친구를 만나게 된다.

세궁(歲宮)·일궁(日宮)·시궁(時宮)이 쌍금(雙金)으로 되어 있고 중궁(中宮)에 화귀(火鬼)가 동하므로 행동한즉 흉한 일진이 된다. 일진에 경문(驚門)·귀혼(歸魂)이 동궁하였으므로 출행중에 방해가 많고 놀라는 일이 발생한다. 세 번이나 교통 사고를 당할 뻔했으나 무사했다. 사진(四辰)이 거왕(居旺)한 때문이다.

사주 일간(日干)과 시간(時干)이 상충하고 있으므로 용사거동(用事居動)한즉 흉하다.

④ 乾命 酉時生(1992年 1月 22日)

時日月年
己丁辛辛(天盤 八)
酉酉丑未(地盤 三)
陽遁局

<table>
<tr>
<td>休絶
門体　　空亡

　　　父　四
　　　　　七</td>
<td>生生　　地殺
門氣

　　父　九
　　　　二</td>
<td>死禍　　驛馬
門害

　　兄　歲六
　　　　支五</td>
</tr>
<tr>
<td>景歸
門魂

　　財　五
　　　　六</td>
<td>

　　官　八
　　　　三</td>
<td>開絶
門命

　　時　世一
　　支　　十</td>
</tr>
<tr>
<td>驚遊
門魂

　財　月十
　　　支一</td>
<td>傷福
門德

　　孫　七
　　　　四</td>
<td>杜天
門医

　　孫　二
　　　　九</td>
</tr>
</table>

일진천지반(日辰天地盤)이 육합되어 있고 중궁(中宮)에서 쌍관(雙官)이 동하고, 일진천반(日辰天盤)과 월궁(月宮)에서 재성(財星)이 동하고 있으니 형제·친우가 나를 찾아오는데 쌍관(雙官)은 남자요, 재성(財星)은 여자이니 남녀가 찾아와서 만나게 된다.

일진이 쇠약하므로 심기가 불편한 날이다.

⑤ 乾命 酉時生(1992年 3月 2日)

時日月年
己丁壬壬(天盤 一)
酉丑寅申(地盤 六)
陽遁局

開禍 門害 父 七十	休絶 門命 父 二五	景絶　空 門体　亡 財 歳支 九八
杜天 門医 兄 八九	日馬 孫 一六	驚生　空歳 門氣　亡馬 財 時支 四三
死福 門德 世 月支 三四	生遊 門魂 官 十七	傷歸 門魂 鬼 五二

　중궁(中宮)에 쌍손(雙孫)이 동하고 일진천반(日辰天盤)과 세궁(歲宮)·시궁(時宮)에서 재성(財星)이 동하므로 손아랫사람이나 여자, 질병 치료와 관계된 사람 등이 나를 찾아오거나 만나게 된다. 그리고 쌍손(雙孫)과 재성(財星)이 동하면 재물을 취득하게 되는데, 일진이 쇠약한 상태이므로 대재(大財)는 득하지 못한다.

⑥ 乾命 酉時生(1992年 3月 6日)

時日月年
丁辛癸壬(天盤 四)
酉巳卯申(地盤 二)
陰遁局

天驚 医門　　日馬 世　十六	遊開 魂門 兄　五一	歸杜 魂門　　空亡 父　歲支　二四
禍傷 害門 官　月支　一五	 財　四二	福死 德門　　空亡 父　時支　七九
生景 氣門 鬼　六十	絶休 命門 孫　三三	絶生 体門 孫　八八

　일진천반(日辰天盤)에 관귀(官鬼)가 임해 있고 일진수와 중궁재귀(中宮財鬼)가 상충하고 있으니 처·여자와 다투게 되고 매사 불통되는 일진이다. 더불어 세시궁(歲時宮)의 부모가 火金 상극하고 공망(空亡)되어 있으므로 매우 불길한 하루가 된다.

　일진에 일마(日馬)가 있으므로 출행하게 되지만 여의치 못하다. 사주시간(四柱時干)이 일간을 극(尅)하므로 근신함이 최선책이다. 비록 세시궁(歲時宮)에서 부모가 동하나 공망(空亡)·수극(受尅)되어 있으므로 찾아오거나 만나지 못한다. 또한 전국(全局)이 상극되어 있으므로 심기가 불편하다 하겠다.

⑦ 乾命 酉時生(1992年 3月 2日)

時日月年
己丁壬壬(天盤 一)
地丑寅申(地盤 六)
陽遁局

開禍 門害 　　　父　七十	休絶 門命 　　　父　二五	景絶　　空 門体　　亡 　　財　歳支　九八
杜天 門医 　　　兄　八九	日馬 　　　孫　一六	驚生　　空 門氣　　亡 　　財　時支　四三
死福　歳 門德　馬 　月支　世　三四	生遊 門魂 　　　官　十七	傷歸 門魂 　　　鬼　五二

일진과 월궁천반(月宮天盤)에 세마(歲馬)가 임하고 중궁(中宮)에 일마(日馬)가 있으니 외출하게 된다.

일진천반(日辰天盤)과 세시궁(歲時宮)에 재성(財星)이 동하고, 일월(日月)이 동궁하고 세시궁 천반(歲時宮天盤)에 형제가 가하였으며 중궁(中宮)에 쌍손(雙孫)이 동하므로 형제·친우·여자·손아랫사람 등이 나를 찾아오거나 만나게 된다.

봄에 1·6(水) 쌍수(雙水)가 중궁(中宮)에서 동하므로 주식(酒食)이 들어온다.

일진이 쇠약하고 재성(財星)과 형제가 왕동(旺動)하므로 손재하거나 돈을 쓰게 된다.

일진수가 세궁(歲宮)의 재성(財星)과 상충하므로 처·여자와 충돌하게 되고 손재한다.

⑧ 坤命 未時生(1992年 5月 31日)

時日月年
丁丁乙壬(天盤 一)
未未巳申(地盤 四)
陽遁局

死歸 門魂　　孫　月支 七八	驚福 門德　　孫 二三	傷天　　地 門医　　殺　世 時歲 九六 支支
生絶　空 門体　亡　財 八七	一四	景遊 門魂　　兄 四一
杜絶　空 門命　亡　財 三二	開生 門氣　　官 十五	休禍 門害　　鬼 五十

세일시궁(歲日時宮)이　동궁(同宮)하고　거생(居生)·수생(受生)되어 있으며 중궁(中宮) 부모의 생조(生助)를 받고 있으므로 길격을 이루고 있다.

세일시궁(歲日時宮) 천반(天盤)과 중궁(中宮)에서 부모가 동하고 있으니 부모나 형제가 나를 찾아오거나 내가 가서 만나게 된다.

재성(財星)이 비록 공망(空亡)되어 있으나 수생(受生)·거생(居生)·승왕(乘旺)하므로 공망(空亡)으로 논하지 않는다.

월궁(月宮)의 자손이 천반(天盤)에 재성(財星)을 대(戴)하고 있으니 재왕(財旺)하다.

일진과 재성(財星)이 모두 왕생하므로 금전의 이득을 취할 수 있는 것이다. 그러므로 노력 이상의 돈이 들어오는 일진이 된다.

제 8 장

시국론(時局論)

1. 시국포국법과 판단

출행용사(出行用事)하고차 하는 시간(時干)으로 사주를 세워서 홍국(洪局)을 포국한다.

팔괘생기(八卦生氣)·팔문신장(八門神將)을 위주로 하고 신살(神殺)은 역마·공망(空亡) 등을 붙이며, 중궁(中宮)·세궁(歲宮)·일진궁의 왕쇠(旺衰)와 생극제화(生尅制化)를 살펴서 길흉을 논한다.

① 신수국(身數局)·월국(月局)·일국(日局)을 참고하여 논한다.

일진의 부모방으로 출행하면 길하다. 또는 형제방·자손방·일진방으로 출행해도 무방하다.

② 관귀(官鬼)·공망방(空亡方)으로 출행하면 흉하다. 아울러 흉문괘가 동궁한즉 대흉방이 된다.

부모방이라도 흉문괘가 중중(重重)하면 흉방(凶方)으로 본다. 그러므로 자손방·형제방 중에서 길문괘가 동궁하고 있는 곳으로 가면 길하다.

일진지반(日辰地盤)을 나로 보고 천반수(天盤數)를 손님으로 본다. 상하가 상생하면 길하다. 천반(天盤)이 지반(地盤)을 극(尅)하면 출행에 불리하다

③ 일진천반(日辰天盤)이 지반(地盤)을 극하고 흉문괘가 동궁하면 출행용사에 대흉하다.

일진궁이 상비(相比)되어 있으면 출행한즉 친우·동료를 만나게 되거나 손재하게 된다.

일진천반(日辰天盤)이 지반(地盤)을 극하면 타인에게 이용당하기 쉽다.

일진궁에 귀혼(歸魂)·두문(杜門)·휴문(休門)이 동궁하면 출행에 막힘이 많고 중도 하차하게 된다.

장사를 하려면 부모방·자손방이 길하니 길문괘가 동궁한즉 구재(求財)하게 된다.

④ 중궁(中宮)·세궁(歲宮)·일진천반(日辰天盤) 등에 3·8(木) 관귀(官鬼)가 왕동(旺動)한즉 등산·목재를 다루는 일을 삼가는 것이 좋으며 교통 사고에 유의해야 한다. 5·10(土) 관귀(官鬼)가 왕동(旺動)하면 흙을 다루는 일, 담 쌓는 일 등을 함에 불리하고 전염병과 도적을 조심해야 한다. 2·7(火) 관귀(官鬼)가 왕동(旺動)하면 불을 다루는 일을 삼가고, 구설시비수가 생기기 쉽다. 4·9(金) 관귀(官鬼)가 왕동(旺動)하면 철물을 다루면 불리하고 혈상사(血傷事)·투쟁 등이 발생한다. 1·6(水) 관귀(官鬼)가 왕동(旺動)하면 주색 문제가 생긴다. 또는 낙상수·실수가 있다. 일진천반(日辰天盤)에 관귀(官鬼)가 임하고 재성(財星)이 태왕(太旺)하면 출행이 대흉하다.

⑤ 일진궁이 쇠약하고 흉문괘가 동궁하고 관귀(官鬼)가 왕동(旺動)한즉 출행용사(出行用事)에 대흉하다.

중궁(中宮)·세궁(歲宮)에서 관성(官星)이 왕동(旺動)하면 구직·구관(求官)에 길하다.

일진이 왕생하고 자손과 재성(財星)이 왕동(旺動)한즉 구재(求財)·구처(求妻)에 길하다.

삼살성(三殺星)이 왕동(旺動)한즉 출행을 하면 화(禍)를 초래한다.

시간(時干)이 일간(日干)을 충극(冲尅)하는 때에는 출행용사(出行用事)하지 말 것이다.

절로공망(截路空亡) 시에도 출행을 꺼린다.

⑥ 질병 치료를 받는 데 길시(吉時)는 다음과 같다.

자손이 중궁(中宮)에서 왕동시(旺動時), 세월궁(歲月宮)에서 자손이 동시(動時), 일진과 자손이 동왕(同旺)할 시, 일진궁에 천의(天医)·생기(生氣)·생문(生門)이 동궁시(同宮時), 자손궁에 생문(生門)·생기(生氣)가 동궁하고 왕생시(旺生時), 쌍자손(雙子孫)이 동할 때 자손방으로 가서 치료를 받거나 약을 먹으면 효과가 있다.

⑦ 부모·자손방에 경문(景門)·생문(生門)·천의(天医), 복덕(福德) 등이 동궁한즉 대길하나 팔문(八門)과 부모수가 상극(相尅), 팔문과 9궁(九宮)이 상극하면 흉방(凶方)으로 논한다. 길문(吉門)이라도 구궁(九宮)과 극하면 흉하다.

귀인을 만나려면 휴문방(休門方)으로 가고, 피난하고자 하면 생문방(生門方)으로 가고, 숨고자 하면 두문방(杜門方)으로 가고, 주식(酒食)을 얻으려면 경문방(景門方)으로 가고, 사냥하려면 사문방(死門方)으로 가고, 원행(遠行)하려면 개문(開門)으로 갈 것이다.

2. 시국의 실례

1990年 5月 8日 辰時

時日月年
丙癸辛庚(天盤 一)
辰酉巳午(地盤 一)
陽遁局

休生 門氣 財　時支月支　七五	生絕 門体 財　歲支　二十	死絕 門命 兄　九三
景福 門德 鬼　八四	父 母　一一	開禍 門害 世　鬼　四八
驚天 門医 官　三九	傷歸 門魂 孫　十二	杜遊 門魂 空亡　孫　五七

　일진천반(日辰天盤)에 관귀(官鬼)가 임하여 있고 세월시궁(歲月時宮)에 재성(財星)이 태왕(太旺)하다. 중궁(中宮)에서 쌍인(雙印)이 동하더라도 거극(居尅)되어 쇠약하고 현무의 도적신으로 생함이 오히려 해를 끼친다. 그러므로 출행에 대흉한 시간이 된다. 아울러 전국(全局)이 상충하고 있으니 흉사를 당하게 된다. 정남(正南) 재귀방(財鬼方)으로 출행하던 중 교통 사고를 당하였다. 반음(反吟)·복음(伏吟)으로 되어 있을 때에 출행용사(出行用事)를 대기(大忌)한다.

3. 시국론(煙局)의 판단

　연국(煙局)은 천봉구성(天蓬九星), 직부팔장(直符八將), 시가

팔문(時家八門), 삼원자백구성(三元紫白九星)을 위주로 배포한
다.

제반용사(諸般用事)를 시국(時局)에 준하여 점단(占斷)하니
기문둔갑(奇門遁甲)의 묘결이 여기에 있다 하겠다.

하늘에 구궁(九宮)이 있고 땅에도 구궁(九宮)이 있으니 구궁
내에서 천시(天時)·지리(地理)·인화(人和) 3요소가 서로 작용
함으로써 길흉이 결정되고 두 시간마다 자리를 바꿔서 변화하
므로 시국(時局)이 가장 적중한다고 할 수 있다.

천시(天時)는 천봉구성(天蓬九星)으로 보고 지리는 구궁(九
宮:紫白九星)으로 보며, 인화(人和)는 팔문신장(八門神將)으로
본다.

천봉구성(天蓬九星)이 팔문(八門)을 극(尅)하면 흉하지 않으
나 팔문이 구성(九星)을 극하면 흉하고, 팔문이 구궁(九宮)을
극하면 무방하나 구궁(九宮)이 팔문을 극하면 흉사가 생기니
흉하다.

길문(吉門:生門·休門·開門)이 삼기(三奇:丁·丙·乙)와 회합
한즉 만사대길하다.

연국(煙局)은 시간(時干)을 위주로 하니 육의삼기(六儀三奇)
와 구궁(九宮)이 상생하고 팔문과 구성(九星)이 상합해야 길하
니 잘 살펴보아야 한다. 또한 연국(煙局)은 격국(格局)을 중요
시하니 격국을 잘 살펴야 길흉이 분명해진다.

비조질혈격(飛鳥跌穴格)·청룡반수격(靑龍返首格)·염양려화격
(艶陽麗花格)·삼기순수격(三奇順遂格)·월기득사격(月奇得使格)·
양화성염격(兩火成炎格)·삼기상좌격(三奇相佐格)·일기득사격
(日奇得使格) 등은 대길하고, 주작투강격(朱雀投江格)·반음·복음
격(反吟·伏吟格)·등사요교격(螣蛇妖嬌格)·백호창광격(白虎猖狂
格)·청룡도주격(靑龍逃走格)·유녀간음격(幼女奸淫格)·태백입분
격(太白入焚格)·형혹입백격(熒惑入白格)·일기피형격(日奇被刑

格) 등은 대흉하므로 범하지 말아야 한다. 아울러 삼기입묘격(三奇入墓格)·육의격형격(六儀擊刑格)·육의수제격(六儀受制格)·시묘격(時墓格) 등도 불리하니 거동한즉 화를 초래한다.

먼저 자신이 출행용사(出行用事)하고자 하는 방향을 정하고 그곳에 있는 팔문(八門)과 구성(九星)의 생극(生尅) 화합을 살피고 천지반기의(天地盤奇儀)의 격국(格局)과 팔문(八門)과 구궁(九宮)의 생극제화(生尅制化)를 살피고, 시령(時令)의 왕상휴수사(旺相休囚死)의 득실을 분별해서 길흉을 논하게 된다.

동(動)하여 용사(用事)할 때는 해당 방향을 살피고, 정(靜)하여 부동시에는 직부(直符)·시간궁(時干宮)의 왕쇠(旺衰)와 길흉격을 논한다.

내가 먼저 움직이면 객(客)이 되고 상대는 주(主)가 되니 동(動)은 객(客)이고 정(靜)은 주(主)라 한다. 고로 천반(天盤)은 객이라 하고 지반(地盤)은 주(主)라 한다.

내가 타인을 방문한다면 나는 객이 되고 상대자는 주(主)가 된다. 내〔我 : 客〕가 정남방(正南方)에 있는 친우를 찾아간다면 이궁(离宮)의 천반기의(天盤奇儀)는 내〔我 : 客〕가 되고 지반기의(地盤奇儀)는 친우(親友 : 主)가 되므로 길문(吉門)이 동궁(同宮)하고 천지반(天地盤)이 상생(相生)·상합(相合)한즉 즐겁게 만나게 되고, 상극(相尅)한즉 만나지 못하거나 상봉하더라도 불쾌한 일을 당하게 된다.

친우가 나를 방문해 왔다면 천반(天盤)은 객(客 : 親友)이 되고 지반(地盤)은 주(主 : 我)가 되니 시간궁(時干宮)·직부궁(直符宮)에 기의(奇儀)가 상합하고, 길문(吉門)이 동궁한즉 반가운 손님이며 상극(相尅)한즉 불미한 손님이라 한다.

丙加壬, 丁加癸, 乙加庚, 癸加己, 壬加己, 乙加辛, 丙加癸, 庚加丙, 辛加丙 등이 있는 궁의 방향으로 가서 타인을 방문한즉 불봉(不蓬)하거나 만난즉 제반사가 불성된다. 아울러 흉문(凶

門)이 합하면 더욱 불리하니 손해를 본다. 즉, 주(主)는 승(勝)하고 객(客)은 패(敗)한다는 것이니 범하지 말아야 한다. 이와 반대로 천지반(天地盤)이 상생하고 삼기(三奇)·삼길문(三吉門)이 회합하여 천반(天盤)을 생조(生助)한즉 가서 대리(大利)를 본다. 이때 팔문(八門)이 궁을 극하거나 천반기의(天盤奇儀)를 극하면 불상사가 발생하기 쉽고, 팔문이 궁을 생조(生助)한즉 만사순성(萬事順成)한다.

4. 시국(연국)의 실례

① 甲辰日 己巳時 小滿下元八局

生天九 門蓬天 庚 癸	傷天直 門任符 戊 己	杜天螣 門沖蛇 壬 辛
休天九 門心地 丙 壬	 丁	景天太 門輔陰 癸 乙
開天玄 門柱武 乙 戊	驚天白 門芮虎 辛 庚	死天六 門英合 己 丙

정서(正西)에 있는 사람〔主〕을 내〔客〕가 방문하려 하니 태궁(兌宮)에 癸加乙 화개봉성격(華蓋蓬星格)을 이루어 길하고 천반(天盤)이 지반(地盤)을 생하므로 주(主)가 이롭고 객(客)은 손해를 본다. 아울러 경문(景門)이 태궁(兌宮)에 임하여 육의수제격(六儀受制格)이므로 객에게 불리한 것이다.

정동(正東)에 있는 사람〔主:地盤〕을 내〔我:天盤〕가 방문한다면 필히 상봉하기 어려울 것이며(上下 相沖), 만나더라도 객(客)은 불리하고 주(主)는 팔문(八門)이 궁을 생하므로 이롭다. 고로 가서 만나지 않는 것이 좋다.

정남(正南)은 상하가 상비(相比)되어 있으므로 상봉하게 된다.

② 癸酉日　丙辰時　陽遁立夏中元一局

天死白　　虛 英門虎　　方 乙 辛　　　四	天驚玄 芮門武 己　　　　九 乙	天開九 柱門地 丁 己　　　二
天景六 輔門合 辛 庚　　　三	 壬　　　五	天休九 心門天 癸 丁　　　七
天杜太 冲門陰 庚 丙　　　八	天傷螣 任門蛇 丙 戊　　　一	天生直　　空 蓬門符　　亡 戊 癸　　　六

진시(辰時)에 동남(東南)으로 출행중 교통 사고를 당하였는데, 乙加辛 청룡도주흉격(靑龍逃走凶格)에 흉성(凶星)·흉문(凶門)이 합하였기 때문이다.

정북(正北)은 丙加戊 비조질혈길격(飛鳥跌穴吉格)인데 기의(奇儀)가 궁을 극(尅)하고 있으므로 상문(傷門)에 관계되는 일에만 길한 것이다.

정서(正西)는 癸加丁 등사요교흉격(螣蛇妖嬌凶格)이니 동한즉 흉사를 초래한다.

제 9 편

기문의 응용

제1장
소송론(訴訟論)

　소송(訴訟)이 발생한 연월일시로 사주를 세워서 홍국(洪局)을 작성한다.

　소송의 승패는 관귀(官鬼)의 왕쇠(旺衰)에 달려 있는 것이니 관귀궁(官鬼宮)이 왕생하면 패소하게 되고 쇠약하면 승소하게 된다.

　① 세궁(歲宮)이 중궁(中宮)의 관귀(官鬼)를 생하면 패소한다.

　중궁(中宮)이 세궁(歲宮)의 관귀(官鬼)를 생하면 패소한다.

　세월(歲月)이 관귀(官鬼)를 생하면 패소한다.

　세궁(歲宮)·월궁(月宮)에 관귀(官鬼)가 있으면 패소한다.

　세궁(歲宮)에 사문(死門)·절명(絶命)·상문(傷門)·화해(禍害) 등이 있으면 패소하기 쉽다.

　자손궁이 쇠약하고 일진에 흉문괘(凶門卦)가 있으면 패소하게 된다.

　② 세궁(歲宮)에 생기(生氣)·복덕(福德)·천의(天医)·생문(生門)이 동궁하고 있으면 승소한다.

　세궁(歲宮)이 중궁(中宮)을 생하고 중궁(中宮)이 일진을 생하면 승소한다.

　자손궁이 왕생하여 동하면 승소하게 된다.

　중궁(中宮)이나 세궁(歲宮)에 자손이 동하면 승소한다.

관귀궁(官鬼宮)이 거극(居尅)·승극(乘尅)·수극(受尅)되어 있거나 공망(空亡)되어 있으면 승소한다.

일진과 자손궁이 왕동(旺動)하면 승소한다.

세월(歲月)이 관귀(官鬼)를 극(尅)하면 승소하게 된다.

세궁(歲宮)이 중궁(中宮)의 관귀(官鬼)를 극하면 승소한다.

중궁(中宮)이 세궁(歲宮)의 관귀(官鬼)를 극하면 승소한다.

제 2 장
피난론(避難論)

　태평지(太平地)를 찾아 피난하려면 자신의 호아방(護我方)이 최길(最吉)하다.

　호아방(護我方)은 부모궁의 방위로 평생사주국에서의 부모방, 일년신수국에서의 부모방을 찾아 피난하면 대길한 것이다.

　평생국·신수국·월국(月局)·일국(日局)의 호아방(護我方)이 모두 일치하고 있으면 가장 좋고, 신수국과 평생국의 호아방(護我方)이 일치하고 있거나 신수국과 월국(月局)의 호아방(護我方)이 일치하고 있어도 역시 길하므로 그곳으로 피난하면 안전을 보장받을 수 있다. 아울러 길문괘(吉門卦)가 동궁하고 삼원백법(三元白法)에서 흉방위(凶方位)에 속해 있지 않으면 금상첨화격이니 대길한 것이다.

　이 중에서 신수국상의 호아방(護我方)만을 선택하여 피난해도 무방하니 흉살(凶殺)과 흉문괘(凶門卦)를 범하지 말아야 길하다.

　부모방에 사문(死門)·절명·상문(傷門)·화해(禍害) 등이 있거나 공망(空亡)·수극(受剋)·승극(乘剋)·거극(居剋)되어 있으면 형제방이나 자손방 중에서 길문괘가 동궁하고 왕생한 곳을 찾아감이 차길(次吉)하다.

　부모방에 생문(生門)·생기(生氣)·개문(開門)·복덕·천의(天医)가 있으면 대길하고, 두문(杜門)·귀혼(歸魂)·휴문(休門)

이 있어도 무방하다.

부모수에 따라 길방(吉方)으로의 이동 거리가 정해지니 부모수가 1(水)이면 1리, 10리, 100리라 한다.

관귀방(官鬼方)·삼살방(三殺方)·관겁방(官劫方)·공망방(空亡方)은 가장 흉하니 출행하지 말아야 한다.

제3장
혼인론(婚姻論)

혼담이 들어오는 연월일시로 사주를 세워서 홍국(洪局)을 포국한다.

남자 쪽에서 여자를 볼 때는 재성(財星)을 처로 보고, 여자 쪽에서 남자를 볼 때는 관성(官星)을 남편으로 보아 길흉을 논한다.

홍국수(洪局數)와 홍국팔문(洪局八門)·팔괘생기(八卦生氣)를 주로 하여 본다.

① 남자 쪽에서 여자를 볼 때 재성궁(財星宮)이 왕생하면 길하고 쇠약하면 흉하다.

재성궁(財星宮)이 공망(空亡)되어도 불길한데 왕생하면 말할 것도 없다.

재성(財星)이 수극(受尅)되고 거극(居尅)되어 있는데 흉문괘(凶門卦)가 동궁한즉 심히 불길하다.

재성(財星)이 중궁(中宮)에서 동하고 세궁(歲宮)에 길문괘가 있으면 길하다.

세궁(歲宮)이 중궁(中宮)을 생하고 중궁(中宮)이 재성(財星)을 생하면 길하다.

중궁(中宮)이 세궁(歲宮)을 생하고 세궁(歲宮)이 재성(財星)을 생하면 길하다.

세월(歲月)이 함께 재성(財星)을 생하면 대길하다.

재성(財星)이 삼살(三殺)로 되어 있으면 흉하므로 취하지 말 것이다.

재성(財星)이 극왕(極旺)하고 일진이 쇠약하면 악처이니 삼갈 것이다.

② 여자 쪽에서 남자를 볼 때 관성궁(官星宮)이 왕생하면 길하고 쇠약하면 불길하다.

세궁(歲宮)이 중궁(中宮)을 생하고 중궁(中宮)이 관성(官星)을 생하면 길하다.

중궁(中宮)이 세궁(歲宮)을 생하고 세궁(歲宮)이 관성(官星)을 생하면 길하다.

세월(歲月)이 관성(官星)을 생하면 대길하다. 아울러 관성궁(官星宮)에 길문괘가 중중(重重)하면 대길하다.

관성(官星)이 공망(空亡)되어 있으면 취하지 않는 것이 좋다.

관성(官星)이 수극(受尅)·거극(居尅)·승극(乘尅)되어 있으면 흉하다.

중궁(中宮)이 관성궁(官星宮)을 극하고 있으면 불길하다.

관성(官星)이 삼살(三殺)로 되어 있으면 취하지 않는 것이 좋다.

자손이 극왕(極旺)하면 흉하다.

제 4 장
응시론(應試論)

합격 여부를 물어 온 날짜 또는 응시일과 본인은 생시(生時)로 사주를 세워서 홍국(洪局)을 작성한다. 전적으로 관성(官星)과 일진으로 논한다.

① 관성(官星)이 쇠약하고 공망(空亡)되면 불합격한다.

관성(官星)이 거왕(居旺)·수생(受生)·겸왕(兼旺)되어 있는데 공망(空亡)이면 재응시하여 합격한다.

관성궁(官星宮)이 승극사(乘尅死)·거극사(居尅死)·수극(受尅)되어 있으면 불합격하게 된다.

일진궁이 수극(受尅)·거극(居尅)·승극(乘尅)되어 있으면 합격하기 어렵다.

세월(歲月)이 관성(官星)을 극하면 불합격한다.

일진이 쇠약하고 관성궁(官星宮)에 사문(死門)·절명·휴문(休門)·절체(絶体)·화해(禍害) 등이 동궁하면 합격하기 어렵다.

② 세궁(歲宮)의 관성(官星)이 중궁(中宮)을 생하고 중궁(中宮)이 일진을 생하면 합격한다.

중궁(中宮)의 관성(官星)이 세궁(歲宮)을 생하고 세궁(歲宮)이 일진을 생하면 합격한다.

세궁(歲宮)과 중궁(中宮)이 아울러 일진궁을 생하면 합격한다.

중궁(中宮)이 세궁(歲宮)에 있는 관성(官星)을 생하면 합격한다.

세궁(歲宮)이 중궁(中宮)의 관성(官星)을 생하면 합격한다.

세궁(歲宮)에 개문(開門)·복덕·천의(天医)·생문(生門)·생기(生氣)가 동궁하면 대길하다.

세월(歲月)이 아울러 관성궁(官星宮)을 생하면 합격한다.

세궁(歲宮)이 월궁(月宮)을 생하고 월궁(月宮)이 일진궁을 생하면 합격한다.

중궁(中宮)에 쌍인(雙印)이 동하면 합격한다.

관성(官星)에 길문괘가 동궁하고 왕왕(旺旺)하면 합격한다.

제 5 장

실물론(失物論)

실물(失物)한 연월일시로 사주를 세워서 홍국(洪局)을 작성한다. 일진궁을 주인으로 보고 관귀(官鬼)를 도적으로 본다.

실물(失物)을 오행에 따라 분별하니 木(3·8)은 옷감·의류·책·문서·지물, 土(5·10)는 곡식류·약재류·사람, 金(4·9)은 철물류·담배, 水(1·6)는 액체류·수산물, 火(2·7)는 연장(도구)·전기 제품류라 한다. 또한 짐승(가축)일 경우에 소·양은 10(陰土), 개는 5(陽土), 돼지는 6(陰水), 닭은 4(陰金), 고양이는 3(陽木)이라 한다.

① 실물(失物)이 승왕생(乘旺生)·거왕생(居旺生)·수생(受生)되어 있으면 찾게 되고, 실물(失物)이 공망(空亡)·수극(受尅)·승극사(乘尅死)·거극사(居尅死)되어 있으면 찾지 못한다.

관귀(官鬼)가 있는 궁은 도적이 기거하는 곳이고, 관귀(官鬼)가 생하는 궁은 장물을 감춘 장소가 된다.

관귀(官鬼)가 양수면 남자가 도적이고 음수면 여자가 도적이다.

관귀궁(官鬼宮)에 길문괘가 동궁하고 왕생하면 실물(失物)은 찾기 어렵다.

관귀(官鬼)가 겸왕(兼旺)·수생(受生)·거왕(居旺)·승왕(乘旺)하면 서너 번 도둑맞게 된다.

관귀(官鬼)가 왕생하여 중궁(中宮)이나 세궁(歲宮)에서 동하고 있으면 찾지 못한다.

세월궁(歲月宮)이 관귀(官鬼)를 생하면 찾지 못하고 극하면 찾게 된다.

세궁(歲宮)이 중궁(中宮)의 관귀(官鬼)를 극하면 실물(失物)을 찾을 수 있다.

② 관귀(官鬼)가 일진천반(日辰天盤)에 임해 있으면 가까운 사람이 도적질해 간 것이다.

사주일지(四柱日支)와 관귀수(官鬼數)가 동일하면 가까운 사람이 도적질해 간 것이다.

관귀(官鬼)와 일진수가 상충하면 먼 곳에 사는 자가 도적이다.

③ 관귀(官鬼)가 태궁(兌宮)에 있으면 소녀, 여자같이 곱상한 남자가 도둑이다.

관귀(官鬼)가 건궁(乾宮)에 있으면 활발한 남자, 중노인 등이 도둑이다.

관귀(官鬼)가 곤궁(坤宮)에 있으면 유부녀, 늙은 여자, 주부, 중년 부인이 도둑이다.

관귀(官鬼)가 진궁(震宮)에 있으면 큰 남자, 남자 같은 여자가 도둑이다.

관귀(官鬼)가 손궁(巽宮)에 있으면 큰 여자, 직장 여성이 도둑이다.

관귀(官鬼)가 이궁(離宮)에 있으면 인기 있는 남녀, 말을 잘하는 자가 도둑이다.

관귀(官鬼)가 간궁(艮宮)에 있으면 산사람〔山人〕, 종교 철학인 등이 도둑이다.

관귀(官鬼)가 중궁(中宮)에 있으면 전과자, 불량배, 늙은 여자 등이 도둑이다.

④ 관귀(官鬼)가 내괘(內卦:坎·艮·震·巽)에 있으면 근친자가

도둑이고, 외괘(外卦:离·坤·兌·乾)에 있으면 멀리 사는 자가 도둑이다.

　관귀(官鬼)가 일진과 근접해 있으면 가까운 곳에 사는 자가 도적이고 멀리 떨어져 있으면 먼 곳에서 온 자이다.

제 6 장
삼원자백론(三元紫白論)

1. 삼원자백포국법(三元紫白布局法)

기문둔갑판(奇門遁甲板)으로 길흉방(吉凶方)을 선택할 때 필히 참고하는 것이 삼원자백법(三元紫白法)이다. 기문(奇門)과 마찬가지로 연월일시에 따라 연국(年局)·월국(月局)·일국(日局)·시국(時局) 등으로 포국한다. 이것은 본래 지리의 길흉을 논단하는 것으로 양택(陽宅)과 음택(陰宅)에 주로 쓰던 방술인데, 이것은 기문둔갑(奇門遁甲)과 혼합하여 각종의 길흉방을 판별할 때 응용하는 것이다.

九宮基本圖

四 巽　綠 (木)	九 离　紫 (火)	二 坤　黑 (土)
三 震　碧 (木)	五 中　黃 (土)	七 兌　赤 (金)
八 艮　白 (土)	一 坎　白 (水)	六 乾　白 (金)

일반적으로 길방(吉方)은 자백(紫白)과 본명성(本命星)을 생

조(生助)하는 별이고 흉방(凶方)은 본명방(本命方)·본명적살방
(本命的殺方)·오황살방(五黃殺方)·오황적살방(五黃的殺方) 또는
암검살방(暗劍殺方)과 본명성(本命星)을 극파(尅破)하는 별이
다(이와 같은 凶星이 두세 개가 서로 동일하게 되어 있으면 大凶方
이 된다).

2. 삼원자백연국(三元紫白年局)

자백연국(紫白年局)은 일원(一元)을 60년으로 묶어서 상중하
원(上中下元)으로 구분한다(3×60=180년).
상원(上元)이 시작된 정확한 시기는 추측하기 어렵지만 조선
시대 역법(曆法) 기록상으로 보아 계산하면,
상원갑자(上元甲子):1864∼1923년(60년)
중원갑자(中元甲子):1924∼1983년(60년)
하원갑자(下元甲子):1984∼2043년(60년)
이 된다.
이런 방법으로 2044년부터 다시 상원갑자(上元甲子)로 시작
하여 계속 둔환(遁換)하게 된다.
자백년국(紫白年局)에서는 양둔(陽遁)을 불용하고 음둔(陰
遁)을 사용하므로 역포(逆布)하게 된다. 상중하원(上中下元)에
따라 기국(起局)하는 것이 틀린데, 즉 국수(局數)를 일으키는
방법은 다음과 같다.
상원은 1백(一白)에서 甲子를 일으켜 역포한다.
중원은 4록(四綠)에서 甲子를 일으켜 역포한다.
하원은 7적(七赤)에서 甲子를 일으켜 역포한다.
즉, 해당 국에서 갑자를 시작하여 역포(逆布)로 연(年)의 간
지(干支)가 닿는 궁을 다시 중궁(中宮)에 넣고 순포(順布)하는
것이다(上中下元을 不論하고 順布함).

三元紫白年局早見表

年干支(年度)						上元	中元	下元
甲子	癸酉	壬午	辛卯	庚子	己酉	戊午	一	四	七
乙丑	甲戌	癸未	壬辰	辛丑	庚戌	己未	九	三	六
丙寅	乙亥	甲申	癸巳	壬寅	辛亥	庚申	八	二	五
丁卯	丙子	乙酉	甲午	癸卯	壬子	辛酉	七	一	四
戊辰	丁丑	丙戌	乙未	甲辰	癸丑	壬戌	六	九	三
己巳	戊寅	丁亥	丙申	乙巳	甲寅	癸亥	五	八	二
庚午	己卯	戊子	丁酉	丙午	乙卯		四	七	一
辛未	庚辰	己丑	戊戌	丁未	丙辰		三	六	九
壬申	辛巳	庚寅	己亥	戊申	丁巳		二	五	八

위 표 헤더 병합: 年干支(年度) / 三元(上中下元)

※ 자백년국(紫白年局)의 예

　본명성(本命星)이 8白인 사람이 1991년도(辛未)의 연국(年局)을 포국하여 연내(年內)의 길방(吉方)을 찾고자 한다면 먼저 1991년(辛未)이 상·중·하원(上中下元) 중에서 어느 갑자에 속하는지를 찾아야 한다. 즉, 1991년은 하원갑자에 속한다(1984년부터 2043년까지는 하원갑자에 속함). 그리고 하원갑자는 7赤에서 갑자를 시작하여 역포(逆布)한다고 했으므로 구궁기본도(九宮基本圖) 상에서 7赤이 있는 태궁(兌宮)에서 갑자를 시작하여 연간지(年干支)가 닿는 궁까지 역포(逆布)하면 구자화성(九紫火星)에 辛未年이 이르게 된다. 그러므로 이 구자화성(九紫火星)을 중궁(中宮)에 넣고 순포(順布)하면 다음과 같이 연국(年局)이 완성된다.

　신미년국도판(辛未年局圖板)에서 본명방(本命方)과 그 상대방, 오황살방(五黃殺方)과 그 상대방은 대표적인 흉방(凶方)으로 이용하지 못하고 그 외의 방위는 무난하다 하겠다(奇門遁甲

四 丁卯	九　연간지 (辛未) 	二 己巳
三 戊辰	五 丙寅	(七赤) 甲子
八 	一 庚午	六 乙丑

八 白 ④	四 綠 ⑨	六 白 ②
七 赤 ③	九 紫 ⑤	二 黑 ⑦
三 碧 ⑧	五 黃 ①	一 白 ⑥

의 年局과 병용해서 판단할 것).

3. 본명성(本命星) 찾는 방법

위의 조견표에서 자기가 태어난 연도의 간지와 삼원(三元)을 찾아 해당되는 국수(局數)가 본명성(本命星)이 된다.

예를 들어 1991년도에 출생한 아이의 본명성(本命星)을 찾는 다면, 우선 1991년도의 간지는 신미(辛未)이고 1991년은 하원 갑자에 속한다.

위 조견표에서 신미(辛未)와 하원(下元)이 만나는 지점에 9 수(九數)가 있는데, 바로 이 9가 본명성(本命星)이 되는 것이다.

즉, 1991년에 출생한 아이의 본명성(本命星)은 구자화성(九紫火星)이 된다.

4. 삼원자백월국(三元紫白月局)

자백월국(紫白月局)에서의 상중하원(上中下元)은 사충(四冲)·

사맹(四孟)·사고지(四庫地)에 따라 정해진다.

　① 子午卯酉年은 월국상원(月局上元)으로 八白에서 정월을 시작하여 월(月)이 닿는 궁까지 역포(逆布)한다.

　② 寅申巳亥年은 월국중원(月局中元)으로 二黑에서 정월을 시작하여 월(月)이 닿는 궁까지 역포한다.

　③ 辰戌丑未年은 월국하원(月局下元)으로 五黃에서 정월을 시작하여 월(月)이 닿는 궁까지 역포한다.

　이런 방법으로 하여 보고자 하는 달이 당도해 있는 궁을 다시 중궁(中宮)에 넣고 순포(順布)함으로써 자백월국(紫白月局)이 완성된다(紫白年局과 포국하는 방법이 동일함).

紫白月局早見表

月(陰曆) 年支(三元)	1 寅	2 卯	3 辰	4 巳	5 午	6 未	7 申	8 酉	9 戌	10 亥	11 子	12 丑
子午卯酉(上)	8	7	6	5	4	3	2	1	9	8	7	6
寅申巳亥(中)	2	1	9	8	7	6	5	4	3	2	1	9
辰戌丑未(下)	5	4	3	2	1	9	8	7	6	5	4	3

※ 자백월국(紫白月局)의 예

　신미년(1991년) 음력 9월의 월국(月局)을 포국한다면, 辰戌丑未年은 五黃에서 정월을 시작한다고 했으므로 오황중궁(五黃中宮)에서 1월을 시작하여 9월 닿는 궁까지 역포(逆布)하면 六白에 9월이 닿는다.

　이 六白을 다시 중궁(中宮)에 넣고 순포(順布)하면 월국이 완성된다.

　길흉방(吉凶方)을 찾는 방법은 연국(年局)과 같다.

四 (2月)	九 (6月)	二 (4月)
三 (3月)	⑤ (正月)	七 (8月)
八 (7月)	一 (5月)	⑥ (9月)

五 黃 (凶)	一白	三碧
四 綠	六 白	八 白
九 紫	二黑	七 赤 (凶)

위의 조견표를 이용하면 쉽게 매월의 구국(九局)을 구할 수가 있다. 즉, 9월 辰戌丑未(下)年이 만나는 지점에 六白이 있으므로 그대로 이 六白을 중궁(中宮)에 넣고 순포(順布)시키면 되는 것이다.

5. 삼원자백일국(三元紫白日局)

자백일국(紫白日局)은 양둔(陽遁)과 음둔(陰遁)으로 구분하여 포국한다.

양둔(陽遁)은 동지부터 하지 전날까지가 되고, 음둔(陰遁)은 하지부터 동지 전날까지가 된다. 또한 각 절후에 따라 상중하원(上中下元)으로 나누어진다.

양둔상원(陽遁上元) : 동지(冬至) · 소한(小寒) · 대한(大寒) · 입춘(立春)

양둔중원(陽遁中元) : 우수(雨水) · 경칩(驚蟄) · 춘분(春分) · 청명(淸明)

양둔하원(陽遁下元) : 곡우(穀雨) · 입하(立夏) · 소만(小滿) · 망종(芒種)

상원(上元)은 일백(一白)에서 갑자를 시작하여 순행(順行)하고, 중원(中元)은 칠적(七赤)에서 갑자를 시작하여 순행하고,

하원(下元)은 사록(四綠)에서 갑자를 시작하여 순행한다.

즉, 일진 닿는 궁까지 순행하는 것이다.

음둔상원(陰遁上元) : 하지(夏至)·소서(小暑)·대서(大暑)·입추(立秋)

음둔중원(陰遁中元) : 처서(處暑)·백로(白露)·추분(秋分)·한로(寒露)

음둔하원(陰遁下元) : 상강(霜降)·입동(立冬)·소설(小雪)·대설(大雪)

상원은 九紫에서 갑자를 시작하여 일진 닿는 궁까지 역포(逆布), 중원은 三碧에서 갑자를 시작하여 일진 닿는 궁까지 역포, 하원은 六白에서 갑자를 시작하여 일진 닿는 궁까지 역포한다.

紫白日局早見表

三元局(上中下元) 日 辰							陽遁局			陰遁局		
							上元	中元	下元	上元	中元	下元
甲子	癸酉	壬午	辛卯	庚子	己酉	戊午	1	7	4	9	3	6
乙丑	甲戌	癸未	壬辰	辛丑	庚戌	己未	2	8	5	8	2	5
丙寅	乙亥	甲申	癸巳	壬寅	辛亥	庚申	3	9	6	7	1	4
丁卯	丙子	乙酉	甲午	癸卯	壬子	辛酉	4	1	7	6	9	3
戊辰	丁丑	丙戌	乙未	甲辰	癸丑	壬戌	5	2	8	5	8	2
己巳	戊寅	丁亥	丙申	乙巳	申寅	癸亥	6	3	9	4	7	1
庚午	己卯	戊子	丁酉	丙午	乙卯		7	4	1	3	6	9
辛未	庚辰	己丑	戊戌	丁未	丙辰		8	5	2	2	5	8
壬申	辛巳	庚寅	己亥	戊申	丁巳		9	6	3	1	4	7

위의 조견표를 이용하면 쉽게 일진의 구국(九局)을 찾을 수 있다. 즉, 일진과 상중하원이 만나는 지점에 있는 국수(局數)를 중궁(中宮)에 넣고 역포(逆布)하면 자백일국(紫白日局)이 완성

된다.

※ 자백일국(紫白日局)의 예

1991년(辛未) 9월 3일(癸丑日)의 일국(日局)을 포국한다면, 9월 3일은 절기상으로 한로(寒露)에 속하므로 음둔중원(陰遁中元)에 해당한다. 음둔중원(陰遁中元)은 삼벽(三碧)에서 갑자를 시작하여 역포한다고 했으니 진3궁(震三宮)에서 갑자를 일으켜 역포하면 간궁(艮宮) 八白에 일진 癸丑이 닿는다. 고로 八白을 중궁(中宮)에 넣고 역포한다.

四 戊申	甲 九 午 壬子	甲 二 戌 庚戌
三 甲子 己酉	五 丁未	七 乙巳
甲辰 八 癸丑	甲申 一 辛亥	六 丙午

九 紫	四 綠	二 黑 (凶)
一 白	八 白	六 白
五 黃 (凶)	三 碧	七 赤

6. 삼원자백시국(三元紫白時局)

[**양둔국**(陽遁局:冬至～夏至 前)]

상원(上元:甲己, 子午卯酉日)은 一白에서 갑자를 시작하여 시간(時間) 닿는 궁까지 순포(順布)한다.

중원(中元:甲己, 寅申巳亥日)은 七赤에서 갑자를 시작하여 시간 닿는 궁까지 순포한다.

하원(下元:甲己, 辰戌丑未日)은 四綠에서 갑자를 시작하여 시간 닿는 궁까지 순포한다.

그리고 매시간 닿는 궁을 중궁(中宮)에 넣고 순포한다.

〔**음둔국**(陰遁局：夏至～冬至 前)〕

상원(上元：甲己, 子午卯酉日)은 九紫에서 갑자를 시작하여 시간 닿는 궁까지 역포(逆布)한다.

중원(中元：甲己, 寅申巳亥日)은 三碧에서 갑자를 시작하여 시간 닿는 궁까지 역포한다.

하원(下元：甲己, 辰戌丑未日)은 六白에서 갑자를 시작하여 시간 닿는 궁까지 역포한다.

그리고 매시간 닿는 궁을 중궁(中宮)에 넣고 역포한다.

삼원자백시국(三元紫白時局)의 조견표를 이용하면 쉽게 매시간의 국수(局數)를 찾을 수 있다.

三元紫白時局早見表

陽陰遁 　　時間　 日辰	子時	丑時	寅時	卯時	辰時	巳時	午時	未時	申時	酉時	戌時	亥時
陽遁局　子午卯酉日	1	2	3	4	5	6	7	8	9	1	2	3
陽遁局　寅申巳亥日	7	8	9	1	2	3	4	5	6	7	8	9
陽遁局　辰戌丑未日	4	5	6	7	8	9	1	2	3	4	5	6
陰遁局　子午卯酉日	9	8	7	6	5	4	3	2	1	9	8	7
陰遁局　寅申巳亥日	3	2	1	9	8	7	6	5	4	3	2	1
陰遁局　辰戌丑未日	6	5	4	3	2	1	9	8	7	6	5	4

※ 자백시국(紫白時局)의 예

1991년(辛未) 9월 3일(癸丑日) 유시(酉時)의 시국(時局)을 포국한다면 음둔중원(陰遁中元)에 속하므로 삼벽(三碧)에서 갑자를 시작하여 역포하면 구자화성(九紫火星)에 시간인 辛酉時가 닿는다. 그러므로 구자(九紫)를 중궁(中宮)에 넣고 역포하면 시국(時局)이 완료된다.

四 丁巳	九 甲午 (辛酉)	二 甲戌 己未
(三) 甲子 戊午	五 丙辰	七 甲寅
八 甲辰	一 甲申 庚申	六 乙卯

一白	五黃 (凶)	三碧
二黑	九紫	七赤
六白	四綠 (凶)	八白

※ 본명성(本命星)이 八白인 사람이 1991년(辛未) 9월 3일(음력) 유시(酉時)의 최대길방(最大吉方)과 최대흉방(最大凶方)을 찾으려면 사국(四局)을 비교·판단해서 선택한다.

年局

八白 (본명)	四綠 (흉방)	六白
七赤	九紫	二黑
三碧	五黃 (흉방)	一白 (적살)

月局

五黃 (흉방)	一白	三碧
四綠 (적살)	六白	八白 (본명)
九紫	二黑	七赤 (흉방)

日局

九紫	四綠	二黑 (흉방)
一白	八白	六白
五黃 (흉방)	三碧	七赤

時局

一白 (적살)	五黃 (흉방)	三碧
二黑	九紫	七赤
六白	四綠 (흉방)	八白 (본명)

오황살방(五黃殺方)과 그 대충방(對沖方)은 흉하니 가장 꺼리

고(忌), 본명성(本命星)과 그 대충방(對冲方)인 적살방(的殺方)도 흉하므로 피한다. 그러므로 정동(正東)과 정서(正西)가 대길방(大吉方)이 되고 오황(五黃), 본명(本命), 적살(的殺)이 겸하고 있는 남동(南東)과 북서(北西)가 대흉방(大凶方)이 된다. 그러나 기문둔갑(奇門遁甲)과 비교해서 판단함이 정확하다(아울러 본명성의 生尅도 참고로 할 것).

7. 본명성(本命星)의 생극(生尅)에 따른 길흉

① 본명성(本命星)이 一白인 사람은 六白·七赤이 길하고, 二黑·八白·五黃은 불리하다.

② 본명성(本命星)이 二黑인 사람은 九紫가 길하고, 三碧·四綠은 불리하다.

③ 본명성(本命星)이 三碧인 사람은 一白이 길하고, 六白·七赤은 불리하다.

④ 본명성(本命星)이 四綠인 사람은 一白이 길하고, 六白·七赤은 불리하다.

⑤ 본명성(本命星)이 五黃인 사람은 九紫가 길하고, 三碧·四綠은 흉하다.

⑥ 본명성(本命星)이 六白인 사람은 二黑·八白이 길하고, 九紫는 불리하다.

⑦ 본명성(本命星)이 七赤인 사람은 二黑·八白이 길하고, 九紫는 불리하다.

⑧ 본명성(本命星)이 八白인 사람은 九紫가 길하고, 三碧·四綠은 불리하다.

제 7 장
국사론(國事論)

1. 대국의 포국 방법

홍연국(洪煙局)으로써 매년의 국사(國事)를 추단하는 비법이 있으니 매년 음력 1월 1일의 연월일시로 천하의 대국(大局)을 작성하여 우리나라가 속해 있는 간궁(艮宮)의 길흉을 살펴본 뒤, 간상(艮上)의 홍국수(洪局數)·기의(奇儀)·팔문(八門)을 중궁(中宮)에 넣어 다시 포국함으로써 우리나라의 일년 동안의 길흉을 알 수 있다.

천하대국(天下大局)을 포국하는 방법은 사주국과 마찬가지로 입춘을 중심으로 작성한다.

입춘 절기가 음력 1월 1일 이전에 들어 있으면 그 해의 간지와 입춘월건(立春月建)을 쓰고, 입춘 절기가 음력 1월 1일 이후에 들어 있으면 전년도 간지와 입춘 전에 해당되는 월건(月建)을 씀을 원칙으로 한다(時間은 不論한다). 그리고 천하대국(天下大局)을 포국하는 방법은 사주국을 포국하는 방법과 동일하다.

천하국상(天下局上)에서 우리나라의 운수를 보려면 간상궁(艮上宮)에 있는 홍국수(洪局數)와 기의(奇儀)·팔문(八門)을 다시 중궁(中宮)에 넣고 포국해야 하는데 그 포국하는 방법은 다음과 같다.

① 홍국수리포국법(洪局數理布局法)

간궁(艮宮)에 있는 천지반수(天地盤數)를 중궁(中宮)에 넣고 사주국과 동일한 방법으로 포국한다.

② 팔괘생기포국법(八卦生氣布局法)

간궁(艮宮)에 있는 천지반수(天地盤數)를 중궁(中宮)에 넣고 사주국과 동일한 방법으로 중궁지반수(中宮地盤數)에 의하여 팔방에 배치한다.

③ 팔문신장포국법(八門神將布局法)

간궁(艮宮)에 임한 팔문을 중궁(中宮)에 넣은 뒤 다시 중궁(中宮)에 들어온 팔문을 감궁(坎宮)에 놓고, 감궁(坎宮)→건궁(乾宮)→진궁(震宮)→곤궁(坤宮)→간궁(艮宮)→태궁(兌宮)→손궁(巽宮)→이궁(离宮) 순으로 포국시킨다(年局은 입춘을 중심으로 보기 때문에 陽遁八門을 사용한다).

④ 천봉구성포국법(天蓬九星布局法)

간궁(艮宮)에 위치한 정위성(定位星)인 천임성(天任星)을 중궁(中宮)에 넣고 배치한 동국구성도(東國九星圖)를 가지고 구성(九星)을 포국하는데 지반기의(地盤奇儀) 중에서 일주부두순장(日柱符頭旬將)이 있는 궁의 정위성(定位星)을 지반기의(地盤奇儀) 중 일간이 있는 궁에 옮겨 붙여 순회(順回)한다(年局은 時干을 不用하므로 日柱의 符頭旬將과 日干을 쓴다).

東國九星圖

七 天柱	三 天冲	五 天禽
六 天心	八 天任	一 天蓬
二 天芮	四 天輔	九 天英

예를 들어 일부두(日符頭)가 손궁(巽宮)에 있고, 일간(日干)이 태궁(兌宮)에 있다면, 손궁(巽宮)의 정위성(定位星)인 天柱星을 태궁(兌宮)에 옮겨 놓고 순회(順回)하므로 태궁(兌宮)에 천주(天柱), 건궁(乾宮)에

천충(天沖), 감궁(坎宮)에 천금(天禽), 간궁(艮宮)에 천봉(天蓬), 진궁(震宮)에 천영(天英), 손궁(巽宮)에 천보(天輔), 이궁(离宮)에 천예(天芮), 곤궁(坤宮)에 천심(天心)을 붙인다.

⑤ 기의포국법(奇儀布局法)

간궁(艮宮)에서 중궁(中宮)에 들어온 기의(奇儀)를 다시 포국할 때에는 중궁(中宮)의 지반기의(地盤奇儀)를 건궁(乾宮), 태궁(兌宮), 간궁(艮宮), 이궁(离宮), 감궁(坎宮), 곤궁(坤宮), 진궁(震宮), 손궁(巽宮) 순으로 포국하게 된다.

예를 들어 간궁(艮宮)에서 중궁(中宮)에 들어온 지반기의(地盤奇儀)가 庚이라면 庚 다음의 부두(符頭)인 辛을 건궁(乾宮)에 놓고, 그 다음 壬을 태궁(兌宮)에 놓는 식으로 순포(順布)시키는 것이다.

즉, 간궁상(艮宮上)의 지반기의(地盤奇儀)만을 중궁(中宮)에 넣어 다시 포국한다(艮宮上의 天盤奇儀는 中宮에 넣지 않는다).

지반기의(地盤奇儀)를 모두 포국한 뒤에는 천반기의(天盤奇儀)를 자성하는데 일부두순장(日符頭旬將)을 일간(日干) 위에 놓고 순회(順回)하므로 사주국에서의 천반기의(天盤奇儀) 작성법과 동일하다.

⑥ 일년 동안의 국사(國事)의 길흉을 보려면 음력 정월 초1일 3주(三柱)로 작국(作局)하므로 연국(年局)이라 한다.

사계절(四季節)의 길흉을 보려면 봄에는 입춘절입일시(立春節入日時)의 사주로 작국(作局)하고, 여름에는 입하절입일시(立夏節入日時), 가을에는 입추절입일시(立秋節入日時), 겨울에는 입동절입일시(立冬節入日時)로 작국(作局)하여 각 절기 내의 국사(國事)의 길흉을 알아볼 수 있다.

매월의 길흉을 보려면 매월 초1일의 3주(三柱)로 작국(作局)하여 보고, 매일의 길흉을 보려면 매일의 일출 시간의 사주를 작국하여 본다(艮上數를 入中宮하여 再布局함은 물론이다). 팔문

(八門)·구성(九星)·팔괘(八卦) 등의 배치는 연국(年局)과 동일한 방법으로 한다.

매시간의 길흉은 보고자 하는 연월일시의 사주로 작국한다.

연국(年局)을 제외하고는 모두 양음둔(陽陰遁)에 따라 포국한다.

국사(國事)의 길흉을 볼 때는 먼저 천하대국(天下大局) 중에서 우리나라가 속해 있는 간축인궁(艮丑寅宮)을 자세히 살펴본 후에 간궁상(艮宮上)의 홍연(洪煙)을 중궁(中宮)에 넣고 포국하여 우리나라 전국(全局)의 길흉을 논한다.

국운의 길흉을 논단하는 방법이 또 한 가지가 있는데 비교적 적중률이 높다고 본다.

연국(年局)을 작성할 때 매년 정월 초1일로 삼주(三柱)를 세워서 포국하되 입춘절이 정월 초1일 이전에 들어 있으면 寅月建을 쓰고 당년도 간지를 쓴다.

입춘절이 정월 초1일 이후에 들어 있으면 丑月建을 쓰고 전년도의 간지를 불용하고 당년도 간지를 쓴다.

그리고 정월 초1일을 위주로 하므로 입춘절이 전년도 12월 25일에 들어 있으면 당년도 정월 1일까지 계산하여 6이 되면 지지(地支)를 더해서 나온 수에 6을 빼준 뒤 9로 나누어 그 나머지 수를 취한다.

입춘절이 당년도 정월 5일에 들어 있으면 정월 1일부터 입춘일인 5일 전날까지 계산하여 4가 되면 지지(地支)를 더해서 나온 수에 4를 더해 준 뒤 9로 나누어 그 나머지 수를 취한다. 이때 계산하여 나온 숫자가 지지합수(地支合數)보다 클 때에는 정월 1일을 중심으로 가감한 수에서 지지합수(地支合數)를 반대로 빼주면 된다(丑月建을 쓸 경우를 말함).

기타 기의(奇儀)·팔문괘(八門卦) 등의 포국법은 앞의 방식과 동일하다(이 두 가지 방법으로 국사를 논하면 萬無一失한다).

2. 국사길흉론(國事吉凶論)

우리나라는 생문방(生門方)인 동북(東北)의 간궁(艮宮)에 위치하고 있는 고로 천하의 대국 중에서 간궁상(艮宮上)의 홍연지괘수(洪煙之卦數)를 다시 중궁(中宮)에 넣어 포국함으로써 우리나라 전 국토상의 길흉과 정치·경제·사회 등 모든 분야에서의 길흉을 세밀하게 파악할 수 있다.

① 국운을 논할 때 가장 먼저 살펴보아야 할 곳은 천하대국(天下大局) 중에서 우리나라가 속한 간궁(艮宮)이 된다.

간궁(艮宮)에 2·7(火), 丙·丁, 휴문(休門), 천봉성(天蓬星)이 동궁하고 있으면 큰비가 내려 수재해를 당하고, 4·9(金), 庚·辛, 경문(驚門), 천주성(天柱星)이 동궁하고 있으면 날씨가 서늘하여 냉해를 입게 되고, 천지반(天地盤)이 수극(受尅)되어 있으면 병란(兵亂)의 재해가 속출한다.

3·8(木), 甲·乙, 상문(傷門), 천충성(天沖星)이 동궁하고 있으면 바람이 심하게 불어 풍해를 당하고 전염병이 극성을 부린다.

5·10(土), 戊·己, 사문(死門), 천예성(天芮星)이 동궁하고 있으면 송충이·벌레·질병 등으로 인한 재해를 당한다.

이러한 중에 길문괘가 중중(重重)하고 삼기(三奇)가 합하여 있으면 화를 면하지만, 흉문괘와 태백살〔太白庚：金〕이 있으면 대흉하다.

간궁(艮宮)에 丙·庚이 있고 흉문괘가 중중(重重)하면 대흉하다.

이런 방법으로 미루어 천하국상(天下局上)의 간궁(艮宮)을 살핀 뒤에 간상수(艮上數)를 중궁(中宮)에 넣고 포국하여 우리나라 각 분야의 길흉을 논하게 된다.

② 세지(歲支)·세간(歲干)은 군왕·궁전·왕가·일국의 사령탑

으로 전국(全局) 중에서 가장 중요한 곳이다.

일진(日辰)·일간(日干)은 인민·백성·풍년과 흉년을 주관한다.

월지(月支)·월간(月干)은 신하와 백성으로 본다.

육친 중에서 부모는 군왕·국가 원수 내외로 본다.

자손은 아군(我軍)의 장수·후계자·왕자 등으로 본다.

관귀(官鬼)는 역적·병란(兵亂)·재해를 주관한다.

재성(財星)과 자손은 백성과 신하로 보기도 한다.

국중(局中)에서 가장 흉악한 것은 삼살성(三殺星)인 태백(太白)과 천강(天罡)과 형혹(熒惑)이다. 즉, 쌍금(雙金)·쌍화(雙火)·쌍오(雙五)를 말하는 것인데 왕동(旺動)하면 흉하고 중궁(中宮)과 세·월·일(歲·月·日)에 속해 있어도 흉하며, 삼살성(三殺星)이 관귀(官鬼)로 되어 동하면 극흉한 것이다. 천반기의(天盤奇儀) 중에서 丙(火)과 庚(金)도 마찬가지로 흉한 것이다〔地盤의 庚(金)도 흉함〕.

전국(全局)이 상충되어 있거나 상극되어 있으면 국가에 흉사가 중중(重重)하다. 기의(奇儀)와 팔문(八門)이 복음(伏吟)이 되어 있어도 흉하다.

전국(全局)이 상생하고 세궁(歲宮)·월궁(月宮)·일진궁·중궁(中宮) 등지에 길문괘가 있고 사진궁(四辰宮)이 서로 상생하고 길격을 이루고 있으면 국민이 모두 편안하게 지낸다.

국중(局中)에서 7(火)이나 9(金)가 관귀(官鬼)로 되어 있으면 가장 흉하니 귀(鬼)의 왕쇠(旺衰)와 동향을 잘 살펴보아야 한다.

중궁(中宮)은 일국을 다스리는 제왕과 같으므로 세·월·일(歲·月·日)과 상생하고 있어야 길하다.

비록 단화귀(單火鬼)라 할지라도 중궁(中宮)에서 동하고 있으면 역적이 난을 일으킨다(單金鬼도 마찬가지로 본다).

관귀(官鬼)가 쌍화(雙火)·쌍금(雙金)으로 되어 쇠사지(衰死地)에 거하고 있으면 국내에서 역적이 병란(兵亂)을 일으킨다. 아울러 수극(受尅)되어 있으면 귀충방(鬼冲方)에서 역적이 나온다고 본다.

연국(年局) 중에서 금화관귀(金火官鬼)가 왕동(旺動)하고 있으면 이 해에 병란(兵亂)이 있게 된다.

③ 세지(歲支)와 세간(歲干)의 길흉을 판단하면 다음과 같다.

세간(歲干)에 사문(死門)·절명이 동궁하면 국내에 참변이 생기고 국정이 불안하므로 흉하다.

세간(歲干)에 화해(禍害)·상문(傷門)이 동궁하면 왕가에 참사가 생긴다.

세간(歲干)에 천예성(天芮星)이 동궁하면 흉사가 발생한다(天英星과 天柱星이 加臨되어도 흉하다).

세간(歲干)에 丙과 庚이 임하면 국정이 위태롭다〔庚(金)이 天盤에 가하여 있으면 더욱 불리하다〕.

세간(歲干)의 천지반(天地盤)이 상극(相尅)하고 있으면 흉한 일이 자주 발생한다. 즉, 국가에 근심이 있게 된다.

세간(歲干)에 생문(生門)·생기(生氣)가 동궁하면 길하지만 이때에 공망(空亡)을 맞으면 오히려 화흉(化凶)하므로 국가에 근심이 있게 된다.

세간(歲干)이 공망(空亡)되어 있으면 심히 흉한 것인데 그런 중에 사문(死門)·절명이 동궁하면 국상(國喪)의 우려가 있다.

세간(歲干)에 삼길문(三吉門)인 생문(生門)·개문(開門)·휴문(休門)이 동궁하고 삼기(三奇)가 합하면 국가에 경사가 있고 국민이 편안하게 된다.

세간(歲干)에 庚과 庚이 임하면 국내에 재앙이 속출한다.

세간(歲干)의 천반(天盤)에 庚이 있고 흉문괘(凶門卦)가 동궁하면 반드시 국내에 참상이 발생한다.

세간(歲干)이 중궁(中宮)에 거하고 있으면 곤궁상(坤宮上)의 문·성·괘(門·星·卦)와 기의(奇儀)를 본다(中宮은 항상 坤宮으로 나타나기 때문이다).

세지궁(歲支宮)에 금귀(金鬼)가 왕생하고 있으면 병란(兵亂)이 발생되기 쉽다(官鬼가 居旺·兼旺하면 極凶하다).

관귀(官鬼)가 金으로 왕생하고 있더라도 세지궁(歲支宮)이나 세간(歲干) 또는 중궁(中宮)과 일진궁의 천반(天盤)에 임해 있지 않으면 병란(兵亂)이 아닌 다른 쪽에서의 재앙이라고 본다.

세지(歲支)가 중궁(中宮)의 쌍금(雙金)·쌍화귀(雙火鬼)를 생조하면 병란이 치열하다.

세지(歲支)가 관귀(官鬼)를 극파(尅破)하면 비록 관귀(官鬼)가 왕왕(旺旺)하다고 하지만 적군을 파하게 된다.

세지상(歲支上)에 있는 관귀(官鬼)가 공망(空亡)·사묘절지(死墓絶地)에 놓여 있으면 적국을 파한다.

세지(歲支)가 월궁(月宮)의 관귀(官鬼)를 생조하고 있으면 고위급의 관료가 역란(逆亂)을 꾀하는 것으로 본다.

세지(歲支)가 중궁(中宮)에서 火金이 서로 극파(尅破)하고 있거나, 세지(歲支)와 중궁(中宮)이 상충극하고 있으면 국상이 발생한다.

세지(歲支)에 있는 부모가 공망(空亡)되어 있으면 국상이 생길 우려가 있다.

세지궁(歲支宮)이나 중궁(中宮)에서 부모가 동하여 절명과 동궁하고 있으면 왕비가 참사를 당한다고 보는데, 음세간(陰歲干)이면 왕비·신하·백성이 사망하게 된다.

세지(歲支)가 중궁(中宮)을 생조(生助)하고 중궁(中宮)이 또 일진궁을 생조하고 있는 해에는 국가가 안정하게 된다.

세지(歲支)가 일진궁을 생조하고 일진궁이 왕생하면 국운이 대길하다.

중궁(中宮)이 세지(歲支)와 일진궁을 생조하고 일진과 세지궁(歲支宮)이 왕생하면 국운이 대통한다. 아울러 길문괘를 득하면 대길하다고 본다.

세지(歲支)가 일진을 극파(剋破)하고 일진궁이 쇠약하면 매우 흉하다.

세궁(歲宮)과 월궁(月宮)이 함께 일진궁을 극파하면 국정이 불안하고 백성이 고통을 받는다.

세지궁(歲支宮)의 5·10(土) 관귀(官鬼)가 일진수를 극하면 토사(土事) 또는 백성들이 흙에 파묻혀 죽게 된다.

세지궁(歲支宮)의 1·6(水) 관귀(官鬼)가 일진수를 극하면 수재로 인하여 많은 백성이 사망한다.

세궁(歲宮)과 일진궁이 서로 상생하고 왕생하며 길문괘가 있으면 대길하다. 즉, 국태민안하다.

세궁(歲宮)이나 중궁(中宮)에서 자손이 왕생하고 있으면 병란(兵亂)이라도 적을 파하게 된다.

④ 관귀(官鬼)가 겸왕(兼旺)하고 거왕생(居旺生)하면 공망(空亡)되어 있을지라도 공망(空亡)으로 논하지 않는다. 다른 육친도 이와 마찬가지로 본다.

자손궁이 공망(空亡)되어 있으면 역적이나 반란·혁명이 일어나기 쉬운데 자손이 모두 공망(空亡)되어 있고 쇠약하면 정부·왕권이 혁명이나 반란에 의해 바뀌게 된다. 왜냐하면 자손은 적을 상대하는 아군의 장수이기 때문이다.

부모가 쌍금(雙金), 쌍오(雙五), 1·6(水), 쌍칠(雙七)로 되어 있으면 군왕 내외에게 참사가 발생되기 쉽다.

일진수의 천지반(天地盤)이 7(火)로 되어 있고 공망(空亡)을 맞으면 질병으로 인하여 많은 사람들이 사망한다.

세궁(歲宮)과 일진궁 천반(天盤)에 火金 관귀(官鬼)가 동하고 있으면 이 해에 병란(兵亂)이 일어나기 쉽다.

火金 관귀(官鬼)가 왕생하여 동하고 있더라도 중궁(中宮)에서 자손이 수생(受生)되어 있으면 평정이 된다.

쌍금(雙金)은 최악살(最惡殺)이므로 육친에 닿는 대로 흉하게 작용한다.

부모가 쌍금(雙金)이 되어 동하면 국내에 상사(喪事)가 발생하는데 양년간(陽年干)에는 군왕이 사망하고 음년간(陰年干)에는 신하와 백성이 사상(死傷)을 당한다.

⑤ 국상의 시기를 추리하려면 부모수를 중궁(中宮)에 넣어 역으로 지반(地盤) 庚上까지 계산한다. 이때 庚上에 이른 수가 2이면 丁·巳月에 국상이 발생한다고 본다.

그런데 만약에 지반(地盤) 庚이 공망지(空亡地)에 거하고 있으면 천반(天盤) 庚으로 계산한다.

국상이 발생되는 달을 추득(推得)하였으면 그 다음엔 날짜를 구한다. 국상기일(國喪期日)은 월수를 다시 중궁(中宮)에 넣어 역으로 절명궁(絶命宮)까지 계산하는데 만약 절명에 이르러 2가 되면 巳·丁日辰으로 본다. 이때 절명궁(絶命宮)의 대충궁(對冲宮)에 사문(死門)이 거하고 있으면 사문상(死門上)에 이르는 수로 결정한다(歲宮에 절명이 동궁하고 있으면 그대로 絶命上數로 결정한다).

병란(兵亂)의 시기를 알려면 관귀(官鬼) 수를 중궁(中宮)에 넣어 역으로 세지궁(歲支宮)에 이르러 2가 되면 2月 또는 巳月·丁月에 일어난다고 본다.

세간궁수(歲干宮數)를 중궁(中宮)에 넣고 역으로 관귀궁(官鬼宮)에 이르는 수로 결정하니 5가 되면 5月·戊月·壬月이라고 본다.

태백(太白) 庚(金)이 중궁(中宮)이나 세궁(歲宮)의 천지반(天地盤)에 있고 전국(全局)이 흉격이면 흉년이 들거나 나라에 상사(喪事)가 발생한다.

세궁(歲宮)의 九(金)가 절명의 생조(生助)를 받아 중궁(中宮)에 동한 부모를 극(尅)하면 국가에 국상·참변이 발생된다.

중궁(中宮)과 세궁(歲宮)에서 丙·庚이나 7(火)·9(金)가 서로 극(尅)하고 있으면 국가에 참변이 일어난다.

단화금귀(單火金鬼)가 쇠지(衰地)에 있어 공망(空亡)되면 놀라는 일만 있을 뿐 재난이 발생되지는 않는다. 그러나 왕생한 火金 관귀(官鬼)가 공망(空亡)되면 해공(解空)되는 시기에 난이 일어나게 된다.

공망된 지역과 삼살성(三殺星)이 임한 곳은 흉지(凶地)가 되는데 아울러 사문(死門)·절명·상문(傷門)·절체(絶体)·천예성(天芮星)·천주성(天柱星) 등의 흉문괘(凶門卦)와 흉성(凶星)이 동궁하고 있으면 더욱 불길하다.

전국(全局)의 문(門)·괘(卦)·성(星)·수(數)가 복음(伏吟)·상충(相冲)·상극(相尅)되어 있은 연후라야 국상·병란(兵亂)으로 논한다.

⑥ 戊己(5·10 土)는 벼와 곡식류를 의미하므로 이것의 동향으로 풍년인지 흉년인지를 추리한다.

戊己(5·10 土)가 이궁(离宮)·감궁(坎宮)에 거하고 있으면 벼와 곡류가 풍작을 이루고, 아울러 겸왕(兼旺)·상비(相比)되어 있으면 대풍작을 이룬다.

戊己(5·10 土)가 상비(相比)하여 진궁(震宮)이나 태궁(兌宮)에 거하면 흉년으로 본다.

戊己(5·10 土)가 왕지(旺地)나 사지(死地)에 거하고 있지 않으면 평작을 이루고 절·묘·공망지(絶·墓·空亡地)에 있으면 흉작을 이룬다고 본다.

기의(奇儀) 중 壬이 1·6(水)을 만나고 진궁(震宮)에 거하면 동쪽 지방에서 풍작을 이룬다.

庚辛(4·9 金)이 상비(相比)하여 태궁(兌宮)에 있으면 보리와 밀이 풍작을 이룬다.

세간(歲干)에 戊己(5·10 土) 중에서 어느 하나가 왕생하고 있으면 풍년을 기약한다.

戊己(5·10 土)가 사지(死地)에 거했을지라도 길문괘를 동궁하면 평작이라 한다.

국중(局中)의 천반(天盤) 戊·己가 5·10(土)을 만나면 벼와 보리가 풍작을 이루고 그 분야에 해당되는 곳에 길함이 있다. 그러나 사묘절지(死墓絶地)나 공망지(空亡地)에 들어 있으면 흉작을 이룬다.

국중(局中)의 천반(天盤)에 庚·辛이 4·9(金)를 만나면 밀과 보리가 풍작이고, 甲·乙이 3·8(木)을 만나면 의류·과일·지물·솜·목재 등이 풍작이고, 壬·癸가 1·6(水)을 만나면 수산물이 풍작이고, 丙·丁이 2·7(火)을 만나면 담배·소금·약초류 등이 풍작을 이룬다. 그러나 쇠사지(衰死地)에 거하거나 절묘공망지(絶墓空亡地)에 있으면 반대로 흉작을 이룬다고 본다. 그리고 이때에 팔문(八門)이 궁을 극(尅)하고 있으면 바람과 벌레의 재해가 있게 된다.

일진궁은 백성으로 보지만 풍년과 흉년을 논하는 관건도 된다. 일진이 왕생하면 길하고 쇠약하면 흉함이 많다고 본다.

국중(局中)에 자손이 왕생하고 일진궁과 세궁(歲宮)이 왕생하면 적을 물리치게 된다.

일진과 세월궁(歲月宮)의 천지반(天地盤)이 모두 수극(受尅)되어 있거나 아울러 흉문괘를 접하고 있으면 일국의 백성이 곤고하고 정국(政局)이 위태롭다.

세궁(歲宮)이 일진궁을 극(尅)하고 일진의 천지반(天地盤)이 수극(受尅)되어 있으면 나라에 우환이 생긴다.

세궁(歲宮)과 자손궁이 왕생하고 길문괘를 득하면 일국의 운수가 대길하다.

　세궁(歲宮)이 자손을 생조하고 자손이 왕생하고 길문괘를 득하면 대길하다.

　세지궁(歲支宮)에 자손이 왕생하여 동하고 길문괘를 득하면 일국에 경사가 있고 백성이 평안히 지내게 된다. 그러나 휴문(休門)이 동궁하면 불리하다.

　재성(財星)과 자손이 쌍금(雙金)으로 되어 있으면 백성과 신하가 많이 사상(死傷)된다고 보는데 양년간(陽年干)에는 군왕이 위험하고, 음년간(陰年干)에는 신하·백성이 위험하다.

　세궁(歲宮)과 중궁(中宮), 또는 세궁(歲宮)과 부모궁에서 천지반(天地盤)이 7(火)·9(金)로 되어 있거나 기의(奇儀) 丙(火)·庚(金)이 임해 있으면 국상으로 본다.

　세간(歲干)에 사문(死門)과 절명을 봉(逢)하면 나라에 슬픈 일이 발생한다. 아울러 천예(天芮)·천주(天柱)·천영성(天英星)이 동궁하면 더욱 흉하다.

3. 국사경험론(國事經驗論)

① 1983년 국운

1983년 정월 초1일
日月年
壬甲癸(天盤 二)
申寅亥(地盤 六)
陽遁立春中元五局

天下大局

生門 壬乙　八十	傷門 戊壬　三五	驚門 庚丁　戊　十八
死門 乙丙　九九	戊　二六	休門 己庚　五三
開門 丙辛　四四	杜門 辛癸　一七	景門 癸己　六二

艮上入中局

歸魂 天芮 死門 丁庚　孫　十八	驚門 福德 天心 己丙　孫　五三	傷門 天医 天柱 庚戊　世　二六
生門 絶体 天輔 乙己　財　一七	父母 辛　四四	景門 遊魂 天冲 丙癸　兄弟　七一
杜門 絶命 天英　財 壬丁　月　六二	開門 生氣 天蓬 癸乙　官星　三五	休門 禍害 天禽　空亡 戊壬　官鬼　歲　八十

1983년 9월 1일(양력) KAL기 피격 추락.

　　10월 9일(양력) 미얀 아웅산 암살 폭발 사건으로 다
수 인명 사상.

입춘이 전년도 12월 22일(음력) 酉正二刻十分에 입절(入節)
했으므로 입춘일로부터 정월 초1일을 계산하면 9일이 된다. 고
로 지지합수(地支合數) 24에 9를 더하니 33이 된다. 이것을 9
로 나누면 6이 나오므로 지반(地盤)이라 한다.

천하대국(天下大局)을 사주국과 동일하게 포국한 후에 간상
수(艮上數) 44와 기의(奇儀)인 辛, 팔문(八門)인 개문(開門)을
입중궁(入中宮)하여 홍국수천지반(洪局數天地盤)은 사주국과 동
일하게 포국시키고, 팔문(八門)은 중궁(中宮)의 개문(開門)을
감궁(坎宮)으로 나가서 양둔팔문(陽遁八門)으로 포국하고, 기의
(奇儀)는 건궁(乾宮)으로 출건(出乾)하니 辛 다음의 壬을 건궁
상(乾宮上)에 부(符)한다.

천봉구성(天蓬九星)은 동국구성도(東國九星圖)에 준하여 일부
두(日符頭 : 戊)에 소재한 궁의 정위성(定位星)인 천금성(天禽
星)을 시간(時干) 임상(壬上)에 이부(移符)하여 순회(順回)한
다.

팔괘생기(八卦生氣)는 사주국에서와 동일하게 중궁(中宮)의
지반수(地盤數)인 4를 중심으로 팔방에 배치시킨다. 이로써 간
상국(艮上局)의 포국이 완성된다.

부모가 쌍금(雙金)이 되어 동하므로 국내에 사상자가 많이
생길 것인데 음년간(陰年干)이므로 신하와 백성의 상사(喪事)
라 한다.

국상의 시기를 알려면 부모수를 중궁(中宮)에 넣어 역으로
지반기의(地盤奇儀) 庚이 있는 곳에 이르는 수로 결정하는데,
이때 부모수는 일진수가 양수이면 음부모수(陰父母數)를 취용
하고 음수이면 양부모수(陽父母數)를 취한다. 고로 4를 버리고

9를 중궁(中宮)에 넣어 지반 庚까지 역으로 짚어 가면 5가 나
온다. 5는 양토(陽土)로 戊·辰·戌 또는 壬이라 하므로 戊·辰·
戌月이나 壬月에 국상이 발생할 것으로 본다.

1983년 양력 壬戌月 10월 9일에 미얀에서 국내의 주요 인사
가 많이 사망하였다. 그리고 음년(陰年)이므로 대통령은 안전
하였다.

이밖에도 흉사가 중중(重重)했는데 전국(全局)이 상충국(相
冲局)이 되어 있으며 일진궁에 흉문괘가 동궁하고 아울러 천반
(天盤)에 庚이 임하고 또한 세궁(歲宮)이 공망(空亡)되어 있으
므로 대흉한 해임을 알 수 있다.

월수 5를 중궁(中宮)에 넣고 역으로 절명궁(絶命宮)까지 짚
어 나가니 7이 나온다. 고로 丙·午日이 됨을 알 수 있다. 국상
이 난 날짜는 10월 9일 庚午日辰이다.

② 1974년 국운

天下大局

1974년 정월 초1일
日月年
甲乙甲(天盤 四)
子丑寅(地盤 六)
陽遁大寒上元三局

<table>
<tr><td>十
己　十</td><td>五
丁　五</td><td>二
乙　八</td></tr>
<tr><td>一
戊　九</td><td>四
庚　六</td><td>七
壬　三</td></tr>
<tr><td>生
門　六
癸　四</td><td>三
丙　七</td><td>八
辛　二</td></tr>
</table>

艮上入中局

開絕天 門体柱 壬 壬　　官 二八	休生天 門氣冲　　日干 戊 戊　　鬼 七三	景禍天 門害禽　　財 庚 癸 庚　　四六
杜歸天 門魂心 辛 辛　　父 三七	天任 歲干 癸　　孫 六四	驚絕天 門命蓬 丙 丙　　財 九一
死遊天　月干 門魂芮 　　月歲 乙 乙　　父 八二	生福天 門德輔 己 己　　世 五五	傷天天　　空亡 門医英 丁 丁　　兄 十十

　세간(歲干)이 甲寅旬中의 癸로 중궁(中宮)에 동하므로 곤궁(坤宮)을 살펴본다.

　곤궁(坤宮)에 화해(禍害)·태백(太白) 경금(庚金)이 중중(重重)하므로 가위 흉함을 짐작할 수 있고 또한 전국(全局)이 복음(伏吟)이 되어 있고, 세지궁(歲支宮)에 부모가 동하여 사문(死門)과 천예(天芮)를 합하였다. 火金 관귀(官鬼)가 아니므로 병란(兵亂)이나 반란으로 보지 않고 왕가에 참사가 있는 것으로 본다. 그러므로 이 해에 국내에 슬픈 일이 발생한다고 본다.

　1974년 양력 8월 15일 육영수 여사 순국(壬申月)하였다. 세지(歲支)·월지(月支)·월간(月干)이 사문(死門)·천예(天芮)와 함께 부모에 임하여 있으므로 군왕 또는 왕비에게 흉액이 있음을 알 수 있다. 또한 일진궁이 천강살(天罡殺)인 쌍오(雙五)로 되어 있으므로 국민이 불안한 것이다.

③ 1950년 국운

1950년 정월 초1일

日月年

癸戊庚(天盤 四)

未寅寅(地盤 九)

陽遁雨水上元九局

天下大局

十 壬 三	五 戊 八	二 庚 一
一 辛 二	四 癸 九	七 丙 六
杜門 乙 六七	三 己 十	八 丁 五

艮上入中局

生絶天 門体沖 辛 丙　孫 二一	傷生天 門氣禽 癸 辛　孫 七六	驚禍天 門害蓬　日干·世 己 癸　空亡 四九
死歸天 門魂柱 丙 丁　父 三十	乙	休絶天 門命英 戊 己　兄 空亡 九四 官鬼 六七
開遊天 門魂心 丁 庚　父 歲干 歲月 八五	杜福天 門德芮 庚 壬　財 五八	景天天 門医輔 壬 戊　財 月干 十三

　일진과 일간(日干)이 합하여 태백쌍금(太白雙金)으로 되어 흉문괘가 중중(重重)하고 공망지(空亡地)에 들어 있으며 전국 (全局)이 상극하고 있다.

　중궁(中宮)에 7(火) 관귀(官鬼)가 연지(年支) 寅과 월지(月

支) 寅에서 승생(乘生)하므로 단화귀(單火鬼)라도 중궁(中宮)
에서 동하면 필히 병란(兵亂)이 일어나는 법이니 대병란(大兵
亂)의 상이다.

세·월지(歲·月支)·세간궁(歲干宮)에 길문괘가 동궁했지만 태
백(太白)인 경금(庚金)이 가해 있고 천반(天盤) 8(木)이 지반
(地盤) 5(土)를 극(尅)하고 중궁(中宮)의 관귀(官鬼)를 생조
(生助)하고 있으니 흉중의 흉이 되었다.

1950년 양력 6월 25일 한국 전쟁이 일어났다(壬午月 음력 5
월 10일).

④ 1979년 국운

1979년 정월 초1일
日月年
乙乙己(天盤 一)
未丑未(地盤 二)
陽遁大寒上元三局

天下大局

七 六 己	二 一 丁	九 四 乙
八 五 戊	一 二 庚	四 九 壬
開門 三 十 癸	十 三 丙	五 八 辛

艮上入中局

死禍天 門害冲　　　空亡 戊 壬　　孫　　九一	驚絶天 門命禽 庚 戊　　孫　　四六	傷絶天 門体蓬　　　歲一九 丙 庚癸　　世
生天天 門医柱 壬 辛　　父　　十十	癸　　官鬼　　三七	景生天 門氣英 丁 丙　　兄　　六四
杜福天 門德心　月·日干 月 辛 乙　　父　　五五	開遊天 門魂芮　　　歲干 乙 己　　財　　二八	休歸天 門魂輔 己 丁　　財　　七三

천하국중(天下局中)에서 간상지반수(艮上地盤數)가 10이므로 중궁(中宮)의 지반은복수(地盤隱伏數)를 취용하게 되므로 간상지반수(艮上地盤數)는 7이 된다.

중궁(中宮)의 7(火) 관귀(官鬼)가 수생(受生)되어 동하고 있으니 역란(逆亂)의 상이다. 부모가 쌍오천강살(雙五天罡殺)로 되어 있으므로 군왕에게 흉액이 닥치게 된다.

일진궁에 丙과 庚이 임하고 흉문괘가 합하였으므로 일국이 모두 불안한 상태가 된다.

국상의 시기는 음년간(陰年干)이므로 양부모수(陽父母數) 5를 중궁(中宮)에 넣고 지반(地盤) 庚에 이르러 3이 된다. 고로 甲月 또는 寅月이 된다.

자손이 쇠약한데 공망지(空亡地)에 있으므로 중궁(中宮)의 수생(受生)된 관귀(官鬼)를 대적하지 못하게 된다.

1979년 양력 10월 26일(甲戌月) 박 대통령이 시해되었다.

⑤ 1980년 국운

1980년 정월 초1일

日月年

己戊庚(天盤 九)

未寅申(地盤 四)

陽遁立春下元二局

天下大局

五 庚　八	十 丙　三	七 戊　六
六 己　七	九 辛　四	二 癸　一
開門 丁　一 二	八 乙　五	三 壬　十

艮上入中局

死遊天 門魂心 壬 癸　　孫　七六	驚天天 門医柱　　　日干 癸 己　　孫　二一	傷福天 門德冲　　　　歲 己 辛　　世　九四
生絕天 門命芮 戊 壬　　父　八五	丁　　　官 　　　　鬼　一二	景歸天 門魂禽 己 癸　　兄　四九
杜絕天　　空亡 門体輔 　　月干　月 庚 戊　　父　三十	開禍天 門害英 　　歲干 丙 庚　　財　十三	休生天　　空亡 門氣蓬 乙 丙　　財　五八

　단화귀(單火鬼)가 중궁(中宮)에서 동하고 세지(歲支)와 일진이 쌍금(雙金)이 되어 상문(傷門)을 봉(蓬)하므로 이 해에 병란(兵亂)으로 인하여 많은 백성이 사상당할 것으로 본다. 그러나 2(火) 관귀(官鬼)가 비록 寅 월지(月支)에서 승생(乘生)되

었다 하더라도 천반(天盤)의 극(尅)을 받아 수극(受尅)되어 있으므로 곧 평정이 된다고 본다(官鬼宮 天盤에 자손이 임해 있으면 평안을 되찾게 된다).

관귀(官鬼)가 수극(受尅)되어 있으니 귀충방(鬼冲方)인 손방(巽方)에서 병란(兵亂)이 일어난다(官鬼數 2를 冲하는 수는 6이므로 巽宮에서 兵亂이 발기한다. 東國分野上 巽方은 전라도에 속해 있다).

세간(歲干)에 丙·庚 흉살(凶殺)이 합해 있고 공망지(空亡地)에 있으며 화해(禍害)·천영(天英)이 동궁했으니 국정이 위태롭고 일국 내가 극흉(極凶)함을 알 수 있다.

병란(兵亂)의 시기는 세간(歲干)이 공망(空亡)되어 있고 중궁(中宮)에 관귀(官鬼)가 동했으므로 세지수(歲支數)로 결정하니 4가 된다. 즉, 4月이나 巳月, 丁月에 병기(兵起)된다.

1980년 양력 5월 18일 광주 항쟁 사태로 다수 인명 사상.

⑥ 1894년 국운

1894년 정월 초1일

日月年

己丙甲(天盤 一)
卯寅午(地盤 七)

陽遁立春上元八局

天下大局

癸 七 一	己 二 六	辛 九 九
壬 八 十	丁 一 七	乙 四 四
景門 戊 三 五	庚 十 八	丙 五 三

艮上入中局

傷絶天 門体柱 乙 乙 官 九九	杜生天 門氣冲 歳 壬 官 四 壬 鬼 四	開禍天 門害禽 空 亡 丁 丁 孫 一七
驚歸天 門魂心 月 干 丙 世 十 丙 八	戊 財 三五	生絶天 門命蓬 空 亡 庚 庚 孫 六二
休遊天 門魂芮 歳 干 月 五 辛 兄 三 辛	景福天 門德輔 癸 癸 父 二六	死天天 門医英 日 干 己 父 七 己 一

　전국(全局)이 복음(伏吟)·상충국(相冲局)이 되어 일국이 흉함을 알 수 있다.

　쌍금관귀(雙金官鬼)가 세지(歲支)에서 동하여 중궁(中宮) 재성(財星)의 생조(生助)를 받고 있으니 필히 병란(兵亂)이 생긴다. 그러나 쌍금관귀(雙金官鬼)가 연월지(年月支)에서 생조(生助)를 받지 못하고 쇠지(衰地)에 거하고 있으므로 비록 자손이 공망(空亡)되어 있더라도 늦게나마 평정이 된다고 본다.

　세지(歲支)가 세일간(歲日干)과 월지궁(月支宮)을 극(尅)하고 있으므로 전국이 불안함을 알 수 있다.

　쌍금(雙金)으로 된 지역이 가장 흉한데 특히 쌍구(雙九)에 흉문괘가 동궁한 분야에 많은 주민이 사상될 것으로 본다.

　관귀(官鬼)가 상비(相比)·겸왕(兼旺)하고 있으므로 관귀방(官鬼方)에서 반란이 일어난다. 곧 손리방(巽离方)에서 역적이 나온다고 본다.

1894년 2월 15일 동학 농민 혁명이 발발, 종래 평정됨.

⑦ 1895년 국운

1895년 정월 초1일
日月年
癸丁乙(天盤 七)
酉丑未(地盤 二)
陽遁大寒中元九局

天下大局

三 壬 六	八 戊 一	五 庚 四
四 辛 五	七 癸 二	十 丙 九
驚 門 乙 九 十	六 己 三	一 丁 八

艮上入中局

景福天 門德禽 癸 丙 孫 五 一	死歸天 門魂蓬 己 辛 孫 十 六	生遊天 門魂英 日干 歲 戊 七 癸 兄 九
休生天 門氣冲 月干 辛 六 丁 父 十	驚歲 門干 乙 官 九 七	杜天天 門医輔 (鬼) 壬 二 己 世 四
傷禍天 門害柱 月 丙 一 庚 父 五	驚絶天 門体心 丁 財 八 壬 八	開絶天 門命芮 空亡 庚 三 戊 財 三

세간(歲干)·일간(日干)·일진에서 7(火)과 9(金)가 상전(相戰)하고 있으니 일국이 위태롭다.

일진천반(日辰天盤)에 관귀(官鬼)가 임해 있고 중궁(中宮)의 관성(官星)이 세지궁(歲支宮)을 극(尅)하고 재성(財星)이 극왕(極旺)하므로 필히 병란(兵亂)·국상(國喪)의 상이다.

중궁(中宮)에 세간(歲干)이 동하고 월지(月支)에서 부모가 丙·庚 흉살(凶殺)과 상문(傷門)·화해(禍害)가 동궁하고 있으므로 반드시 왕가에 참상이 발생한다고 보는데, 음년간(陰年干)이므로 왕비·신하·백성이 사상을 당하게 된다.

1895년 8월 20일 명성황후 시해당함(을미사변).

동년 3월 17일 전봉준 사형 이외 다수 인명 사상.

제 8 장

질병론(疾病論)

1. 홍국(洪局) 질병론(疾病論)

(1) 포국법과 판단

발병한 연월일시, 또는 상담 일시로 사주를 세워 홍국(洪局)으로 포국한다.

일진을 환자로 보고 관귀(官鬼)를 질병으로 본다. 일진과 관귀(官鬼)의 왕쇠로 질병의 치유·원인·상태 등을 논하며, 홍국팔문(洪局八門)과 팔괘생기(八卦生氣)를 사용한다.

① 관귀(官鬼)가 중궁(中宮)이나 세궁(歲宮)에서 동하여 왕왕(旺旺)하면 치유되기 어렵다.

일진이 승극사(乘尅死)·거극사(居尅死)·수극(受尅)되어 있으면 치유되기 어렵다. 아울러 사문(死門)·절명(絶命)·화해(禍害) 등의 흉문괘가 동궁하면 위험하다고 본다.

일진이 쇠약하고 두문(杜門)·귀혼(歸魂)이 동궁하면 치유가 불가하다.

쌍귀(雙鬼)가 중궁(中宮)이나 세궁(歲宮)에서 동하고 자손궁이 쇠약하거나 공망(空亡)되어 있으면 치유되기 어렵다.

세월(歲月)이 중궁(中宮)의 관귀(官鬼)를 생하면 치유 불가라 한다.

일진이 쇠사지(衰死地)에 거하고 자손궁이 승극사(乘尅死)·

거극사(居尅死)·공망(空亡)·수극(受尅)되어 있으면 치유되기 어렵다.

　② 관귀궁(官鬼宮)이 승극사(乘尅死)·거극사(居尅死)·수극(受尅)·공망(空亡)되어 있고 자손궁이 왕생하면 치유된다.

　일진궁이 승왕생(乘旺生)·거왕생(居旺生)·수생(受生)되어 있으면 생기(生起)한다.

　일진에 생문(生門)·생기(生氣)가 있고 왕생하면 생기(生起)한다.

　세궁(歲宮)의 자손이 중궁(中宮)의 생을 받으면 치유된다.

　중궁(中宮)의 자손이 세궁(歲宮)의 생을 받으면 치유된다.

　중궁(中宮)에서 쌍자손(雙子孫)이 동하여 세궁(歲宮)의 관귀(官鬼)를 극하면 생기(生起)한다.

　사진(四辰)에서 쌍자손(雙子孫)이 동하여 거왕(居旺)하면 치유된다.

　중궁(中宮)이 일진을 생하면 치유 가능하다.

　세월궁(歲月宮)이 일진궁을 생하면 생기(生起)한다.

　③ 자손궁이 왕생하고 길문괘가 동궁하면 양의(良医)를 만난다.

　자손궁이 쇠약하고 흉문괘가 동궁하면 좋은 의원을 만나지 못한다.

　자손이 간방(艮方)에 있으면 동북(東北)에 가서 의원을 찾고, 이방(离方)에 있으면 정남(正南)에 가서 의원을 구하면 치유가 빠르다.

　공망(空亡)·고허방(孤虚方)에 있는 자손은 구하지 않는 것이 좋다.

　④ 일진수를 극충(尅冲)하는 날은 환자에게 불리하고 일진수를 생합(生合)하는 날은 차도가 있으니, 예를 들어 일진수가 3·8(木)이면 寅·卯·甲·乙日에 차도가 있다는 것이요, 申·酉·庚·

辛日에 악화된다는 것이다. 그러므로 일진수를 생합(生合)하는 날에 치유하면 효과가 큰 것이다.

⑤ 관귀(官鬼)가 승왕생(乘旺生)·거왕생(居旺生)하면 환자 가족 중에 귀신을 숭배하는 자가 있는 것이고, 관귀(官鬼)가 승극사(乘尅死)·거극사(居尅死)·수극(受尅)하면 귀신을 멸시하는 자가 있는 것으로 본다. 즉, 무신론자와 같은 것이다.

⑥ 3·8(木) 관귀(官鬼)가 왕동(旺動)하면 나무 귀신의 작태라 하니 집 안으로 나무를 들여왔거나 목재를 다루거나 해서 생긴 탈이다. 증상은 피로 회복이 되지 않고 노곤하고 시력이 약화되고 허리·옆구리가 아프며 수족이 떨린다. 얼굴색이 흑색으로 변하거나 청색을 띠기도 한다. 간(肝)·담(膽)·중풍·의욕 상실증 등으로 고생한다.

2·7(火) 관귀(官鬼)가 왕동(旺動)하면 조왕 귀신의 작태라 하니 부엌을 뜯거나 수리해서 난 탈이다. 또는 불을 지피거나 끄거나 해서 생긴 탈이다. 증상은 몸에 열이 나고 목이 마르며 침이 부족하고 가슴이 답답한데 주로 체증·소화 불량에 걸리고 심장·소장·변비·설사 등으로 고생하게 된다.

5·10(土) 관귀(官鬼)가 왕동(旺動)하면 가택 귀신과 객귀의 작태라 하니 흙을 다루어서 생긴 탈이다. 증상은 구역질·트림·소화 불량·건망증·기억력 저하 등으로 고생하고 얼굴이 창백하거나 황색으로 변한다. 주로 위장병·혈액 순환 장애에 걸린다.

4·9(金) 관귀(官鬼)가 왕동(旺動)하면 불당 귀신(佛堂鬼神)·신당 귀신(神堂鬼神)의 작태라 하니 집 안에 쇠붙이를 들여오거나 철물류를 다루어서 생긴 탈이다. 증상은 천식·가래 등이 심하고 호흡기관·폐·대장·임파선·식도 등에 이상이 생긴다. 또는 피부 염증이 생기기도 한다.

1·6(水) 관귀(官鬼)가 왕동(旺動)하면 측귀(廁鬼 : 변소귀신), 정귀(井鬼 : 우물귀신)의 작태라 하니 변소를 고치거나 새로 짓

고, 우물을 파거나 수리해서 생긴 탈이다. 증상은 설사·변비가 잦고 몸과 수족이 냉하고 소변이 자주 마렵고 아랫배가 불편하며 신장·방광에 발병하며 습진·무좀·냉병이 생긴다.

⑦ 일진궁에 생문(生門)·생기(生氣)가 있으면 주식(酒食)을 먹거나 집 안으로 들어온 탈이다.

일진궁에 귀혼(歸魂)이 있으면 동방(東方)에서 금은·철물류가 들어온 탈이다.

일진궁에 화해(禍害)가 있으면 만신(萬神)에게 제사를 잘못 지낸 탈이다.

일진궁에 절명이 있으면 삼살방(三殺方)에서 석(石)·목(木)이 들어온 탈이다.

일진궁에 절체(絕体)가 있으면 동쪽에서 물건이 들어오거나 밤나무를 찍은 탈이다.

일진궁에 유혼(遊魂)이 있으면 출행중에 얻은 탈이다.

일진궁에 복덕이 있으면 서북방에서 물건이 들어온 탈이다.

일진궁에 천의(天医)가 있으면 동북방에서 물건이 들어온 탈이다.

⑧ 자손수가 1·6(水)이면 탕약·물약이 치료에 효과가 있다.

3·8(木)이면 산약(散藥)이 효과적이다. 5·10(土)이면 환약이 치료에 효과적이다. 2·7(火)이면 뜸이 효과적이다. 4·9(金)이면 침이 특효이다.

⑨ 평생사주국에서 선천적 질병을 알아보는 방법이 있으니 다음과 같다.

• 감궁(坎宮)의 천지반(天地盤)이 상극충(相尅冲)하면 귀에 이상이 생기고 감기 몸살에 잘 걸린다. 여명(女命)은 생리통·생리 불순·하혈·냉병 등에 걸리기 쉽다. 그리고 신장·방광 등이 쇠약하므로 소변 불통·전립선염·피부병 등으로 고생하게 된다.

천지반(天地盤)이 土尅水하면 하복부 질환·관절염·비만증 등에 걸리기 쉽고 水尅火하면 정신 질환·심장병·신장염 등에 걸리기 쉽다.

● 간궁(艮宮)의 천지반(天地盤)이 상극(相尅)되면 주로 팔·다리·손 등에 질병이 발생한다. 또는 척추·관절에 이상이 있다. 천지반(天地盤)이 金尅木·木尅土일 경우에는 심하게 나타난다.

● 진궁(震宮)의 천지반(天地盤)이 상극(相尅)하면 간·다리·관절 계통·공포증·수전증·중풍·정서 불안 등으로 고생하는데, 천지반(天地盤)이 金尅木되어 있으면 더욱 심하게 나타난다.

● 손궁(巽宮)의 천지반(天地盤)이 金尅木이 木尅土되어 있으면 수전증·중풍·간경화 등에 걸리기 쉽다.

● 이궁(离宮)의 천지반(天地盤)이 水尅火되어 있으면 시력 약화·심장병·정신 질환·열병·고혈압·저혈압 등으로 고생한다.

● 곤궁(坤宮)의 천지반(天地盤)이 木尅土되어 있으면 복부 계통 질환·위장병·소화 불량·각종 암·체증 등에 걸리기 쉽다.

● 중궁(中宮)의 천지반(天地盤)이 木尅土하면 화병(火病)·각종 불치병·전염병·위장병·십이지장 등의 중병에 걸리기 쉽고 잔병치레가 많고 정서 불안증·우울증 등에 잘 걸린다.

● 태궁(兌宮)의 천지반(天地盤)이 火尅金하면 입병·식도병·인후염·폐병·대장 질환·호흡기 계통 등에 질병이 발생하기 쉽다.

● 건궁(乾宮)의 천지반(天地盤)이 金尅木되어 있으면 두병(頭病)·심장병·신경 계통 질환·정신 착란증·신경 과민증·건망증·과대 망상증·두통 등에 걸리기 쉽다. 土尅水되면 소화 불량·불면증·편두통·뒷목 통증 등으로 고생하고, 水尅火되면 한열(寒熱) 왕래로 인해 마음이 조급해지고, 우울증에 빠지기도 하며 정신 분열증으로 고생하기 쉽다.

2. 연국(煙局) 질병론

⑴ **포국법과 판단**

발병 일시 또는 상담 일시로 포국한다.

천봉구성(天蓬九星)과 시가팔문(時家八門)·육의삼기(六儀三奇)로 질병을 논한다.

일간을 환자로 보고, 천예성(天芮星)을 질병으로 본다.

사문(死門)은 사망을 주관하고 생문(生門)은 생기를 주관하므로 일간(日干)에 사문(死門)이 동궁한 자는 치료되기 힘들어 위험한 상태라 보고, 생문(生門)이 동궁한 자는 곧 완쾌되어 일어난다.

어린아이나 부녀자일 경우에 시간(時干)이 입묘지(入墓地)에 거하면 흉하므로 사망에까지 이른다.

일간(日干)이 휴수(休囚)되어 쇠약하고 흉문(凶門)·흉성(凶星)에 흉격을 이룬 자는 극히 위험한 상태이므로 사망하기 쉽다.

일간(日干)이 왕생되어 기강(氣強)하고 길문(吉門)·길성(吉星)에 길격을 이룬 자는 곧 완쾌되어 살아난다.

천예성(天芮星)에 생문(生門)이 동궁한 자는 약을 쓰지 않고도 생기(生起)한다.

천예성(天芮星)은 土神이므로 진궁(震宮)이나 손궁(巽宮)에 거하면 木尅土하여 병성(病星)을 파극(破尅)하므로 생기(生起)한다.

천예성(天芮星)이 감궁(坎宮)에 거하면 土尅水되어 병성(病星)이 휴수지(休囚地)에 있으므로 약을 쓰면 생기(生起)하게 된다.

천예성(天芮星)은 병성(病星)이므로 왕생하지 않아야 좋은 것이다. 즉, 사휴수지(死休囚地)에 거하여 흉문(凶門)에 흉격이 되면 치료하면 완쾌된다.

천예성(天芮星)에 사문(死門)이 동궁한 자는 사망하기 쉽다.

천예성(天芮星)이 상생궁(相生宮)인 건궁(乾宮)·태궁(兌宮)에 있으면 완쾌되지 못한다.

천예성(天芮星)이 본궁(本宮)인 중궁(中宮)과 곤궁(坤宮)·이궁(离宮)에 거하고 있으면 장기간 질병으로 고생하게 되니 치유되기 어렵다.

일간(日干)이 입묘지(入墓地)에 들어 있으면 치유되기 어렵다.

일간(日干)에 흉문(凶門)이 있고 삼기(三奇)를 득하지 못하면 치유되지 않는다.

천심성(天心星)과 乙奇를 의원(医員)이라 하니 천심(天心)과 乙奇가 길문(吉門)을 얻은 자는 명의원을 만나서 치유된다고 본다.

천심성(天心星)과 乙奇가 사휴수지(死休囚地)에 있고 흉문(凶門)에 흉격을 얻은 자는 명의원을 만나지 못한다.

九 宮 秘 訣

初 版 發 行 ● 1994年　4月　15日

初版3刷發行 ● 2017年　3月　20日

編著者 ● 金 星 旭

發行者 ● 金 東 求

發行處 ● 明 文 堂 (1923. 10. 1 창립)

서울 종로구 윤보선길61(안국동)

우체국　010579-01-000682

전화　(영) 733-3039, 734-4798

　　　(편) 733-4748

FAX 734-9209

Homepage : www.myungmundang.net

E - m a i l : mmdbook1@hanmail.net

등록　1977. 11. 19. 제1~148호

값　20,000원

ISBN 89-7270-935-0　14150

ISBN 89-7270-056-8 (세트)